뇌와 종교교육

우리가 하나님에 관해 어떻게 배우는지
이해하기 위한 실제적인 자원들

신의정원

뇌와 종교교육

우리가 하나님에 관해 어떻게 배우는지
이해하기 위한 실제적인 자원들

제리 라슨 지음
김리아 옮김

**RELIGIOUS
EDUCATION AND
THE BRAIN**

A Practical Resource for Understanding
How We Learn about God

| 신의정원

뇌와 종교교육
우리가 하나님에 관해 어떻게 배우는지 이해하기 위한 실제적인 자원들

제1판 제1쇄 2022년 12월 28일

지은이 Jerry Larsen
옮긴이 김리아
펴낸곳 신의 정원
편집디자인 박찬우 서 광
교정교열 신수현 한문덕 김순영

등록번호 제2021-000009호
주소 서울특별시 강서구 마곡중앙6로 42, 사이언스타 821호
전화 02-2644-5121
www.fontis.or.kr

ISBN 979-11-980483-0-1

목차

역자 서문

하나의 패러다임이 바뀐다는 것은 그리 쉬운 일이 아니다. 그것
은 그 전 시대의 한계가 드러났다는 것이고 새로운 지혜가 도래해
야 한다는 것이다. 물질과 마음, 영성은 오래된 논쟁 관계이지만 그
긴장을 해소하기까지는 새로운 관점과 축의 이동이 필요하다. 우리
는 속도 빠른 전환의 시대에 살고 있다. 어쩌면 제럴드 슈뢰더Gerald
Schroeder의 말처럼, 에너지가 물질의 근본이 된다는 사실을 깨닫는
데 수천 년이 걸렸지만, 불과 수십 년 후에는 지혜와 영적 지식이 에
너지의 근본으로 사실상 에너지와 물질을 창조한다는 것이 입증될
지도 모른다.

코페르니쿠스Nicholas Copernicus의 전환이 전하듯이, 무형의 가치
와 유형의 가치와의 관계와 긴장을 해결할 수 있다면 인류의 지혜는
더욱 풍성해지고 종교교육의 내용도 훨씬 풍요해질 것이다. 사실 우
리는 성서에 대한 해석이 반드시 성서가 말하는 진술과 구조, 무엇
보다 차원과 같지는 않다는 것을 경험했다. 지구중심주의가 성서의

진술과 다른 것처럼 말이다.

  이제 종교학자들은 무형의 가치에 대한 근원적 의미를 담지하고 있다는 자부심과 더불어, 유형의 가치와의 불균형으로 인해 생긴 인지 부조화에 대해 책임을 져야 할 수도 있다. 우리가 알고 있는 과학은 기껏해야 대중적 출판물에 근거하고 있어서 피상적 지식을 순박한 종교성에 결합시키는 방식으로 연구해온 과오가 있다. 복음은 단순하지만, 분별에 있어서 훨씬 더 치열해야 한다. 과학과의 대화는 다양한 의미의 층위를 품고 있는 성서의 차원을 드러내고, 잘못된 신학적 종교적 타성으로부터 우리를 새롭게 할 것이다.

  그런 의미에서 제리 라슨의 뇌와 종교교육을 번역하여 출간하게 된 것에 감사드린다. 이 책을 처음 만난 것은 10여 년 전 신학대학에서 가르치던 시절이었다. 바쁜 일과 속에서 꽤나 긴 세월이 지났지만, 올해 A&A 생명영성연구원에서 창조성과 뇌 기반 종교교육을 연결한 강좌를 개설하면서 마무리할 열정이 생겼다. 종교교육에 대한 라슨의 정의는, 분별에 대한 관점을 더 첨가하고픈 생각을 잠시 접는다면, 영성교육에 그대로 적용해도 손색이 없으리라 생각한다. 그에 따르면, 종교교육자는 한 사람을 창조의 '핵심'에 있는 것과 '궁극적인 것'으로 연결하는 데 도움이 되는 기억, 충동, 정보, 경험을 전달하고 모으고 이끌어내는 사람이다. 교육은 우주적 사랑에 대한 신뢰로부터 시작하여 한 개인이 육체를 입고 태어나 마침내 이 세상과의 상호 작용을 통해 잠재성을 발현하고 완성할 수 있도록 풍부한 영성적 환경을 마련하는 것이다. 그 목적은 가장 풍요한 전체성의 근원 안에서 대극과 차이를 경험하기, 시간과 예술, 역사 등 풍부한 상징적 경험을 제공하기, 문화적·시간적·경제적·생물학적·정치적·종교적 경계를 횡단하기 등을 통해 궁극적인 것과 핵심적인 것이 만나도록 하는 것이다.

 분명하게 말하고 싶은 것은 우리가 교육의 변화 방향성을 진지하고 근원적으로 고민해야 한다는 것이다. 먼저, 고정되지 않은 잠재성을 포함하여 한 인간이 가진 고유성이 고려되어야 한다. 또한 변화와 성장의 가능성을 의미 지향성과 연결시켜 주어야 한다. 매우 구체적인 개인의 일상과 특징을 고려하면서 큰 우주의식이나 역사의식과 만나는 소명 지점이 발견되어야 한다. 그리고 이 모든 것은 한 개인이 신과 진정한 자신, 그리고 새롭게 창조할 세상을 연결하는 모델을 형성하는 과제와 연결된다.

 이러한 흐름은 최근 신경 과학자들이 뇌가 어떻게 작동하는지에 대한 연구에서 "중요한 것은 개별 뇌 영역이 아니라 이들의 연결과 영역 간의 교환과 상호 작용"이라고 말하는 것과 연결된다. 뇌에 관한 연구조차도 그 이전의 근대적 관점, 즉 뇌에 대한 모듈식 관점으로는 각 개인의 고유성과 다양성을 설명할 수 없다는 것이다.

또한 구조와 내용의 지향성을 구분하는 것도 중요하다. 뇌의 변화에 있어서 약물중독과 신 체험의 황홀경, 비전과 환각이 신경 과학적으로 동일한 사건이라는 것은 뇌과학과 종교학이 대화할 때 유의해야 할 해석 초점이다. 즉 구조와 함께 지향성과 영속성, 경험들의 의미 있는 결합이 나타내는 열매를 신앙의 여정과 고유한 소명의 이야기 속에서 분별해야 한다는 것이다.

여러 가지 조심스러운 측면에도 불구하고, 분명히 뇌과학과의 소통은 종교경험의 주관성을 보다 구체화하고 객관화하는 데 도움이 될 것이다. 우리가 이 대화를 거부한다면 기독교 신앙, 즉 하나님의 존재와 영향, 자유의지 등의 주제의 입지는 확보하겠지만, 현실의 구체적인 원인과 근거를 가진 객관적 몸의 현실을 부정하고 사변적인 제안에 그치게 될 것이다.

남은 연구과제 또한 중요하다. 정신이 물질의 한 진화과정에서 발생하지만, 그 작동방식은 물질을 다루는 방식과 일치하지는 않는다. 유의미한 종교적 경험은 몸에 어떤 영향을 주고, 신경세포 상태를 어떻게 변화시키고, 언제 신경세포 간의 조합의 발생을 초래하는가? 인지, 정서, 실천이 결합된 새로운 종교경험 설계는 어떻게 가능할 것인가?

특별히 현대사회를 이해하는 관점으로 새롭게 부상하고 있는 복잡계 이론을 인지적 뇌의 정보처리 패러다임과 연결하여 이해함으로써 우리는 종교현상에 대한 해석과 교과과정 구성이 다차원적으로 풍요해질 것이라고 기대한다. 완전한 질서와 완전한 무질서의 이분법적 틀이 가진 한계를 극복하고 개별적인 속성보다 그사이와 관계에 상호 작용하는 구조에 주목하게 된다면, 교육이 지향하는 완전한 인간상은 어떻게 변화될까? 인격의 특성과 도덕적 행동의 지향성은 어떻게 변화될까? 깨달음, 의식의 확장, 창발성, 피드백에 대한 반응, 자기조직화, 카오스, 계단식이 아닌 비선형의 발달 과정, 지향성, 관계지향 등은 신앙의 성장 과정과 평가에 어떤 영향을 미칠까?

희망이 담긴 고민을 안고 이 책이 새로운 세상의 모형을 만드는데 작은 몫을 감당하기를 기대한다. 그것은 한 사람이 깨어나 이 세상과 우주를 움직이는 궁극과 핵심을 연결하고, 마침내 우리의 미래를 풍요롭게 하는 일이다.

– 새롭게 태어날 세상을 꿈꾸며, 김리아

들어가는 말

Introduction

어느 주일 아침 나는 서부 로스앤젤레스에 있는 한 교회에서 평소와 다름없이 하루를 시작하고 있었다. 매 주일 아침에 이루어지는 성인반과 유아 활동이 끝난 후 나는 예배당을 향해 미친 듯이 뛰어가는 습관이 있었다. 늘 그랬듯이 복도는 예배당으로 들어가려는 아이들로 가득 차 있었다. 결국 나는 또 늦게 들어가게 되었다. 예배의 시작을 알리는 예고와 함께 아이들 무리를 헤치며 들어가고 있을 때 내 예복의 소매가 출입문 옆에 붙어있는 손잡이에 걸렸다. 그 바람에 나는 중심을 잃고 나동그라졌고 내 옷소매는 보기 좋게 찢어져 버렸다. 넘어진 후 감았던 눈을 떴을 때 내 코앞에 걱정스러운 표정을 한 작은 얼굴이 보였다. "어머, 창문 안의 사람같이 되셨군요, 그럼 제가 열쇠가 되어 드릴게요." 얼굴의 주인이 말했다. 그 친구는 내가 그 말을 알아들었으리라 짐작했겠지만 나는 이해하지 못했다. 그녀는 내가 일어서는 것을 도와주느라 애썼고 우리는 함께 많은 아이들이 앉아있는 예배당 앞좌석으로 걸어갔다. 우리가 성가대의 합창을 앉아 기다리는 그때까지도 나는 그 말뜻을 이해하지 못했다. 그녀가 내 소매의 찢어진 부분을 끌어당기면서 예수의 생애를 묘사해놓은 높고 좁다란 스테인드글라스를 가리켰다. 그 예배당은 시각적으로 풍부한 장소였다. 그곳에는 조각과 스테인드글라스, 다양한 색깔과 경이로움을 자아내는 넓고 텅 빈 공간이 있었다.

그녀가 눈에 잘 띄지 않는 창문 중 하나를 가리키면서 "보이세요?"라고 물었다. 어떤 의복을 입은 형상이 도움을 청하는 듯이 팔을 위로 뻗고 있었고 그의 손 바로 위에는 커다란 열쇠가 있었다. 그녀는 한동안 그 이미지를 묵상하며 지냈고 그것은 그녀에게 무엇인가 의미하는 바가 있었다. 당신이 넘어졌을 때 무언가 잡을 것이 있다는, 즉 일어설 수 있게 하는 열쇠라는 의미인 듯했다. 그날 아침의 그녀는 내 열쇠였다.

지난 30여 년간 한 지역교회의 그리스도교 교육자로 일하면서 나는 시각sight과 시지각vision, 이미지와 상징들이 개인의 신앙과 정체성을 형성하는 데 중심적인 역할을 한다는 사실을 점차 강하게 인식하게 되었다. 앞의 에피소드는 그것을 다시 한번 내게 일깨워 주었다. 유럽풍 교회의 스테인드글라스와 힌두교 조각상, 몰몬 건축물, 러시아 정교회의 성상, 그리고 드루이드교의 선돌과 라스코 동굴 벽화등 인류가 창조해낸 다양한 종교적 시각 표현물들을 생각해 보라. 그들은 모두 인류의 종교적 열망 속에서 공간과 시각의 중심지 역할을 했다.

개인적 차원에서 나는 할머니의 부엌벽에 걸려 있던 예수님의 초상화와 로마 가톨릭교회의 피정의 집에 있던 십자가의 길 동상들, 그리고 하나님을 그린 어린이들의 그림을 기억한다. 이들은 모두 시각과 이미지가 믿음과 신앙에 특별한 역할을 한다는 사실을 나타낸다.

　종교적으로 고양된 순간에 관한 친구와의 대화 덕분에 신앙심 형성에 있어서 시지각의 역할에 대한 가벼운 궁금증은 내가 반드시 풀어야 할 수수께끼가 되어버렸다. 내 친구 프랜시스는 대학생 시절 저널리스트가 되는 것을 소명이라고 믿고 고민하던 경험을 내게 이야기했다. 그녀는 신앙심이 깊은 사람이었다. 어느 날 오랜 기도와 혼란으로 밤을 보낸 후, 그녀는 예수님이 그녀 곁에 있는 것을 본 듯했다고 한다. 어떤 존재감과 밝음이 그녀를 작가가 되어야 한다는 자신감과 희망으로 가득 채웠다고 했다. 그녀는 그것이 명확한 모습이었고 만약 볼 수만 있었다면 그림으로 그리고 싶었을 것이라고 이야기했다. 프랜시스는 시각 장애인이었다. 그녀는 자신의 마음에 그려진 모습은 자기 내면에서 만들어낸 모습이라는 것을 아주 잘 알고 있었다. 하지만 그 이미지는 하나님의 사랑과 보살핌으로 그녀의 내면에 자리 잡았다. 앞을 보지 못함에도 불구하고 시지각은 살아 있었다.

　내 시각 장애인 친구를 신심 깊은 결정으로 유도한 것은 과연 무엇이었을까? 본다는 것이 우리의 믿음을 키우는 데 어떤 특별한 작용을 하는 것일까? 내 조사와 연구 초기부터 두 가지 생각이 모습을 갖추어가기 시작했다. 첫째는, 사람은 눈으로 보는 것과 생각할 때 사용하는 이미지로 자신의 신앙심을 만들어간다는 것이다. 만약 내가 사랑과 은혜로 채워진 경험을 했다면 내 신앙심 또한 그런 방법으로 영향을 받을 것이다. 만약 고통과 혼돈을 주로 보아왔다면 내 신앙심도 그에 영향을 받을 것이다. 둘째는, 시각적 경험과 심리적 이미지는 우리의 경험들의 조직화를 가능하게 하는 특별한 힘을 가지고 있다는 것이다. 우리의 신학을 요약하는 데 사용하는 모든 종교적 상징을 생각해보라.

보는 것과 믿음과의 관계는 특별히 관련짓기 힘든 것이 되어왔다. 그러나 상상력을 촉발하고 의미를 형성하는 시지각이 가진 힘은 그 과정에서 어떤 강력한 것이 핵심에 존재함을 계속 내게 상기시켰다.

한 개인의 영혼이 형성되는 데 있어서 시각이 차지하는 역할에 관한 수년간의 연구 끝에 나는 점점 더 넓은 영역을 탐구하게 되었다. 이 영역은 인지/cognition에 관한 학문 분야와도 맞닿기 시작했다. 한 사람의 신앙에 있어서 보는 것과 시각화가 어떤 영향을 끼치는지 질문하는 대신에 나는 정보와 경험이 뇌에서 조직화되고 처리되는 과정에 초점을 맞춘 질문이 좀 더 유용하다는 것을 깨달았다. 편재화된lateralized, 또는 "둘로 갈라진split" 대뇌 피질에 관해 점점 방대해지는 정보와 기억이 조직화되는 방법에 관한 발견들, 그리고 인지과정 전반에 관한 발견들은 나의 사고를 확장해주었다.

그러므로 나의 의도는 우리의 종교 생활과 사고, 정보 및 아이디어가 창조, 저장, 검색되는 방식 간의 관계에 대한 글을 쓰는 것이고 또한 우리 각자의 신앙을 키우는 방법을 알리기 위해 이 지식을 이용하는 것이다.

이 책은 우리가 생각하고 인식하는 방법에 대한 아홉 개의 원리를 설명하고자 한다. 이들 원리가 회중의 삶에 있어서 교육과 예배 의식에 미칠 영향에 대해 특별한 주의를 기울여야 할 것이다. 아홉 가지 원리는 다음과 같다.

> 1) 대뇌 피질의 본질은 우리가 쌓은 경험으로부터 의미를 만들고 패턴을 찾아내는 것이다. **우리는 의미를 만들어 내는 사람들**meaning makers**이다.**
>
> 2) 의미는 조직화되어서 세상의 모형들을 형성한다. 이 모형에는 새로운 데이터가 시험되고 이 모형에 의해 우리는 세상 속에서 우리의 길을 만들어 나간다. **우리가 부여한 의미는 세상을 모형화한다.**
>
> 3) 우리가 경험을 조직화하는 방식은 우리의 기억과 "지각perception의 법칙"에 강하게 영향받는다. **우리의 뇌는 자기**

방식대로 사물을 경험한다.

4) 모형과 의미를 창조하는 가장 중요한 도구 중의 하나는 우리 사고에서 유비analogies와 은유metaphors를 사용할 수 있는 (충동까지도 포함되는) 능력이다. **우리는 어떤 것이 무엇과 닮았는지 알고 싶어 한다.**

5) 우리의 기억에 담겨있는 내용물은 시나리오화된 각본, 이야기, 고정 관념, 그리고 과정의 위계적 관계망에 의해 조직화 되고 언어나 그림보다 더 기본적인 형태로 저장된다. **우리의 기억은 쉽고 빠르게 접근할 수 있도록 설계되어 있다.**

6) 효과적인 정보와 기술의 학습은 기존에 알고 있는 것과 알아야 할 것들을 연결하는 문제로 귀착된다. **우리는 자연스럽게 우리가 배운 모든 것들을 통합하려 노력한다.**

7) 우리는 의미를 만들어내고, 기술을 배우고, 일곱 가지 지능을 사용한 두 가지 독특한 사고방식을 통해 문제를 풀어 낸다. **각 개인은 각자 자신만의 고유한 방법으로 사고한다.**

8) 한 개인이 알고 있으리라 생각되는 지식의 본체에는 정보의 지식과 기술의 지식이 포함되어 있다. 이들 두 종류의

지식이 습득되는 방식은 서로 다르다. **교수 방법은 가르치는 지식에 알맞게 적용되어야 한다.**

9) 이들 원리가 한 개인에게 적용될 때 가장 신비롭고도 강력한 결과 중 하나는 의식이다. **의식은 뇌의 처리 결과이며 후천적으로 양성될 수 있다.**

이 아홉 가지 원리는 소크라테스 시대까지 거슬러 올라가는 철학자들과 인지 과학자, 교육자들의 연구 결과이다. 그러나 지난 오십 년 동안, 우리가 사고하고 믿는 방법에 관한 정보는 폭발적으로 증가했다. 최근 대두된 것은 뇌의 새로운 모델이다.

나의 목적은 이 새 모델을 설명하고 종교교육 방법에 적용하는 것이다. 나는 이 통찰력을 회중의 교육과 거행되는 의식에 적용하는 전략을 제시할 것이며 종교교육과 영성 형성에 있어서 전체적 접근방법의 필요성을 정당화하는 전략을 제공할 것이다.

우리가 신앙을 가르치는 데 사용하는 방식과 우리의 신앙을 기념하는 몇몇 방법은 실망스러울 정도로 힘과 타당성을 결여하고 있다. 우리가 사용하는 여러 방법들은 우리가 사고하는 방식에 관해 불완전하고, 심지어 잘못된 생각을 기초로 하고 있다. 우리는 말에 지나치게 의존하고 있다. 이제는 교육사역에 있어서 언어적 합리화 전략에 대한 선호도를 깨고 새로운 전략을 촉진해야 할 때다.

제1장

뇌에 관한 수업
The Lessons of the Brain

제이콥의 탄생

 나의 셋째 아들 제이콥은 제왕절개로 태어났다. 의사는 내가 아내 린다와 함께 탄생의 순간을 지켜볼 수 있도록 분만실 출입을 허락해주었다. 그 순간에 대한 기억은 수년이 지난 지금도 너무 선명하다. 나는 수술을 받으려고 누워 있으나 완전히 깨어있는 상태였던 린다에게 의사가 메스를 댄 그 순간, 그때의 두려움과 이끌림을 선명하게 기억하고 있다. 나는 그곳의 소리들과 냄새들을 기억한다. 그리고 의사들이 그녀의 배를 열면서 자신들의 자산 투자와 가족에 대해 이야기했던 것들을 기억한다. 린다의 뱃속에서 작은 발이 올라올 때 나는 메스와 스프레더에서 눈을 뗄 수가 없었다! 나의 아내에게서 이 작은 사람이 들어 올려지는 모습을 보는 것은 내 삶의 다른 사건들을 그저 너무나도 초라한 것으로 만들어버렸다.

 제이콥의 탄생은 너무나도 생생하면서도 너무나도 비현실적인 경험을 한 순간이었다. 내 마음은 여전히 내가 만든 가설 때문에 완전히 통합되지 못하고 있었다. 내가 제이콥의 탄생의 순간에 대한 충격과 감동에 젖어 있을 때, 문득 의문이 생겼다. 제이콥도 이 모든 것을 느꼈을까? 그렇다면 제이콥은 이 과정의 의미를 인식하고 있었을까? 제이콥은 이 과정을 전혀 기억하지 못할까? 아팠을까? 제이콥의 감각에 넘쳐나는 정보들을 지각할 수 있었을까? 그리고 제이콥은 이 모든 것 중 어느 하나라도 기억할 수 있을까?

제이콥이 태어난 순간 린다와 나에게 벌어진 일과 제이콥에게 벌어진 일 사이의 차이는 상당한 것이었다. 역사를 가지고 있는 인간과, 역사를 이제 막 시작하려고 하는 인간 사이에는 상당한 상이점이 존재한다. 자신의 역사를 처음으로 만들어가는 경험에서 제이콥은 분리된 인간으로 가는 구렁을 건너 떠밀려 나왔다. 제이콥의 순례가 시작된 것이다.

탄생에서 시작된 긴 여정은 그들이 한 가족과 문화에 등장하게 될 때 뇌와 뇌의 체계에 의해 만들어진다. 그렇다면 과연 이 뇌에 대한 지식이 종교교육 안에서 우리에게 무엇을 알려줄 수 있을까? 이 지식은 종교교육자의 계획과 교육 방식에 대해 무엇을 알려 줄 수 있을까? 농사법을 공부하여 식물을 돌보는 법을 익힌 훌륭한 정원사와 마찬가지로, 우리 역시 종교교육에 인지 과학을 접목시킬 정도로 현명해질 수 있을까? 그럴 수 있다. 나는 중추신경계가 우리에게 신앙을 양성하는 법을 가르칠 수 있다고 제안하려 한다.

그리고 이와 더불어 우리가 생각하고 믿는 방법을 연구하는 것 역시 우리의 신앙을 알게 하는 데 도움이 될 것이다. 나에게 있어 가장 기본이 되는 깨달음은 바로 이것이다. 우리의 모든 것-우리의 개성과 믿음, 심지어 우리의 영혼까지-은 화학 작용, 시냅스와 뇌 세포

조직의 체계 안에서 처음으로 형성된다. 말 그대로 영혼은 우리의 육신으로부터 탄생한 것이다.

1과. 새로운 뇌는 기획으로 가득하다

탄생의 순간은 차가운 엔진의 시동을 거는 순간이라기보다는 한 학생이 졸업하는 순간과 더 비슷하다. 우리의 생일은 우리가 모체의 자궁에서 떨어지는 순간을 가리키는 날이다. 분리된 삶의 진수는 그 모체 안에서 이미 형성되었다. 탄생 이전에 성장하는 몇 달은 최소한의 신경 조직의 발달과 관련되어야 하는 것이 아닌, 주요 사건들로 가득한 시간이었다. 태아에게 공급된 상당한 양의 산소와 영양분은 신경 조직의 형성에 직접적인 영향을 주는 뇌의 중요성에 대한 증거이다. 엄마 뱃속에서 거의 아홉 달 동안 성장하는 것은 나머지 신체와 그 신체 구성 체계의 성장과 함께 이루어지는 신경학적 발달의 아홉 달이라고 할 수 있다.[1]

다음을 생각해보자. 수정 후 정확하게 18일 안에 첫 신경 세포가 나타나는데, 이는 뇌가 복잡하고 빠르게 성장하고 있다는 것을 의미한다. 뇌와 척수는 신경계 흔적에서부터 끝부분에 망울bulb을 지닌 일종의 줄기로 변화한다. 몇 주 이내에 이것은 세포 분열이 일어나 우리에게 익숙한 모양이 된다. 아기가 태어날 때까지 우리의 뇌와 더불어 그 뇌와 연관된 감각들이 몇 주 동안 작동한다. 인간 아기가 자신의 주변에서 윙윙거리는 세상과 대결하고 받아들일 수 있도록 유전적 계획은 이미 영아 뇌 프로그램의 회로망에 "아로새겨져 etched" 있다.

포유류는 완숙 포유류와 조숙 포유류로 나뉜다. 완숙 포유류는 태어날 때 거의 완전한 상태를 갖춘 것으로, 말이나 소는 양수의 "바다"를 떠나고 몇 시간 만에 "땅 위를 걷는 능력"을 갖게 된다. 그들은 하루나 이틀이면 자신의 세계를 탐구하기 시작한다. 반면 조숙 포유류는 태어날 때 어머니나 아버지의 거의 지속적인 보살핌이 없이는 자랄 수 없는 포유류이다. 조숙 포유류는 그들이 "완성"되기 전에 일어나야 하는 어느 정도의 발달과 성장 과정을 여전히 지속해야 한다.[2]

인간은 조숙 포유류이다. 우리는 불완전한 호흡계, 골격계, 근육계, 소화계, 그리고 가장 중요한 부분이지만 부분적으로 발달한 신경계를 가지고 태어난다. 인간의 경우, 아기의 부모는 적어도 2년 동안 모체가 되어 주는 역할을 지속해야 한다.

2년 안에 뇌는 완성을 향한 상당한 진보를 하는데, 이 진보에는 1) 배움이나 자극의 발생으로 인한 한 개의 뇌 세포로부터 다른 세포로의 연접(일명 수상돌기라고 불리는 신경 세포들 사이의 연결망),

2) 좌뇌와 우뇌를 연결하는 신경 다발의 완성, 3) 미엘린myelin이라고 불리는 조직을 가진 수십억 뉴런의 완전한 절연 처리, 4) 완성되었을 때 한 사람이 계획하고 지시를 기억하며 부적절한 행동이라고 배운 것을 억제하려고 하는 전두엽 내의 세포 연결과 세포 발달이 해당된다.[3]

  그렇다. 말은 우리보다 더 빨리 자신의 행동을 조절할 수 있지만, 인간의 행동은 상당히 복잡하고 많은 부분이 학습되어야 한다. 여전히 우리는 뇌 조직 안에 저장된 몇 가지 능력들을 갖추고 태어난다. 제이콥이 태어났을 때, 그의 머릿속 프로그램 중 다수는 그가 탄생하는 순간 나타났다. 뒤집히거나 아래로 내려졌을 때 제이콥은 팔을 하늘을 향해 뻗고 있었고 (균형을 유지하기 위한 "모로 반사"), 누군가의 손가락을 잡을 수도 있었으며 (잡기 반사), 얼굴을 안아줬을 때 자기 머리를 린다의 목으로 들이밀었고 (포유 반사), 의사가 제이콥의 감은 눈에 빛을 비추자 재채기를 하였을 뿐만 아니라 (재채기 반사), 그의 입은 빨기 반사로 세상을 맞이했다.[4]

  이러한 선천적인 프로그램 중 다수는 아이들의 안전을 보장한다. 예를 들어 영아는 침대나 테이블 모서리와 같은 "벼랑 끝cliff edge"을 인지할 수 있는 능력을 갖추고 태어나는데, 이전에 위험한 "벼랑"을 경험해 본 적이 없다고 하더라도 떨어지는 것을 피하려고 한다.

이렇게 "강력하게 내장된hard-wired" 깊이에 대한 지각 능력은 아이를 반은 투명하고 반은 불투명한 탁자 위에 두는 실험에서 나타난다. 아기들은 엄마가 달래줄 때조차 탁자의 끝처럼 보이는 투명한 부분에 올라갈 엄두를 못 냈다. 아기들은 선천적으로 "벼랑"을 감지하고 그것을 위험으로 여겨 반응했다.[5]

다른 선천적 프로그램은 시지각을 도와준다. 이 프로그램들은 훑어보고 추적하는 전략이다. 어떤 것을 보는 것은 복잡한 과정이다. 이 과정에는 관심이 있는 사물에 눈을 매우 가까이 가져다 대는 것을 포함하여 보는 것에 방해가 될 수 있는 수많은 문제가 있다. 보는 행위가 진행되는 경우 눈 근육이 수행해야 하는 세 가지 행동이 있는데, 바로 하나의 형태에서 다른 형태로 신속하게 낚아채는 움직임(단속성 운동), 하나의 형태가 개입된 후 부드럽게 추적하는 움직임, 그리고 망막의 특정 부분에 상이 "오래" 지속되지 않도록 하는 신속하고 극미한 떨림이다. (만일 하나의 상이 정확하게 동일한 망막 세포에 계속 남아 있으면, 세포는 둔감해지고, 상은 흐릿해질 것이다.) 단속성 운동은 아이가 모양과 음영, 관심 가고 의미 있어 보이는 물건들로 가득한 세상을 훑어보도록 하는 탐색 전략이다. 추구 혹은 "추적locking-on" 능력은 아기가 자신의 관심을 충족시키기에 충분한 시간 동안 볼 수 있도록 한다.[6]

우리는 사회적 상호 작용을 도와주는 프로그램을 타고난다. 많은 연구자들은 우리가 얼굴을 "인지recognize"하고 그 얼굴을 찾을 수 있도록 유도하는 프로그램을 가진 아기로 태어난다고 믿는다. 연구자들은 눈의 추적 장치로 아기가 얼굴 사진을 훑어볼 때 아기의 눈의 움직임을 따라갈 수 있다. 사진을 겹쳐 두었을 때 눈과 입 사이 선을 따라가는 틀림없는 삼각형 탐색 패턴이 있다. 이러한 행동은 이미 탄생의 순간 갖추어져 있다. 아기가 탐색할 수 있는 모든 사물 중에서 거의 언제나 선호되는 부분은 얼굴(심지어 얼굴 사진)이었다. 표정 인지는 뇌에 "내장된" 것이다.[7]

이러한 "상호 작용" 프로그램은 아기와 엄마의 관계와 관련이 있다. 울고, 웃고, 파고들고, 돌보고 이해해주는 것은 아이가 탄생한 때부터 존재한 프로그램들이다. 이러한 프로그램들은 아기와 엄마 사이의 유대 관계를 만드는 역할을 한다. 이 유대 관계는 아기의 인생에 있어 닻의 역할을 하는데, 엄마와 아기 사이의 유대 관계와 공감적 주고받기 방식은 단 몇 주 지난 아기들도 세상에서 다른 "얼굴"을 파악할 수 있는 정도로까지 일반화된다. 그들의 생생한 신호는 그들의 엄마뿐 아니라 다른 아기들의 괴로움과 기쁨에 자연스럽게 전해진다.[8]

사회 활동을 위한 선천적인 프로그램 중 가장 놀라운 것은 바로 언어를 사용하는 능력이다. 노암 촘스키 박사Noam Chomsky는 언어 발달 분야 연구의 선구자이다. 그는 우리가 언어를 모르고 태어났어도 문법이나 구문론과 같은 일련의 규칙을 움직일 일련의 프로그램을 가지고 태어나는 것처럼 보인다는 결론을 내렸다.[9] 촘스키 박사는 다양한 문화의 어린이들이 언어를 배우는 방식을 연구하면서, 문화마다 만들어지는 구문론적 실수에 유사성이 있음을 발견했다. 이러한 "실수"는 문법과 구문론에 선천적인 규칙들이 있다는 증거라고 촘스키 박사는 결론지었다. "자연적인natural" 규칙 중 몇몇은 한 아이가 자신의 모국어를 습득하기 위해 "다시 잊어야만unlearned" 하는 것들이었다. 촘스키 박사는 문법과 구문론은 선천적인 특징이라는 것을 확신했다. 그리고 최소한 영아들이 말하기에 주의를 기울이고 매료되는 것은 기정사실이다. 그러면 도대체 어째서 부모가 갓 태어난 아기와 완전히 몰입하면서 의미 없는 언어와 소리, 심지어 아이에 의해 기인하는 음성적 반응을 가지고 "대화"를 하는 것이 가능한가? 촘스키가 논의했던 이러한 작용과 "규칙"은 우리의 유전자 코드에 의해 가능해진다.[10]

다시 말해 아기는 "백지상태blank slates"가 아니다. 태어날 때 유전판에 각인된 것은 갓 태어난 아기가 세상을 "이해consume"하고, 그 안에서 방식을 탐색하고, 이야기하고 의사소통하며, 탄생할 때 남겨진 안정적인 듀엣을 다시 만들고, 그 경험을 조직하여 생존을 위한 균형을 유지하는 프로그램을 만드는 모든 것을 반영한다. 모든 아이는 자기가 경험하는 세상을 재창조하는 데 바쁘다. 즉 *의미*의 세계를 만드느라 바쁜 것이다.

첫 번째 과에서 배운 것은 이것이다. 한 사람은, 비록 신체적으로 태어날 때는 불완전하다 할지라도, 기획이나 *방식 절차*modus operandi 없이는 인생을 시작하지 않는다. 오히려 한 사람은 표정을 짓고, 먹을 준비를 하고, 문제를 부모님께 알릴 수 있고, 공간에서 주의하고 이해될 수 있는 경험의 방식을 열렬히 갈망하는 가운데 드러난다. 새로운 뇌는 씻겨 내려가는 것이라면 무엇이든 흡수하는 스펀지와 많은 부분에서 다르다. 오히려 한 번도 가본 적 없는 지역에서 먹이를 찾는 한 마리 배고픈 늑대와 같다. 뇌의 먹이는 의미가 되는 것이다.

이 수업은 종교교육자가 사람들을 철학자나 신학자 혹은 순례자로 훈련시킬 필요가 없다는 것을 강조한다. 우리는 사람들을 종교적으로 **만들거나** 그들을 영혼의 무엇으로 이끌기 위해 부름 받은 것이 아니다. 우리는 우리 전통의 자원을, 한 사람이 탄생하면서부터 시작된 영적 여행을 위한 도구로 수집하고 제시하기 위해 부름받은 것이다.

2과. 뇌는 세상을 창조한다

새로운 인간은 불완전하지만 의미와 패턴을 위한 사냥을 즉시 시작해야 한다. 먹을 것과 온기, 그리고 감동을 위한 요구들과 함께 새로운 인간은 세상에서 패턴들을 취하기 시작한다. 눈, 귀, 코, 혀와 피부는 그것들이 앞으로 완성될 모습만큼 분별력이 있지는 않지만, 편안하고 기쁨을 느끼는 데에 필요한 것들을 감지할 수 있다. 이러한 감각기관을 통해 아기의 뇌는 자신이 의지하기 시작하는 세상의 모형을 형성하는 과업에 착수한다. 이상적으로, 아기의 세상 한 가운데에는 나중에 부모로서 알게 될 기분 좋은 맛과 향, 그리고 피부의 온기와 부드러운 소리로부터 만들어진 모형이 자리 잡을 것이다.

눈과 귀가 정보를 수집하기 시작하면서 아기의 세계는 더 넓어지고 더 깊어진다. "미리 내장된pre-wired" 전략을 가지고 아이는 이를 즐길 수 있게 되고 심지어는 더 확장하여 그 세계 전반을 통제할 수도 있게 된다. 얼굴(사람이나 동물)은 아기들의 세계에서 살아 있는, 구분된 하위 모형으로 두드러지기 시작한다. 태어난 첫 해는 일종의 우주의 "빅뱅"의 재연과 같다. 우주의 중심에서가 아니라 새로운 인간의 머리 한복판에서 일어나는 일로서 말이다. 이것은 아기의 마음속에서 일어나는 패턴과 의미의 폭발로, 아기는 이 공간이 무엇인지에 대한 몰두나 기대 없이 세상 속으로 들어왔다. 형판은 비어 있

었지만, 패턴을 이해하기 위한 전략의 도움으로 모형이 즉각적으로 형성되기 시작했다.[11]

  그렇다면 우리는 자신과 가정, 가족, 정원, 길과 같은 모형에 어째서 의존해야 하는가? 어째서 날것의 정보가 요구하는 것과 마찬가지로 새로운 경험이 그 안에서 나오고 움직일 때, 이를 단순하게 취하는 것이 불가능한가? 이에 대한 대답은 우리가 생각하는 방식의 진수에 있다. 행동은 이해에서부터 성장한다. 우리가 어느 정도 이해하고 있지 않으면, 한 상황에서 의미 있게 행동할 수 없다. 이해는 우리가 경험한 것이 우리가 이미 의미 있는 방식으로 정리했던 기억과 일치할 때 발생한다. 인지 과학자들이 부르는 것과 같은 이러한 "형판 맞추기template matching"는 인지를 가능하게 하고 동시에 우리의 주의를 집중시킬 수 있는 절차가 된다.[12]

  모형 형성이 사물을 인지하고 주의를 집중하는 것을 가능하게 하는 방법이라는 예로 제이콥의 사례를 들어보려고 한다. 제이콥은 큰형인 네이슨과 방을 같이 쓰고 있었다. 그는 뇌 안에서 방에 대한 모델이 형성된 것처럼 방에서 "편안함"을 느끼고 있었다. 이것은 익숙한 일이었다. 제이콥이 방에서 지내기 시작한 지 얼마 지나지 않아, 린다는 아기 침대 가까운 곳에 그의 눈높이에 맞게 동물 그림들을 붙여 두었다. 대부분의 동물 그림은 동물들의 얼굴이 명확하게 표현되어 있었다. 처음 제이콥이 그림을 보았을 때, 그는 동물에 자신의 주의를 집중시켰다. 제이콥에게는 이 그림들이 방의 일부로 인식되어 있지 않았기 때문에, 그림에 집중하게 된 것이다. 방에 대한 그의 형판은 그가 벽에서 본 것을 포함하고 있지 않았다. 이러한 부조화는 그림의 신기함으로 제이콥의 눈을 사로잡았다. 그림은 제이콥의 활동적인 뇌 안에서 또 다른 모형인 얼굴과 일치를 이루었기 때문에, 그의 주의를 사로잡을 수 있었다. 환경의 변화는 기대와 경험의 부조화로 인해 순간적으로 제이콥을 주의 집중하게 만들었다. 제이콥은 오랫동안(아기에게는 오랜 시간 동안) 그림을 응시했다. 그는 또 다른 새로운 것으로 시선을 돌렸고, 기쁜 마음으로 익숙한 무엇인가를 인지하고 놀랐다. 그는 동물의 눈을 만져 보고 그들의 세상과 행복하게 상호 작용할 때 아기들이 내는 소리를 내면서 하나의 그림에서 다른 그림으로 옮겨 가는 데에 잠시 동안의 시간을 보냈다.

제이콥의 남은 인생 동안, 이 경험은 전개되고, 진화되며, 때로는 삶에서 극적으로 재구성되는 모형이 될 것이다. 그 모형은 그가 행동하고 세상에 존재하는 것을 가능하게 할 것이다. 따라서 제이콥이 (여러분이나 나처럼) 새롭고 반대되는 정보를 획득한 후 오랫동안 옛 모형들과 믿음들을 고수할 이 모형 형성 과정은 매우 중요하다. 또한 이와 마찬가지로, 중요한 상황이나 경험으로 당황스러움을 느낄 때, 그는 가장 빈약한 증거를 근거로 논리를 비약하고, 사물을 이해하려는 계속된 요구를 해소할 수 있는 결론으로 급히 내려갈 것이다.

이것이 종교교육자로서 우리의 과업에 의미하는 바는 무엇인가? 이는 종교교육 과정을 만드는 모든 정보와 기술, 자료와 개념은 순례자들에게 의미 있는 세상의 모형에 기여하는 정도까지만 의미가 있음을 뜻한다. 이는 가르침에 있어서 성공은 학생이 정보와 기술을 숙달했는지 시험하는 것보다, 학생의 모형을 시험하는 것에서 더 잘 드러나리라는 것을 의미한다. 그러나 신뢰도fidelity 높은 삶의 모형을 만드는 단계는 새로운 기술과 정보를 통달할 것을 요구한다. 마지막으로, 교육자로서 우리의 역할은 안내자, 목격자, 안내원 중 하나가 되어야 한다는 것을 의미한다. 이처럼 가르치는 방법은 학생들이 경험된 것을 택하고 세상에 대한 *자신만의* 이해를 하도록 그들을 믿어주는 것이다.

3과. 복합 상영관인 뇌

1970년대 후반 UCLA에서 아래에서 위까지 순차적으로 인간 뇌의 횡단면을 촬영할 수 있는 카메라 기법이 개발되었다. 각각의 단면은 1센티미터 두께의 부분으로, 거기에는 뇌가 완전히 지도로 짜여 지기 전 촬영된 수백 장의 "얇은 조각들"이 있었다. 1초에 16개의 프레임을 보여주는 영화로 보면, 시청자는 뇌의 물리적 구조를 통해 시각적으로 "미끄러지듯" 따라갈 수 있다. 내가 처음 그 영화를 보았을 때, 나는 우주에서 본 지구의 사진을 처음 봤을 때와 같은 류의 지각을 경험했다. 지구의 사진은 우주 속의 지구라는 나의 모형을 충족시켜 주었기 때문에, 뇌 속의 영화는 머리 안의 뇌에 대한 보다 명확한 시각을 제공할 수 있었다. 이 재조정은 너무나 완벽해서 내가 새로운 방식으로 이전보다 더욱 명확하고 전체적인 그림을 가지고 뇌를 상상할 수 있을 정도였다.

나는 이러한 통찰에서부터 출발하는 뇌 구조의 순례 여행을 제시하려고 한다. 이 여행은 영화 여행처럼 강렬한 인상을 주지는 못하겠지만, 이 여행을 통해 뇌의 다중적인 성격, 즉 뇌가 정보와 경험을 수용하고 처리하고 조직하는 다양한 방법을 드러낼 수 있기를 바란다. 대규모 레퍼토리가 있는 전략을 우리가 더 많이 이해할수록, 사람들이 자신의 세상과 신앙을 형성할 수 있도록 도울 수 있는 사건과 경험을 더욱 잘 만들 수 있을 것이다.

맨 아래에서 꼭대기로: 우리가 생각하는 곳 (그림 1.1 참조)

뇌의 맨 아랫부분에서 꼭대기까지는 독특한 패턴이 나타난다. 그 패턴의 구조는 척추동물의 뇌 진화와 어느 정도 유사하게 정렬되어 있다. 최초의 척추동물(어류, 파충류, 조류)은 그들의 몸의 복잡성을 통제할 수 있는 상대적으로 매우 구체적인 중추신경계 기능을 필요로 했다. 이들은 복잡한 기억 체계, 복잡한 규제 체계와 먹이를 먹고 포식자에 대처하기 위한 새로운 경계 체계를 필요로 했다. 우리의 뇌도 이와 같은 구조를 담고 있다. 우리의 뇌는 뇌간 주변에 덩어리로 되어 있는데, 이 부분은 때때로 파충류 뇌 또는 오래된 뇌라고 불린다. 뇌 구조의 첫 번째는 소뇌이다. 소뇌는 야구공 크기로 우리

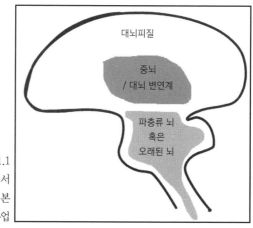

그림 1.1
맨 아래에서
꼭대기로 본
인간의 뇌: 역사 수업

의 "자동 조종사automatic pilot" 역할을 한다. 제이콥이 걷는 것을 배울 때, 그는 의도적이고 신중하게 고려된 일련의 행동을 수행해야 했다. 그의 근육이 제이콥의 의지에 더욱 반응함에 따라 그가 수행해야 했던 일련의 작용들은 자동화되었다. 이제 제이콥은 필요한 움직임의 복잡한 도움에 대해 생각하지 않고서도 달리고 뛰어오르며 걸을 수 있다. 사실 그가 달리는 데 필요한 모든 단계에 대해 생각해야 한다면, 그는 결코 달리기를 할 수 없을 것이다. 움직임은 이제 소뇌에 의해 자동적으로 조직되고 타이밍이 맞춰진다. 모든 척추동물은 잘 발달된 소뇌 혹은 이와 유사한 기관을 가지고 있다.[13]

만일 소뇌가 자동 조종사라면, 상행 망상계the ascending reticular system는 경보나 규제 체계이다. 마치 뇌에 묻힌 수직 통로와 같고, 망상계는 연수(숨쉬기와 같은 필수 기능을 통제), 망양체(수면과 기상을 조정하고 대뇌 피질의 주의를 불러일으키는 일을 함), 그리고 뇌교(마찬가지로 주의와 인식을 책임짐)로 구성된다.[14]

뇌교의 꼭대기에 위치한 버섯같이 생긴 것은 대뇌 변연계 또는 중뇌라고 알려진 구조이다. 중뇌는 시상(오래된 뇌와 중뇌부터 대뇌 피질까지 자극의 여정과 감정의 생성을 책임짐), 시상하부(대뇌 피질에서 일어나는 배고픔, 갈증, 그리고 성적 충동의 신호를 보내는 역할), 해마(새로운 경험과 통찰력을 기쁨과 연결시키고 밀접하게 연속된 경험을 대뇌 피질이 의미로 해독 가능한-읽고 듣는 것에서 사람의 언어로 옮겨지는 것처럼-순차적인 사건으로 구별하는 역할), 그리고 감정, 냄새, 다양한 구조의 통합과 관련된 여러 개의 다른 작은 조직을 포함하고 있다. 대뇌 변연계는 감정과 기쁨, 고통의 근원이며, 뇌교의 도움을 받아 대뇌 피질이 행동할 수 있게 박차를 가한다.[15]

마지막으로 뇌의 꼭대기에는 보다 원시적인 구조를 보호하는 모자처럼 생긴 대뇌 피질이 있다. 오래된 뇌와 중뇌가 각각의 구조에서의 제한된 기능을 가지고 있는 반면 대뇌 피질은 뇌라는 "팀"에서 "다재다능한generalist" 구성요소이다. 대뇌 피질은 기억 저장, 계획, 의미 제작, 계산, 발화, 자율 근육 조절 및 의식과 같은 기능을 맡는다. 이 기능들 중 다수는 특정한 장소에 놓인 것이 아니다. 사실 어떤 기능은 대뇌 피질 전체에 걸쳐 있는 것처럼 보인다. 뇌의 모든 구조에서 가장 큰 부분으로, 동물 진화에서 가장 늦게 발달한 부분이기도 하다.

따라서 우리가 뇌를 아래에서 위로 훑어볼 때, 나타나는 것은 뇌진화의 살아있는 연대순 기록이다. 맨 아래에서는 자동 자율 기능이 시시각각으로 이어지고 있고, 중뇌에서는 주의, 자극, 감정을 위한 메커니즘의 기원을 찾을 수 있다. 그리고 대뇌 피질에서는 기억

과 순간이 의미와 사고, 자율 행동과 자기 인식을 만들기 위해 감정
과 주의를 통합한다.[16] 우리가 사고하는 곳은 뇌의 상층부, 바로 대
뇌 피질이다. 그러나 이는 더 오래된 구조의 기능에 의지한다.

뒤에서 앞으로: 우리가 생각하는 것 (그림 1.2 참조)

맨 아래에서 꼭대기까지 뇌를 훑어볼 때 뇌의 자연적인 역사에 대
해 알게 된 것처럼, 뒤에서 앞으로 뇌를 훑어봄으로써 대뇌 피질 안
에서 그 기원을 찾아볼 수 있는 기능들의 광대한 넓이와 범위를 알
수 있다. 이는 모든 기능이 정확한 위치에 있다고(몇몇은 그런 위치
에 있을 수 있다고 할지라도) 말할 수 있는 것은 아니다. 오히려 다

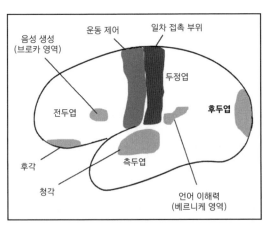

그림 1.2
뒤에서 앞으로
본 인간의 뇌:
우리가
생각하는 것

소 구체적인 기능에 기여하는 대뇌 피질의 일반적인 영역이 있다고 말하는 것이 낫다. 우리는 뇌를 뒤에서 앞으로 살펴봄으로써 이러한 영역을 고려하면서 대뇌 피질의 광범위한 작용과 일반적인 "분업"에 대한 이해를 할 수 있다.[17]

대뇌 피질은 회색빛으로, 두 부분 혹은 반구로 나뉘어 있고, 수많은 주름이 있어 매우 복잡한 구조로 되어 있다. 그러나 대뇌 피질은 균일한 모양으로 보인다. 이제 뇌의 뒤에서 시작하여 앞으로 이동하면서 다소 국부적인 일부 기능들을 찾아보도록 하자. 대뇌 피질의 가장 뒷부분은 후두엽이라고 불리는 부분으로, 이 손바닥만 한 크기의 영역은 눈으로부터 오는 신경 신호의 수령자이다.

후두엽은 시각 정보를 이미 뇌 안에 있는 시각 기억 및 모형과 비교할 수 있는 양식으로 해독하는 역할을 한다. 만일 대뇌 피질의 나머지 부분으로부터 떼어둘 수 있는 특별한 부분이 있다면, 그것은 바로 이 영역이 될 것이다. 후두엽("선조" 피질 혹은 "시각" 피질이라고 불리기도 한다)은 실제로 눈의 망막이 확대된 "지도"이다. 이 영역의 세포 정렬은 줄무늬처럼 보이고, 세포는 각각의 눈의 망막이나 오른쪽이나 왼쪽 중 일치하는 영역으로부터의 정보를 수령한다.[18]

대뇌 피질의 가장 넓은 부분은 대뇌 피질의 가운데 상층부와 옆면을 넓게 차지하고 있는 두정엽이다. 두정엽은 감각, 언어(오른쪽보다는 대부분이 왼쪽), 동작 제어, 그리고 나머지 감각을 관장하고 있다. 그러나 두정엽 세포의 대부분은 "미결정적uncommitted"이다. 이는 다시 말해 이 영역에 의해 조절되는 어떠한 구체적인 행동이나 지각 혹은 인지 활동도 없다는 것이다.

두정엽 아랫부분의 뇌 양쪽에는 측두엽이라고 불리는 커다란 주름들이 있다. 측두엽은 내이內耳로부터 오는 신호 해석과 관련이 있다. 측두엽은 우리가 시각적으로 사물을 인식할 때 범위에 대한 감각에 기여하고, 우리가 "친근감familiarity"이라고도 부르는 것으로 우리들의 기억에 감정적 색깔을 "표식화하는 것tagging"에도 일정 부분 관여한다. 후자의 결론은 측두엽 손상으로 인한 간질 환자의 경험에 의해 뒷받침된 것이다. 감정적 어조가 그 자체로 기억될 때, 이는 데자뷔deja vu(언젠가 본 것 같은 장면의 경험)를 일으킨다. 이러한 어조는 한 사람이 현재 경험하고 있는 것이 무엇이든지 친숙하다는 느낌과 함께 의식으로 들어온다. 우리는 모두 이러한 경험을 가지고 있다. 측두엽 간질 환자는 발작이 일어나는 동안 이러한 데자뷔 느낌이 폭주하는 것을 경험한다.[19] 이러한 기능을 제외하면, 측두엽의 세포 역시 미결정적이다.

두 개의 전두엽은 인간이라는 존재에서 가장 발달된 부분으로, 다른 영장류도 전두엽을 가지고는 있으나 인간의 것처럼 뛰어나지는 않다. 전두엽은 미결정 뉴런의 넓은 영역도 포함하고 있지만, 전두엽에서 작용하는 세 개의 구체적인 기능이 있다. 첫 번째는 냄새를 인지하게 하는 후각 신경으로부터 오는 신호를 해독하는 것이다.

두 번째 기능은 계획과 관련된 것으로, 이 뇌의 앞부분에서부터 우리가 고안한 계획에 집중하도록 하는 메커니즘을 만들어 낸다. 우리가 행동에 있어 계획을 세울 때, 그 행동의 성공 여부는 우리의 의식이 단계를 유지하면서 동시에 마지막 목표를 늘 유지하는가에 좌우된다. 이는 머리 앞에서 만들어진 특유의 뇌 파장 주기에 의해 이루어지는데, 이 파장은 E파(CNV파, 음성의 S위변동)라고 불리는 것으로, 우리가 계획한대로 일종의 "공간 관리자place keeper" 역할을 한다. 만일 당신이 하던 일에서 다른 곳으로 주의를 옮겨 진행 중인 일을 잊어버린 적이 있다면, 미완성된 채 남겨졌거나 잊어버린 것이 아직 있다는 성가신 느낌을 경험했을지 모른다. 이러한 감정은 미완성된 과제로 당신을 끌어당기는 CNV파의 산물이다.[20]

전두엽의 세 번째 기능은 억제와 사회적 제약과 관련된 것이다. 금기, 풍습, 혹은 사회적 관습은 뇌의 앞쪽에서 관장되는 사회 양식이다. 아마도 사회 제약과 전두엽 피질 간의 관계에 대한 가장 극적인 증거는 피니 게이지Phineas Gage의 불행한 경험으로부터 온 것이다. 게이지는 버몬트 철도회사 감독이었다. 1848년 그는 폭발 사고로 머리에 쇠막대기를 맞았다. 쇠막대기는 그의 이마와 왼쪽 전두엽을 손상시켰다. 게이지는 전체적인 건강이나 지적 능력에는 손상을 입지 않고 살아남았다. 그러나 그 결과 친절하고 인내심 많고 성실하고 부드럽게 말하던 피니 게이지는 남은 인생을 "가장 야비하게 신성 모독을 종종 늘어놓고 지인들에게 존중감을 거의 표현하지 않으며, 자기의 욕구와의 마찰을 빚을 때는 규제나 충고에 짜증을 내는 다소 변덕스럽고 불경한 사람"(게이지의 주치의의 말을 인용한 것이다)으로 살아야 했다. 게이지가 죽고 부검 결과 그의 왼쪽 전두엽의 앞부분에 아주 넓은 손상이 있었다는 것이 밝혀졌다. 그는 주의 집중 시간이 짧고 그의 행동에 대한 사회적 결과를 인식하는 데 있어서 어린아이 같았다고 전해진다. 어린아이 같다는 말은, 전두엽 신경 통로가 15세에서 16세가 될 때까지 인간의 뇌에서 완전히 발달하지 못하기 때문에 적절한 묘사가 될 수 있다.[21]

대뇌 피질을 뒤에서 앞으로 살펴보는 관점은 두 가지를 인식할 수 있게 해준다. 첫 번째, 대뇌 피질은 하는 일이 많다. 이는 일이 다양하다는 것이 아니라 전반적으로 기여하는 일의 범위가 상당히 넓다는 것이다. 대뇌 피질은 감각기관으로부터 끊임없이 입력되는 정보를 수령하여 완전히 이해함으로써, 내부에서 외부 세상을 재창조하는 뇌의 더 오래된 부분에 의해서 작동된다. 단지 물리적 세상뿐만 아니라 그것의 부분인 사회적, 인간적 상호관계의 생태계에 관하여 말이다. 사실 이는 불가능한 작업이지만, 우리는 시작해 볼 만하다!

두 번째 인식은 대뇌 피질이 "결심하는 것making up its mind"에 있어 언제나 충분히 융통성 있고 효율적이어야 한다는 것이다. 따라서 수백만 개의 미결정적 뉴런은 기억, 기술, 계획, 지각, 인지 처리 과정과 인식을 통해 프로그램되거나 재설정되기 위해 기다리고 있다. 다른 포유류와 인간 사이의 인상 깊은 차이 중 하나는 뇌의 크기이며 동시에 더욱 인상 깊은 차이는 미결정적인 대뇌 피질의 양이다. 우리의 "회백질"은 전 우주를 지각하기 위한 광범위한 저장소이자 과정처리 공장이다.

왼쪽에서 오른쪽으로: 우리가 생각하는 방법 (그림 1.3 참고)

의미 있는 이동이 가능한 세 번째 축은 왼쪽에서 오른쪽으로 대뇌 피질을 탐구하는 것이다. 뒤에서 앞으로 살펴본 것은 우리에게 대뇌 피질이 물리적이고 사회적 세상을 정리하고 모형화하기 위해 사용하는 다양한 장소임을 보여 주었다. 왼쪽에서 오른쪽으로 살펴보는 것은 우리가 세상을 이해하고 세상에 추가하기 위해 사용하는 사고 방식의 양상을 보여준다.

대뇌 피질의 왼쪽과 오른쪽 반구는 표면상 서로의 거울 이미지이

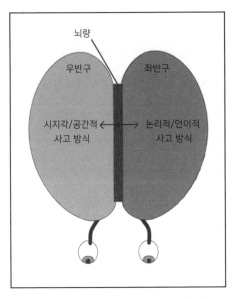

그림 1.3 왼쪽에서 오른쪽으로 본 인간 뇌:
우리가 생각하는 방법

다. 한쪽이 다른 쪽보다 더 큰 경향이 있다는 증거도 있지만, 개인
에 따라 다르다는 점을 조사 자료는 보여주고 있다. 두 반구 혹은 대
뇌 반구는 뇌량이라고 불리는 2억 만 개의 신경 섬유의 두꺼운 "선
cable"으로 연결되어 있다.[22] 태어날 때 이러한 연결체는 상대적으로
작고 어른 것만큼의 용량으로 기능하지 못한다. 사춘기 동안 어느
시기에 이 연결체는 성숙한 크기와 기능을 갖추게 된다. 뇌의 두 부
분의 인지 능력과 대부분의 정보 통합은 이 연결체를 통해 이루어

진다.

우리의 신체 구조 안에서 기능 없이 이루어지는 것은 아무것도 없고, 특히 뇌의 경우는 더더욱 그러하다. 그렇다면 대뇌 피질의 양면적 본질의 기능들은 무엇일까? 먼저 대뇌 피질의 한쪽이 지배하는 성질은 공간 감각(접촉, 시각, 청각, 그리고 어느 정도의 후각)이 공간적으로 대뇌 피질에 기록되었다는 것을 의미한다. 좌뇌는 세상의 오른편을 보여주는 자극을 수령하고 우뇌는 왼편을 보여주는 자극을 수령한다. 이와 마찬가지로 서로를 거울처럼 비추는 신체의 자율 근육은 대뇌 피질의 양면적 본질이 대뇌 피질의 운동 조절의 한쪽으로부터 혹은 다른 쪽으로부터 지시를 받는다는 것을 의미한다. 신체의 왼쪽은 대뇌 피질의 오른쪽 운동 영역의 지시를 받고, 신체의 오른쪽은 왼쪽 운동 영역에서 지시를 받는다.[23]

그러나 이것이 전부가 아니다. 다른 쪽에서 반영되는 조절 없이 오로지 한쪽으로부터 조절되는 몇 가지 기능들이 있다. 언어 능력이 명확하게 바로 이러한 경우이다(그림 1.2 참조). 폴 브로카Paul Broca 가 1860년경 언어 손실과 뇌 손상의 관계에 대한 논문을 발표한 이래로, 언어를 말하고 이해하는 것은 왼쪽의 대뇌 피질의 특정 영역에서 (대부분의 사람들에 있어) 통제된 기능이라는 것이 어느 정도 당연시되었다. 왼쪽 관자놀이 바로 위에 위치한 브로카 영역[24](이 영역은 발화 언어를 형성하는 능력을 통제한다)과 왼쪽 귀 뒤편 위쪽에 위치한 베르니케 영역[25](이 영역은 말을 이해하는 능력을 통제한다)이 특정 영역이다. 이 영역들이 손상되면, 어느 정도의 언어 손실이 일어난다. 오른편에는 이와 일치하는 영역이 존재하지 않는다.

오른쪽 대뇌 피질에 손상이 있을 때(사고나 충격으로 인해) 공간 지각이 가장 영향을 받는다는 것을 발견할 수 있다. 이러한 손상을 받은 사람은, 많은 경우에 자신의 세상을 전체적으로 인지하지 못하거나, 한 장소에서 다른 장소를 찾아가지 못하게 된다.

대뇌 피질의 비대칭도에 대한 의문 중 하나는 성인들에게 보이는 편재화된 기능들이 어린이들에게는 보이지 않는다는 점이다. 언어가 다시 주요한 예시가 된다. 성인의 언어 중추에 뇌 손상이 있는 경우에 관한 의학적 연구는 종종 완전한 발화의 회복이 어렵다는 것을 보여주고 있다. 그러나 이러한 유사한 손상이 어린이에게서 생기게 되는 경우, 성인이 겪는 정도로 심각한 언어 손상은 나타나지 않는다. 더 어릴수록 잘 회복되는 것으로 나타났다. 따라서 어린아이에게 있어 언어와 발화는 한쪽 뇌 혹은 다른 쪽 뇌에 영구적으로 위치하는 것이 아니라는 결론에 도달하게 된다. 만일 언어 중추가 되는 곳에 손상이 있었다면 중립 대뇌 피질이 느슨한 부분을 채워줄 만큼 충분히 새롭고 넓은 영역을 차지하고 있으나, 성인의 경우, 대뇌 피질은 그렇게 유연하지도 않고 새것도 아니다.

대뇌 피질이 하는 일에서 보이는 비대칭적 특성은 수많은 연구와 논의, 추측을 낳았다. 이러한 특성이 정리될 때, 확실한 것은 왼쪽 대뇌 피질은 언어/논리의 뇌이고 오른쪽 대뇌 피질은 시각/공간적 뇌라는 점이다. 이것은 좌뇌가 발화와 언어 이해를 관할하고 우뇌는 시지각/공간적 정보를 다룰 뿐만 아니라, 좌뇌에서 처리되는 기억과 정보는 언어와 순차적인 경향을 띠고, 우뇌는 이미지와 보다 전체적인 것으로 처리하려는 경향을 나타낸다는 것을 의미한다. 좌뇌와 우뇌의 사고방식은 다르다. 이들이 어떻게 다른지에 대해서 과학자들이 포착하기는 쉽지 않지만, 좌뇌–우뇌 사고방식을 설명한 복합 목록은 아래와 같다.

좌뇌	우뇌
논리적	직관적
지적	감각적
이성적	신비적
추상적	구체적
순차적	전체적
언어적	시지각/공간적
과학적	시적[26]

두 개의 반구에 맞게 정보를 처리하는 두 가지 방식이 있는 것으로 보이지만, 두 개의 반구 안에서는 더욱 많은 노동의 구분이 이루어진다. 좌뇌-우뇌 사고 기술적 측면으로 볼 때 인간의 인지 능력을 평가하는 것은 매우 단순하다. 분리 뇌split-brain 연구는 일반적으로 지적 능력에 대한 발견과 함께 우리가 적어도 일곱 개의 구분된 인지 능력을 갖추고 있다는 것을 발견할 수 있도록 유도했다. 비대칭성 연구는 지능을 확장된 관점으로 볼 수 있는 길을 열었다. 우리는 이러한 새로운 접근 방법을 다음 장에서 살펴볼 것이다.

주제와 변화

나는 뇌 "장비equipment"와 우리가 가지고 태어나는 본질적인 프로그램 중 몇 가지를 독자들에게 제공하고자 한다. 내가 보여주고자 하는 바는 뇌의 프로그램과 조직화는 우리를 우리의 경험 속에서 패턴과 의미를 추구하는 존재로 만든다는 것이다. 더 나아가 우리는 세상과 상호 작용하고 그 안에서 창조적인 존재가 될 수 있도록 뇌 안에서 세상에 대한 모형을 만든다. 바로 이것이 "주제"를 놓고 독특한 변수를 구성하고자 하는 것이다. 제이콥은 이 의미 있는 세상 안에서 패턴을 찾고 만들려는 "안달 난 마음itching"을 가지고 태어났다. 여기서 제이콥의 모형과 창조물은 다른 사람들의 것과 유사하겠지만, 여전히 고유한 사람들로 가득한 세상에서 또 다른 고유한 사람이 되는 것이다. 그의 순례가 얼마나 충만하고 창의적인지는 많은 요소에 따라 달라지지만, 기본적으로 세 가지 인지 변수가 이에 작용하게 될 것이다.

1) 언어적/논리적, 시지각/공간적 사고방식과 이와 관련된 기능, 지능, 프로그램을 사용하는 능력
2) 세상에 대한 "신뢰도 높은" 모형인 지식과 기억의 저장소를 확보하고 사용하며 재조직하는 능력
3) 그의 세상에서 자기 인식의 촉매제가 되는 것

이러한 것은 한 사람이 세상을 이용하고 세상에 기여할 수 있는 세 가지 능력에서 오는 것이다.

종교 공동체에서 우리는 사람들의 순례 활동에 관심을 기울여야 한다. 각각의 사람은 의미를 향한 영원한 길을 똑같이 걷지만, 저마다 고유한 걸음으로 걸어간다. 순례를 준비하도록 돕는 우리의 소명이 있다. 우리의 신자들 안에서의 양육과 교육 방식이나 내용을 검증할 때 우리는 어떤 결론을 내리게 될까? 이러한 인지적 시각으로부터 장단점을 찾을 수 있을 것인가? 우리는 우리 자신이 인간의 주제에 관한 새로운 변화를 고무시키고 있는 모습을 발견하게 될 것

인가, 아니면 오로지 하나의 노래만을 가르치려는 모습을 발견하게 될 것인가? 대부분 언어적이거나 시각적인 종교적 사고와 행동을 고무시키는 자신을 발견하게 될 것인가? 처음 18년 동안 그들의 인생 전체에 걸쳐 혹은 단순하게 창조자와 순례자가 되라고 고무되고 있는 사람들을 찾게 될 것인가? 우리가 교육을 위해 사용하는 방법이 즐거움을 주는 것인지 아니면 지루함을 주는 것인지 확인하게 될 것인가? 우리는 한 사람의 지식과 자기 인식의 사용 가능한 저장물에 역사와 전통의 풍부함이 더해진 것을 발견하게 될 것인가, 아니면 역사와 전통은 탐구자들을 위한 걸림돌로 흩어져 버릴 것인가? 우리는 존경받을 만한 안내자인 스승을 발견하게 될 것인가, 통제하며 비밀을 지키는 스승을 발견하게 될 것인가?

나는 인간이 종교적일 수밖에 없는 방식으로 뇌가 작용한다는 것을 의심하지 않는다. 우리는 생물학적으로 신앙을 모색하고 우리의 우주에 대한 비전-우리의 모형-을 가지고 신뢰 속에서 살아간다. 만일 우리가 뇌라고 부르는 모터에 의해 운동이 가속화된다면, 종교교육자와 지도자들은 그것이 어떻게 작용하는지 눈여겨보아야 한다. 우리에게 신앙을 양육하는 방식을 알려줄 뿐 아니라, 삶과 의미를 가능하게 하는 신앙의 흔적을 보게 할 것이다.

제2장

의미 제작소

The Meaning Factory

퀼트 제작자들

1985년, 린다와 나는 로스앤젤레스 음악 센터에 퀼트 *제작자들* Quilters이라는 연극을 보러 갔다. 연극은 여성 개척자들의 시각에서 전해지는 개척자 가족의 역사에 관한 내용으로, 미국 중서부 지방에 정착한 삼 대의 여자들과 그들의 가족들이 겪은 시련에 초점을 맞추고 있었다. 여자들이 만드는 퀼트는 연극의 에피소드들을 하나로 연결해주는 보조적 역할을 하고 있었는데, 이 여자들은 자기 이야기를 하고, 자기 존중을 유지하고, 희망에 대한 비전을 놓지 않기 위해 퀼트를 활용했다. 퀼트(20세기 정착민 여자들에 의해 디자인된 이후 특별히 연극을 위해 만들어진 것)는 진실성과 꿈을 담는 방식으로 함께 바느질했던 여자들의 마음과 영혼의 모형이었다. 연극의 결말에서는 주인공이 자신의 이야기를 회상하며, 거대한 퀼트 안의 퀼트를 머리 위로 높이 들어 올렸다. 그 장면은 여자 뒤에서 25피트 높이로 펼쳐진 여자의 삶의 상징이자 비유를 보여주는 감동적인 장면이었다. 이로써 그녀의 "퀼트 유산heritage quilt"과 그녀의 인생은 모두 축복받았다.

퀼트와 연극은 우리가 인생을 이해하는 것이 얼마나 자연스럽고 중요한지에 대해 신선한 이해를 불러일으켰다. 연극 속에서 퀼트를 만드는 사람들에게 퀼트를 만드는 행위는 이 사람들의 비전과 염원,

사건과 투쟁을 넘어 성장하는 신앙에 대한 확신이었다. 퀼트를 만드는 것은 단지 시간을 보내거나 생계를 위한 것이 아니었다. 그것은 바로 전통을 만나고 계승하는 기회였던 것이다. 그들에게 퀼트는 한 사람의 영혼의 산물-한 사람의 인생의 핵심을 대표하는 상징-이었다.

퀼트 공장

퀼트 한 장을 만들기 위한 조각보처럼, 우리의 기억은 우리 마음이 요구하는 주제와 모티브에 붙여지기 위해 대기 중이다. 퀼트 자체를 인간이 기억 안에서 가지고 있는 것을 표현하는 조각보 붙이기로 간주해보자. 우리의 뇌는 이러한 표현을 만드는 공장이 된다. 네 가지 방식으로 뇌는 공장과 유사한 점을 가지고 있다(그림 2.1A, 2.1B, 2.1C 참조). 첫째, 공장이 창고 안에 둔 원자재 정도까지만 기능하는 것처럼, 뇌는 의미 있는 표현으로 빚어질 수 있는 기억의 "저장소warehouse"를 필요로 한다.

둘째, 마치 공장이 창고에 있는 요소들을 혼합하는 방법과 기계, 그리고 처리 과정을 활용하는 것처럼, 뇌도 기억과 사고를 의미 있는 표현이나 행동을 혼합시키는 "생산manufacturing" 체계를 갖추고 있다.

셋째, 공장에 제품 생산에 필요한 자재를 수령하고, 발송될 제품을 준비시킬 선적 및 수령 부서가 있는 것처럼, 뇌도 "작업 기억working memory"과 "의식consciousness"이라 불리는 쌍방향 "선적 및 수령 shipping and receiving" 체계를 갖추고 있다. 작업 기억 안에서는 *세상으로 나갈* 의미 있는 표현들이 대기 중이고 그곳은 *세상으로부터* 들어온 정보를 검증하는 작동 공간으로도 사용된다.

마지막으로, 공장이 선적을 수령할 하역장을 가지고 있는 것처럼, 뇌 역시 정보가 일시적으로 유지되어 뇌가 이 정보를 처리할 수 있

그림 2.1A

B = 선적 및 수령

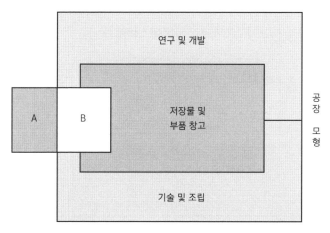

A = 하역장

도록 하는 감각의 "하역장loading dock"을 가지고 있다.

 나는 사고 과정을 공장에 비유하여 진부하게 만들려는 것이 아니다. 오히려, 이러한 이미지가 사고 과정의 진실성을 전달할 수 있기를 바란다. 뇌와 뇌의 작용은 종종 비유적으로 묘사되곤 한다. 블랙박스부터 컴퓨터까지, 빈 석판부터 정부의 부처들까지, 모두 뇌와 뇌의 작용을 묘사한 예이다. 내가 공장을 비유로 선택한 이유는 공장이 대부분의 사람들에게 뇌 자체로 오해받을 리 없는 가장 친숙한 체계이기 때문이다. 어떤 비유는 그 대상과 너무 동일시되어서,

그림 2.1B

B = 단기 기억

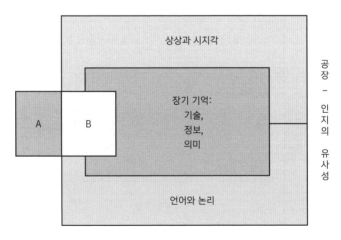

A = 감각 기억장치

비유로 생각하는 대신에 묘사하는 것으로 조명되는 경우가 잦다. 컴퓨터와 뇌의 비교는 이러한 실수를 유도할 수 있다.

가동 중인 의미 제작소: 서커스 체험

공장과 뇌의 유사성에 대해 좀 더 자세히 살펴보자. 그림 2.1C는 의미 제작소(공장)의 "평면도"를 나타내고 있다. 여기에는 재료와 하부조직, 처리 과정과 일상이 마구잡이로 "어질러져" 있다. 인간의 뇌에는 진화하면서 경험을 이해하기 위한 수백 가지 방식이 축적되어 있다. 나의 도식은 세상의 원료를 다루는 방법으로 가득 찬 의미 제작소를 보여주고 있다. 하지만, 아직도 나의 어수선한 그림은 우리 머릿속에서 진행되고 있는 복잡한 과정에 대한 실마리만을 제공할 뿐이다.

인간의 경험-링글링 브라더스 서커스나 바넘 앤 베일리 서커스에 가보는 것-은 가동 중인 의미 제작소의 한 사례로 사용될 수 있다. 린다와 나는 아이들을 데리고 서커스에 가기로 했고, 마침내 공연 당일이 되었다. 그날 오후 우리는 차를 타고 공연장으로 갔고, 공연 장까지 주차장을 가로질러 먼 길을 걸어야 했다. 사실 도착했을 때 나는 어느 정도 실망했던 것으로 기억하는데, 그 이유는 확실히 몰 랐었던 것 같다. 공연장에 들어가자, 소리와 냄새, 그리고 눈앞의 광경들이 내 기분을 완전히 바꾸기 시작했고, 서커스는 내게 그 자체로 깊은 인상을 주기 시작했다. 공연장은 동물들과 솜사탕 냄새, 행상인들 소리로 가득했고, 공연장 먼 끝 쪽 아래에서 한 부대의 북적이는 서커스 밴드가 등장했다. 가장 잘 보이는 좌석은 아니었지만, 공연장 바닥에 놓인 세 개의 원형 경기장, 이미 가판을 돌아다니는 땅콩 판매원 주변을 서성거리는 광대도 보였다. 그 광경은 그 자체로 서커스였다.

밴드의 "짜잔!" 소리와 서커스 단장의 "신사 숙녀 여러분과 소년 소녀 여러분…" 하는 소리와 함께, 불편하고 성가신 감정이 증발해버렸다. 그 장소는 그야말로 서커스였다. 나는 내가 아들 네이슨에게 무슨 일이 벌어지고 있는지를 끊임없이 설명하면서 괴롭힌 기억이 난다. 그러나 네이슨은 불평하지 않고 내가 과거와 현재를 한 번에 살 수 있도록 도와주었다. 나머지 시간은 간단히 말하면 내 마음속에 아주 멋지게 뒤엉킨 희미한 경험과 기억이 과다복용된 것 같은 향수鄕愁같은 것이었다.

기억은 아주 사소한 일에도 나의 인식으로 튀어 오르는 듯했다. 광대는 그의 개와 함께 루틴을 시작했고, 촌극 전체가 순식간에 생각났다. 상인들이 지나갔고 땅콩 냄새가 나의 첫 번째 중간지점과 사이드쇼에 대한 기억을 상기시켰다. 그것은 마치 자석이 쇳가루에 하

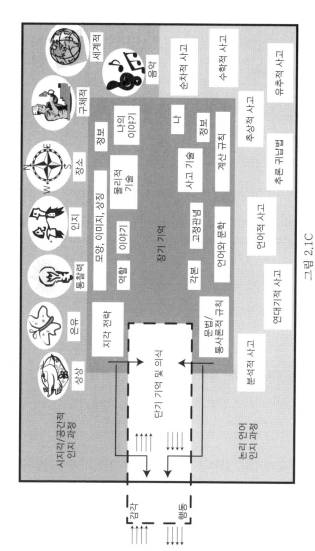

그림 2.1C
이미 제작소로서 뇌:
제작소 "평면도"

는 것처럼 경험이 기대감과 기억에 작용하는 것과 같았다. 서커스는 이러한 기억을 끌어냈고, 이러한 기억은 신선하면서도 매우 익숙한 양상으로 정리되었다.

서커스가 끝나자 나는 우리 가족들과 서커스에서 보낸 두 시간 반에 대한 전체적인 느낌과 인상을 알 수 있었다. 경험은 이미지와 감정의 콜라주에서 탄생된 전체적인 그림이었다. 이 경험은 단순한 **서커스** 관람이 아니었다. 이 경험은 **나의** 서커스 관람이었다. 이 경험은 내가 없이는 존재할 수 없는 것이었다. 이러한 인식은 내가 자동차까지 가는 길 내내 생각날 정도로 강한 것이었다. 그러나 집으로 오는 길에 그 경험은 운전이 중심 과제가 되면서 점차 사그라들었다.

가동 중인 제작소로서의 서커스 경험

움직이지 않는 우리의 뇌(혹은 움직이지 않는 것과 거의 유사한 상태에 있는 뇌)는 생산하기 위해 꿈틀거린다. 뇌에는 하나의 경험을 창조하기 위해 현재와 연결되거나 재결합될 수 있는 기억과 기술, 지식, 고정 관념과 정보가 저장되어 있다. 그런 것이 바로 서커스에서의 경우이다. 내가 소년이었을 때 겪은 서커스에서의 과거 경험이 나의 뇌에 남겨져 살아 있다. 이러한 경험은 공연과 광대, 동물들, 사람들과 음악, 그리고 텐트에 대한 기억과 더불어 내가 클라이드 비티가 야생 고양이를 마주하는 것을 보았을 때 든 느낌, 에멧 켈리의 고독함을 목격했을 때 느낀 슬픔까지도 포함하고 있다. 또한, 내 기억 속에는 서커스 텐트의 크기에 대한 경이로움과 내가 군중들 속에서 길을 잃었을 때 느꼈던 두려움도 포함되어 있다.

우리가 서커스에 가기로 결정한 때부터 나의 인식에 지속적으로 전달된 입력의 흐름이 있었다. 새로운 경험은 이미 내 기억의 저장고 안에 내재되어 있었던 "서커스"에 대한 개념 안에서 걸려 끌어 올려지고 있었다. 그 경험은 "서커스"라는 형태를 갖춘 이미지들과 역할들, 고정 관념들과 이야기들, 그리고 정보의 복합체였다. 내가 공연장 근처로 가면서 일어난 것들은 내 기억 속의 서커스가 이때는 내 눈으로 온전히 인식되지 않았다는 사실에 의해 일어난 점증하는 불안감이었다. (사이드쇼도 없고, 톱밥도 없고, 심지어 **텐트조차 없었다!**)

공연장 안에서 현실은 내 기억 속의 서커스에 들어맞기 시작했으며, 원형 무대 안에서의 새로운 공연들에 대한 만족감과 확신이 실망감을 덮어 버렸다. 서커스 행사들이 펼쳐짐에 따라 더 많은 기억이 잡혀 내 인식 속으로 들어왔다. 내 기억을 낚아챈 고리는 바로 서커스에서의 광경(화려한 색과 모양, 움직임과 상징들), 소리(밴드, 서커스 단장의 말, 코끼리의 나팔 소리), 냄새(팝콘 냄새, 동물들 냄새와 핫도그 냄새), 맛(솜사탕과 콜라의 맛), 그리고 만질 수 있는 것들(내 뒤의 사람과 아내와 아들과의 접촉, 그리고 음식과 좌석과의 접촉)이었다.

경험을 의미로 전환시키는 뇌 일부의 작용으로 인해 내 기억은 인식으로 걸려 들어올 수 있었다. 나는 대뇌 피질의 오른편에서 발생하는 공간적 사고로 인해 스낵바로 향하는 공연장 주변과 그 안에서의 길을 만들 수 있었다.[1] 또한 대뇌 피질의 오른편에서 진행되고 있는 은유적 사고로 인해 공중 곡예사의 의상이 의미하는 것을 이해할 수도 있었으며, 왼쪽 피질에서의 언어적 사고와 언어 기억의 저장물 덕에 서커스 단장의 말을 이해할 수 있었다.[2] 광대 공연의 의미는 공간적 사고(신체적 해학의 풍자를 이해), 시각적 인지(정형화된 이미지의 의상과 소도구를 인식), 순차적 사고(촌극의 스토리 라인을 이해), 그리고 음악적 사고(촌극에 밴드가 추가한 음악적 비유를 이해)에 따라 달라진다. 다시 말해, 기억과 경험의 결합은 기억과 감각의 입력을 원료로 요구할 뿐만 아니라, 대뇌 피질 좌우의 다양한 영역에 위치한 논리적, 음악적, 언어적, 공간적, 시각적, 대인 관계적, 자아 성찰적 사고 과정을 필요로 한다.[3] 그 결과는 내가 "서커스"라고 알고 있는, 업데이트되고 확장된 기억의 네트워크로 나타났다.

내가 차로 걸어갈 때 인식했던 것들을 기억하는 것은 이러한 생생한 "리메이크remake" 과정이었다. 그것은 내 기억과 그날의 사건들로부터 "만들어진manufactured" 것이다. 완성된 산물은 조립 공정에서 갓 나온 하나의 온전한 것이자 모형, 게슈탈트(형태)였다. 이것은 단지 재건된 기억이 아니라 1954년의 서커스에 대한 모형을 관람했던 나와는 다른 "나"를 갖게 한 과정이었다. 이러한 경험은 자기 개념과 자아상과 관련이 있다. 그것은 단지 서커스가 아니라, "36살 된 아버지이자 남편이고, 여전히 26년 전 처음으로 서커스를 보러 갔던 꼬마 아이 제리 라슨"이라는 새로운 모형이었다. 이 모형은 **서커스**(그림 2.2 참조)라는 중심적이고 통제적 개념과 연결된 기억의 네트워크로 내 머릿속에 존재하고 있다. 이 연결망은 내가 "서커스다움"이라고 알고 있는 모형이었다. 이제 모형 형성의 개념을 확장하여 설명하고자 한다.

제작소의 생산품: 세상에 대한 작동 모형

 몇 년 전 나의 아내는 웨스트 로스앤젤레스에 있는 유치원에서 교사로 일했다. 그녀는 언제나 아이들과의 생활에서 자신이 보았던 의미 있는 작은 시작점들을 나와 공유하려 했다. 그녀가 설명하는 것은 언제나 시작점들 간의 유사성으로 내게 깊은 인상을 심어 주었

그림 2.2

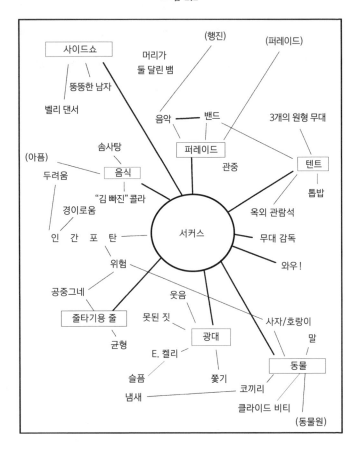

다. 각각 새로운 인지 성장 과정을 분출하는 것은 학생들이 머릿속
에서 새로운 모형을 만드는 새로운 경험에 수반된 것을 드러내었다.
장난감을 던지는 대신 자기가 화났다고 *말할 수 있다*는 것을 알아차린 네 살짜리 말썽꾸러기 소년의 마음에서 일어난 것이나, 학교를 집처럼 편하게 느끼기 시작하는 겁많은 어린이나 일어난 일은 똑같은데 그것은 바로 세상과 그 세상 안에서 그들 자신에 대한 새로운 기대감이 성장한다는 것이다.

학생들의 어린 뇌에서 만들어진 산물은 그들이 이전에 완전히 이해하지 못했던 어떤 것에 대한 복제품을 작동시키는 모형이거나 축소 모형이었다. 한 사람은 어떠한 새로운 생각이나 과정, 혹은 기술을 배울 때, 뇌 안에서 그것의 모형을 만들어 "형태shape"를 갖추게 한다.[4]

모형 만들기의 배열

그렇다면 이러한 모형들은 무엇인가? "공장"이 아닌 다른 비유로 도약을 시도해 보고자 한다. 아마도 우리가 사용하고 축적한 모형 만들기의 배열은 물웅덩이에 던져진 돌멩이가 만들어 낸 동심원 모양의 파장과 비교될 수 있다(그림 2.3A과 2.3B 참조). 내원은 우리가 물리적 세상을 규정하는 데 이용하는 기본적인 모형들이고, 외부 파장원들은 "초meta" 물리적인 세상의 모형들을 포함하고 있다. 즉 경계도, 모양도, 질감이나 냄새도 없는 의미, 가치, 비전, 인간관계의 세계이다. 물에 던져진 돌멩이의 비유는 하나의 발명이다. 중심 원칙을 확고히 하는 동시에 임의로 인간 경험을 분리한다. 즉, 세상이 존재하고 작용하는 방식에 대한 우리의 모형은 감각적 경험에서 시작한다. 이러한 경험으로부터 우리는 의미의 세계를 만든다. 경험으로 인한 파장원들은 파장들이 바깥쪽으로 전달되기 때문에 명확하게 정의되지 않는다.

중심에는 돌멩이 자체가 있는데, 이 돌멩이는 우리가 태어날 때부터 가지고 있었던 지각 체계에 따른 양식으로 우리가 처리하는 원래의 정보나 경험에 해당한다. 우리가 활용한 첫 번째 모형은 의미의 웅덩이로 떨어진 사물과 경험의 **물리적 특성**(크기, 덩어리, 색, 음영, 경계, 질감, 모형, 맛, 소리 등)을 규정한 것이다.

그림 2.3A

세상 모형 만들기: 10단계 처리 체계

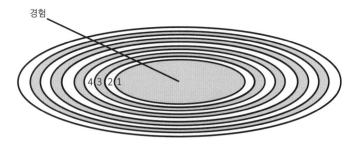

주요 원들: 경험의 물리적 감각 만들기

원 1. 특성 탐지: 우리의 감각은 모양, 색, 향, 맛, 덩어리, 음영, 질감, 온도 등과 같은 특성을 규명하는 가장 단순한 단계에서 가장 먼저 처리된다. 이러한 특성들은 감각 정보가 유사한 특성들에 대한 기억과 비교하면서 인식된다. (예시. 이것은 하얗고, 부드러우며, 단단하고 둥글고 맛과 향이 없다.)

원 2. 분류: 어떠한 사물이나 경험의 특성이 규명되면, "부분들"이 유사한 것에 대한 기억과 비교되면서 전체로 통합된다. 만일 경험과 기억 간의 "일치"가 이루어지면, 우리는 그 사물이나 경험을 그것과 유사한 항목에 포함시키면서 이를 규명한다. (예시. 이것은 활처럼 생겼고, 손잡이가 있는 주먹 크기 정도이다–이것은 컵이다!)

원 3. 인지: 사물이나 경험의 특정한 성질이 항목 안에서 다른 유사한 것과 함께 집단화될 때, 그것은 그 특징으로 인지된다. (예시. 이것은 일출 그림 옆면에 흠이 난, 한 친구에게 선물로 받은 컵이다–**나의** 컵이다.)

원 4. 장소: 모든 사물은 어떠한 환경 안에 존재한다. 물리적 감각의 마지막 단계는 자신이 경험하는 사물의 배경이나 환경, 혹은 맥락을 규명하는 것이다. (예시. 이것은 토요일 오전 7시 아침 식사 시간, 주방 식탁 위에 놓인 코코아가 담긴 컵이다.)

이러한 특성들은 감지되어 곧바로 우리가 이미 기억 속에 가지고 있는 특징과 비교된다.[5]

다음 원은 예비 특징을 감지하는 데에 앞서 비약적으로 발전된 차원으로, 이 두 번째 원은 사물과 경험을 **분류**하는 모형을 담고 있다. 이 단계에서 우리는 "컵", "부모", 혹은 "농담"과 같은 모형을 지니게 되는데, 사물/경험의 특징을 해독할 때, 우리의 지각 체계는 이러한 특징을 그룹 혹은 항목으로 배치한다. 만일 특징이 우리가 이미 분류 모형으로 가지고 있는 양식과 결합되는 경우, 조화가 이루어지고, 이로써 우리는 그 사물을 우리가 알고 있는 항목의 구성원이라고 판단할 수 있다.

그림 2.3B
세상 모형 만들기: 10단계 처리 체계

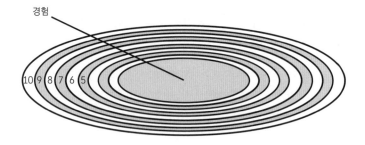

주요 원들: 경험의 초-물리적 감각 만들기

원 5. 정체성: 이 의미의 원 안에서 "나(me)"와 "내(I)"가 만든 모형이 형성된다. 내가 세상을 경험하고 세상 안에서 행동하며, 나 자신을 세상의 일부로 경험할 때, 나는 비로소 내가 누구인지, 나의 가치와 능력은 무엇인지, 그리고 세상 안에서 나의 영향력은 어떠한지 이해하게 된다. 여기서 나는 "만들어진다(나는 제리이고, 아침 식사를 하는, 아버지이자 남편이다)."

원 6. 공동체: 이 원은 내 영혼의 생태를 형성하는 중요한 인간관계의 모형을 포함한다. 이 원은 내가 누구에게 속해 있거나 속해 있지 않은지, 어떻게 나는 내 소속망 안에서 움직이는지 알게 되는 영역이다. (내가 아침 식사를 나눌 때, 나는 내 가족, 친구, 공동체와 연결되어 있다.)

원 7. 가치: 이 원에서 나는 옳음과 그름, 아름다움과 추함에 대한 나의 모형을 만든다. 이러한 모형으로 행동의 옳고 그름을 판단하고 사물을 미학적으로 평가할 수 있다. (식사를 나누고 아침을 즐기는 일은 유익하다.)

원 8. 역사 모형: 우리는 시간을 거쳐 경험의 저장소에 추가하면서, 시간의 흐름의 의미에 대한 이해를 발전시킨다. 우리는 과거가 현재에 갖는 의미나, 과거가 지금까지 그래왔던 방법이나 이유에 대한 의미로 사물을 믿을 수 있게 된다. 이곳은 우리가 역사 모형을 창조하는 곳이다. (나는 역사의 공동체이자 사랑의 관계의 산물이다.)

원 9. 미래 모형: 어떠한 일이 일어날 것인지, 그리고 그 이유는 무엇인지에 대한 의미와 믿음은 과거의 의미와 밀접한 관계가 있다. 우리 각자는 다음에 오게 될 것에 대한 모형과 그것이 좋은 것인지 아닌지에 대한 모형을 얻는다. (만일 모든 사람이 보살핌, 사랑, 도전을 경험한다면, 우리의 세상은 변화될 것이다.)

원 10. 우주 모형: 우리 인간이 만들어낸 가장 큰 의미의 파문으로, 이는 우주의 진수는 무엇인가에 대한 문제와 연관이 있다. 이 원은 어떻게 우주가 작용하고 진화하였으며, 어떠한 힘이 우주에 생기를 불어넣었으며, 궁극적으로 중요한 것은 무엇인지에 대한 믿음을 내포한다. (우주에서 인간 문화를 보완할 수 있는 유일한 힘은 바로 **사랑**이다.)

이러한 사물/경험은 ("머그잔"과 같이) 단순할 수도 있고 ("서커스"와 같이) 복잡할 수도 있다.[6]

세 번째 원은 "내 이름이 적혀 있고 가장자리에 이가 나간 머그잔(분류)이라든지 나의 아버지(분류), 하워드 라슨"과 같이 **특정한 사물이나 경험의 모형**을 포함하고 있다. 만일 내가 주의를 기울인 물건이 이 모형과 일치한다면, 나는 내가 보고 듣고 느낀 것이 그 물건임을 인식하게 된다.

그리고 이 세 개의 원들을 에워싸는 것은 물건이 의미 있는 자리를 가지는 세상의 모형이나 **환경**이라는 원이다. 이 네 번째 모형의 만들기 단계는 사물을 더 넓은 맥락에 집어넣는 것이다.

 이처럼 모형 만들기의 내부 원들은 우리의 물리적 세상에 대한 모형과 지식의 저장물을 나타낸다.

 이제 **어느 오후 한 목초지의 물웅덩이에 던져진 돌멩이**의 사례를 생각해 보자. 우리의 기억에는 모서리, 구석, 무게, 색(특징)의 간단한 모형들이 "거한다reside". 이러한 것들은 우리의 마음속에서 "진술될" 수 있고, 우리의 눈이 대뇌 피질에 전달하는 유사한 특징과 비교될 수 있다. 우리의 눈은 뇌가 유사한 기억의 조합들과 신속하게 비교한 이 특징들의 특정한 조합에 주목한다. 비교 결과 기억된 분류인 "돌멩이"와 "때리다"를 연결시킨다. 이 돌멩이는 "돌멩이다움"에 대한 우리의 모형에 들어맞고, 우리가 이미 형성한 여러 종류의 돌멩이 중 하나의 구성원으로 분류될 수 있다. 마지막으로 우리는 수백 가지 다른 조각의 정보가 돌멩이가 속한 "세상"을 규정할수 있도록 분석되고 조합됨으로써 우리가 돌멩이를 경험한 맥락을 이해할 수 있게 된다. 돌멩이 사건은 내가 수년에 걸쳐 만들고 저장한 전체 혹은 부분들에 대한 모형이기 때문에, "어느 오후 한 목초지의 물웅덩이 안에 있는 돌멩이"로 규명된다. 더불어 이 특별한 "어느 오후 한 목초지의 물웅덩이 안에 있는 돌멩이"는 우리의 오래된 기억에 추가되어 그 기억을 변형시킨다.

그러나 하나의 경험이 영향을 미치고 하나의 경험을 규정하는 것을 돕는, 보다 널리 퍼지는 의미로서의 원들이 있다. 다음 파장은 우리의 뇌가 물리적 결론을 받아들이고 초-물리적 개념을 만들어내는 방법을 나타내고 있다.

나는 매우 좁은 의미로 *초-물리적*meta-physical이라는 용어를 사용한다. 여기서 초meta라는 단어는 보다 기본적인 것으로부터 유래되었거나 기본적인 것의 맨 꼭대기에 있는 것을 의미한다. 이러한 의미는 돌멩이가 존재하는 방식을 물리적 세상에서 나타내는 것이 아니다. 오히려, 이러한 의미는 우리가 갖는 물리적 경험의 "맨 꼭대기"에 있으면서 감각 경험이 *의미*할 수 있는 것들이다.

다섯 번째 원은 나의 정체성, "나", 세상에서의 나 자신으로서 **자기 자신에 대한 모형**에 추가된 자기 지각들self perceptions의 체계를 담고 있다.

이 원은 현재 나와 연관된, 성장하고 발달하는 자아의 역사를 포함하고 있으며, 나 혼자 혹은, 집단이나 개인들과의 관계 속에 있는 나, 성공하고 실패하는 나에 대한 모형을 포함한다. 이는 영국 작가 고든 테일러Gorden Tayler가 "나 자신"을 의미하는, "**이고지**EGOGE"라고 부른 모형과 기억의 체계이다.[7] 테일러는 나 자신이란 단지 자아

ego와 개성이 아니라 오히려 내가 나에 대해 가지고 있는 모형이라고 했다. 이는 에릭 에릭슨Eric Erikson이, 사춘기 동안 한 사람의 "정체성"의 결합이 일어남을 설명할 때 언급한 것이다.

사실 모형은 그 수가 풍부하고 복잡하며, 한 사람이 세상 속에서의 자아 모형을 완전히 인식하고 발전시키는 데에는 15년에서 20년이 걸린다.[8]

내가 의식하는 자신 혹은 *이고지*는 내가 마음속에서 만든 세상의 모형 안에서의 선수選手처럼 행동하는 모형의 체계이다. 이것은 사건과 기억들을 시간의 경과에 따른 나 자신의 내러티브narrative와 연결시키는 것을 도와준다. 내가 무엇을 할 때, 나는 즉각적으로 그것이 내가 모형화한 "나"와 일관성이 있는지의 여부를 알아차린다.

십 대를 보내는 동안 겪는 자기 인식에 대한 서막은 자유롭고도 놀랍다. 이는 마치 짙은 안개가 자기를 드러내는 한 사람의 인생 이야기에서부터 서서히 올라오기 시작하는 것과 같으나, 미약하면서도 쉽사리 안개 속에 갇히거나 길을 잃는 자신이다.

J.D. 샐린저J.D Salinger의 ≪호밀밭의 파수꾼(The Catcher in the Rye)≫에서 주인공인 홀덴 코필드는 젊은이들이 자신에 대한 의미를 잘 이해하지 못하는 것 같을 때 흔히 느끼는 두려움을 경험한다. 한 장면에서, 홀덴은 매우 혼란스럽고 고통스러운 주말에 자신의 여

동생에게 가려고 애쓰고 있다. 그가 뉴욕의 거리를 걸어갈 때, 자기와의 접촉을 잃는 것 같은 느낌이 그를 압도하기 시작한다.

어쨌든 나는 끈을 동여매거나 하지 않고 계속해서 5번가를 걸어 올라갔다. 그때 갑자기 무언가 매우 섬뜩한 일이 일어나기 시작했다. 그 블록의 끝에 이르러 빌어먹을 모퉁이에 발을 내디딜 때마다 나는 내가 그 길의 다른 끝에 결코 도달할 수 없을 것 같다는 느낌을 받았다. 나는 내가 점점 아래로, 아래로, 아래로 내려가 아무도 나를 다시는 볼 수 없을 것 같다고 생각했다. 빌어먹을 이런 생각 때문에 겁이 났다. 아마 상상도 할 수 없을 것이다. 나는 한 마리 개처럼 땀을 흘렸고, 내 윗도리, 속옷, 모두가 땀에 흠뻑 젖었다. 그때 나는 다른 것을 하기 시작했다. 내가 그 블록 끝에 도착할 때마다, 나는 나의 형, 앨리에게 말을 하고 있다고 믿었다. 나는 앨리에게 말하곤 했다. "앨리, 내가 사라지지 않게 해줘, 내가 사라지지 않게 해 줘, 내가 사라지지 않게 해 줘, 제발."[9]

샐린저의 주인공은 정체성 모형 형성의 시간 동안 많은 십 대들이 경험하는 것을 표현하고 있다: "나는 나 자신의 형태를 갖추고 있는 것 같지만, 아직 완전히 이해하지는 못하고 있다." 우리 대부분은 완전해지기 위한 방식으로 모형을 만드는 네 번째 원에서 그 시간을 견뎌낼 수 있다.

여섯 번째 모형의 원은 우리 영혼의 생태계를 만드는 중요한 인간 관계의 모형을 내포하고 있다. 이 묶음은 우리의 정체성이 발현되는 내부와 외부의 강력한 망을 일컫는데, 여기에는 가족, 친족, 친구, 이웃과 공동체의 모형과, 한 사람이 이러한 관계 속에서 작용해야만 하는 방식이 해당된다. 이러한 것이 바로 우리의 **인간 공동체의 모형**이다.

일곱 번째 모형의 원은 **가치 모형**을 포함한다. 이 원은 사건, 사람들, 사물과 관계의 가치를 판단하기 위한 이상적 행동과 기준을 내포하고 있다. 또한 옳고 그른 것, 추하고 아름다운 것, 유익하고 해로운 것에 대한 모형 역시 포함하고 있다. 이 원은 한 사람의 삶의 입장 혹은 "선언manifesto"의 거처라고 할 수 있으며, 이 원은 한 사람이 구현하기로 선택한 가치를 규정함으로써 한 사람의 자기 모형을 함양한다. 이것은 우리의 행동을 지시하는 선과 악의 체계이다.

여덟 번째 원은 **역사 모형**과 시간의 흐름에 관한 의미를 내포하고 있다. 이러한 모형은 어떻게 사건이 전개되는지에 대한 기대감을 내포하며, 한 사람의 개인적인 인생 이야기를 더 넓은 사회의 연대기에 연결한다. 이러한 모형의 원은 역사의 힘과 역사의 주기, 역사의 인물이나 방향에 대해 느끼는 일반적인 감정에 관한 가정들을 포함한다.

아홉 번째 원은 **미래 모형**을 포함하고 있는데, 이 원은 각본이나 인간의 수명, 미래에 대한 꿈과 세상에 대한 희망, 그리고 다음에 올 것에 대한 예견을 내포하고 있다. 한 사람의 미래에 대한 모형은 내부의 원들의 것에서 만들어지고, 결과적으로 우리가 내부의 원들에 의해 처리된 세부 사항을 인지하는 방식을 형성하는 데에 도움을 준다.

마지막으로 열 번째 원은 **우주 모형**을 가지고 있다. 우주에 대한 모형은 창조의 본질, 하나님, 진화, 전체적인 창조 안에서 인간 영혼의 위치, 창조의 목적에 대한 결론과 가정을 포함하고 있다. 이 광범위한 원에는 우리의 종교적 모형이자 우주론적 믿음의 일부가 머물고 있다.

세상에 대한 이러한 모형들을 위한 동력은 뇌와 본연의 경험 간의 상호 작용이다. 뇌는 새로운 정보를 의미 있는 패턴과 모형 안으로 넣어야만 하는데, 이것이 우리가 살아가고 움직이며 우리를 존재로 있게 하는 세상에 관한 모형이기 때문이다.

모형 형성의 원은 어떻게 성장하고 변화하는가

물웅덩이 안에서 퍼지는 파장의 동심원과 모형의 원 사이에서 보이는 가장 놀라운 차이는 돌멩이가 물웅덩이에 떨어지면 웅덩이가 다시 평평해질 때까지는 오래 걸리지 않지만, 모형의 웅덩이 안 파장은 천천히 사라진다는 것이다. 우리 마음은 파장의 자국을 유지하고 있고, 아래 세 가지 원리에 따라 형성된다.

1) 모형의 원은 첨벙거리는 중심 "파장"으로부터 커진다. 우리가 우리와 함께 가져가려는 **모든** 모형은 다양한 정도로, 웅덩이 안에 첨벙거리는 감각 정보의 산물이다.[10]

한 사람의 자아상, 우리가 주장하는 공동체, 우리가 소중하게 여기는 가치와 미래를 위한 비전, 그리고 우리가 세상을 향해 취하는 입장은 *구체적인 감각 사건에서 그 기원을 찾는다.* 그것이 우리가 개념의 창시자가 가졌던 모든 구체적인 경험을 거치지 않고는 어떠한 추상적인 개념도 배울 수 없다는 것을 의미하지는 않는다. 오히려 그것은 우리가 개인적인 모형을 만드는 수년간의 경험 덕에 현재의 추상적 개념을 이해할 수 있다는 것을 의미한다. 나는 음악 이론에 대한 책을 읽고 음악에 대한 새로운 것을 배울 수 있는데, 그 이유는 내가 읽은 이론과 음악에 대한 나의 경험 사이에 충분한 대응이 이루어졌기 때문이다. 세상에 대한 모든 모형의 기본은 개인적 경험이다. 우리가 인생을 시작할 때, 감각하는 것들은 모두 우리가 경험을 규명해야 하는 것들이다. 그러나 아기가 자신의 물리적 세상에 대한 모형을 만들기 시작할 때, 그 모형은 그 아기가 관계 맺는 것이 되기 시작한다. 이는 한 사람의 여생에도 계속해서 그런 의미를 갖게 될 것이다.

2) 바깥 원들의 모형은 우리가 새로운 경험을 인지하는 방법을 통제하려는 경향이 있다. 우리가 보고, 듣고, 냄새 맡고, 맛보고, 만지는 것은 처음 우리의 감각에 닿은 것의 산물인 만큼 우리가 *기대했던* 것의 산물이 될 수 있다.

나이가 들수록, 바깥쪽 다섯 개 모형의 원들은 우리가 기대한 바대로 감각이 인식하도록 지시하지 않는 것이 더 어려워진다. 우리가 세상에 대해 더 많이 결론을 내릴수록, 우리는 사물을 더 빨리 인지하고 더 자주 잘못된 판단으로 뛰어들게 될 것이다.[11]

3) 우리가 새로운 개념을 감상하거나 참신한 경험을 이해하지 못하게 하는 믿음의 "횡포tyranny"를 타파하는 것은 웅덩이 중심 밖에서부터 일어난다. 이는 우리의 마음이 오래된 모형과 맞지 않는 반복된 경험에 의해 변화된다는 것을 의미한다. 새로운 정보는 결국 오래된 생각을 압도할 수 있다.

바깥 원의 모형: 선언(MANIFESTO)

기억과 퀼트의 유사성을 다시 한 번 고려해보자. 간단히 말해서 우리 기억의 저장고는 퀼트 전통과 같다. 퀼트 전통은 사건과 가치, 믿음을 가지고 하나의 완전한 천으로 재봉한 것이다. 퀼트의 완성은 상징의 덩어리가 한 사람의 인생의 "초-상징meta-symbol"에 추가되는 방식으로 이루어진다. 퀼트는 그것이 나타내는 한 사람의 선언이었다. (나는 로스 스나이더Ross Snyder 박사의 도움에 힘입어 "선언 개념"을 불러왔다.) 따라서 퀼트는 기억의 저장소와 함께 있다. 우리의 기억은 진실성 없이 우리의 머릿속에 떠다니는 모형이나 고립된 에피소드가 아니다. 도리어 새로운 사건이, 새롭지만 연결된 어떤 것을 형성하기 위해 기억을 끌어 올리기 때문에 인간의 기억은 형태를 갖추게 된다. 혹 새로운 사건이 지식이나 모형의 저장물 일부와 조화를 이룰 수 없다면, 우리의 마음은 이를 맞추기 위해 (사실을 무시한다는 의미라고 해도) 어떠한 고생도 마다하지 않을 것이다. 우리의 마음속에는 전체와의 상호연관성 안에서 공유되지 않은 기억은 아무것도 없다는 것을 보여주는 무수한 증거들이 있다. 나는 우리가 생각하고 알고 있는 모든 것이 다른 모든 것과 논리적으로 연관성을 지닌다고 생각하지 않는다. 대신, 우리가 생각하고 알고 있는 모든 것은 하나의 "퀼트"로 함께 연결되어 있다. 이렇듯 규정하기 어렵지만 본질적인 완성의 실이 지닌 패턴이, 내가 한 사람의 선언문이라고 부르고자 하는 것이다. 퀼트는 우리 인간이 세상에서 우리 자신을 드러내기 위해 사용하는 무수한 매체 중 하나에 불과하다.[12]

이 선언은 파악하기 어렵다. 그것은 말할 수 있지만, 규정하기는 어렵다. 이는 우리의 일생 동안 만들어낸 세상에 대한 수많은 모형에서 형성된 것이다. 그것은 우리의 문화를 반영하고, 삶과 타인에 대한 자세를 포함하고 있으며, 우리의 개성과 정체성이 각인되어 있고, 우리가 주창하는 핵심 가치를 따른다. 그것은 우리의 두려움으로 인해 왜곡될 수 있다. 우리의 선언은 우리의 믿음이자 희망, 그리고 주제이다. 선언은 일종의 묘비명과 부고가 가리키는 것으로, 전기 작가들이 포착하려고 노력하는 것이며, 우리의 얼굴과 자세에서 드러난다. 선언은 우리의 모형의 바깥 원들, 즉 정체성, 관계, 가치, 미래, 역사적 견해와 우주적 시각에서 만들어진다.

종교교육자로서 나는 인지 과정에 관심이 있다. 이는 단지 사람들이 열두 제자들의 이름이나 십계명을 기억할 수 있도록 돕는 최선의 방법을 알 필요가 있어서가 아니다. 나는 인지력이 한 사람의 선언문, 즉 그 사람과 그 사람이 존재하는 사회 생태계 모두에게 구원이 될 수 있는 선언문을 어떻게 발전시킬 것인지 이해하는 중요한 열쇠를 가지고 있기 때문에 관심을 갖는 것이다. 우리는 세상에 대한 모형을 만들 때 작용하고 있는 인지 과정에 익숙해져야 한다. 다음 장에서 우리는 과정을 신중하게 처리하는 교육을 위해 몇 가지 전략들을 살펴볼 것이다.

제3장

종교교육자/
제작소 컨설턴트의 역할

The Role of the Religious Educator/
Factory Consultant

교육을 위한 여섯 가지 방법

만일 뇌가 제작소, 즉 공장과 비교된다면, 이 비유 안에서 종교교육자는 무슨 일을 해야 하는가? 교육자를 제작소의 컨설턴트로 생각해보자. 컨설턴트가 제작소에 필요한 것과 마찬가지로, 교육자는 학습자/의미 생산자에게 필요한 존재이다. 공장을 간소화하고 원자재를 배치하며, 생산에 있어 발전을 도모하기 위해 초빙된 전문가처럼, 종교교육자는 그의 세상에 대한 모형을 발전시키는 데에 도움을 주기 위해 학습자의 배움의 세계로 초빙된 사람들이다. 교육자는 종교 문화로 세대에 걸쳐 전해진 의미와 역사의 흐름을 대표하는 사람이다. 이는 교육자에게 주어진 선물이었기 때문에, 학습자에게도 선물로 주어진다—다른 순례자들에게는 원료로 제시된다. 컨설턴트는 제작소에 최대 생산성을 가져올 수 있게 하는 여섯 가지 기능인 개발자, 트레이너, 필요한 정보의 근원, 사례, 격려자, 장비 구비자의 하나 혹은 여러 가지 조합으로 일한다.

컬설팅을 위한 위의 여섯 가지 방법은 교육자의 정의에 기인한 여섯 가지 교육학적 전통에 부합한다:

이러한 역할의 전통을 그 단어 자체를 가지고 생각해 보자. *교육자* Educator라는 단어는 '끄집어내다'라는 의미의 라틴어 *educe*와, '진화하다, 기르다, 양육하다, 성장하다'를 의미하는 *educare*에서 온 것이다. 따라서 교육한다는 것은 한 사람이 성장하기 위해서 자신이 알고 있는 것과 자신이 알아야 하는 것을 수집할 수 있도록 도와주는 것이다.[1]

이러한 교육의 정의에 종교의 정의를 추가해보자. 사전에는 단어의 배경에 있는 어떠한 의미를 드러내고 있다. 종교Religion라는 단어는 결합하다, 혹은 묶는다는 의미(인대가 뼈와 근육을 붙여 주듯이)의 라틴어 *legare*에서 유래되었다. 말 그대로 다시 묶거나 다시 연결한다는 것을 의미한다. 한 사람의 종교는 근본적이고 궁극적인 것과 우리를 재결합시켜 주는 것이다.[2]

그렇다면 종교교육자religious educator란 한 사람을 창조의 핵심에 있는 것과 궁극적인 것으로 다시 연결할 수 있게 돕는 기억, 충동, 정보, 경험을 전달하고 끌어내는 사람이다.

이를 위해 적어도 여섯 가지 전략이 인간 역사에 걸쳐 출현했는데, 바로 (1) 기르기rearing (2) 가르치기 (3) 알리기 (4) 갖추기equipping (5) 훈련하기 (6) 양육하기가 이러한 전략이다. 이러한 전략들은 종교교육자/제작소 컨설턴트의 일을 요약한 것이다.

이제 인류가 교육자의 일을 설명하기 위해 고안해낸 이 단어들의 어원에 대해 고려해보겠다.

양육nurture은 젖을 먹이다, 먹이를 먹이다, 필요한 만큼 조금씩 젖을 준다는 뜻의 라틴어 nurse에서 온 것이다. 이와 유사하게 *키우다* nourish라는 단어는 성장을 위해 필요한 것을 먹이고, 살아가게 한다는 뜻을 지니고 있다. 따라서 양육은 성장의 자연적인 과정을 촉진하기 위해 먹이를 주고 지탱하는 행동을 일컫는다.[3] 우리는 살고 성장하는 '의미 제작소'이다. 살아있는 유기체는 생존과 성장을 촉진하는 음식과 조건을 요구한다. 한 사람의 유기적, 영적, 감정적 성장 욕구를 촉진하고 이에 참여하지 않는다면, 어떠한 종교교육자라도 성장 교육에 실패할 것이다. 양육의 중요성을 믿는다는 것은 각 사람에게 신이 주신 성장 계획이 있고, 그 계획이 외부로부터 강요된다기보다 각 사람의 염색체 안에 역력하게 새겨져 있음을 믿는 것이다. 이것은 각자의 필요에 이름을 붙이고 그 요구를 충족시키는 각 사람의 능력을 존중하는 것이다. 즉 그 사람 전체를 보는 것, 다시 말해서 한 사람의 불가분의 본성을 긍정하는 것이다. 우리의 신체적, 감정적, 관계적, 지적, 영적 요구는 모두 상호 연결되어 있으며, 교육은 이 모든 요소를 동시에 다루어야 한다. 양육을 믿는다는 것은 사랑, 애정, 은혜, 도전 등의 가치들이 사람들이 실행할 수 있는 선언문과 하나님을 향한 성숙한 태도를 기를 수 있게 도움을 준다는 사실을 믿는 것이다.

가가와 도요히코(Toyohiko Kagawa): 양육자

가가와 도요히코는 1888년 7월 10일 일본에서 태어났다. 어린 시절 그는 예수님의 제자가 되라는 소명을 받았다고 확신했다. 예수께서 그에게 주신 모든 것 중에서, 어린 도요히코가 특히 끌린 것은 예수님의 연민이었다. 도요히코가 고베 근처의 신가와 빈민가에서 가난한 사람들을 대상으로 교육과 의술의 사목을 확장할 것을 결심했을 때, 그를 아는 사람들에게 이 결정은 그다지 놀라운 것이 아니었다. 신가와의 빈민들은 빈민 중 최고로 가난한 사람들이었다. 질병과 영양실조는 이 빈민가에서 익숙한 삶이었고 사람들은 매일 수십 명씩 죽어갔다. 예수님과 마찬가지로 어린 가가와는 가난하고 소외된 사람들의 필요에 이끌렸다.

예수님의 제자로서 도요히코는 이 사람들에게 그가 알게 된 방식으로 하나님의 사랑을 알려 주고자 했다. 그는 사람들에게 연민과 정의, 그리고 희망에 대해 가르쳐주고자 했다. 놀랍게도 어떠한 종교 운동이나 공공 기관도 이 빈민가에서 어떤 임무도 하지 않았다. 엄청난 과제에 직면한 도요히코는 신가와에서 그의 친구들을 구원하는 일에 파고 들기 시작했다.

도요히코가 했던 초반의 노력은 그가 자신이 직면한 과제에 관한 기술이나 지식이 없다는 것을 명확하게 해 주었다. 그래서 그는 미국으로 가서 프린스턴 대학에서 학위를 취득했다. 그는 더욱 헌신적인 하나님의 사도이자 숙련된 사회 개혁가가 되어 일본으로 돌아왔다. 1917년 그는 일본에서 목사 안수를 받았다.

도요히코와 그의 아내는 빈민가로 이사했다. 음식과 치료 약, 그리고 의복이 빈민가에 사는 형제자매들에게는 좋은 소식을 전하는 그릇이라는 것을 도요히코가 깨닫는 데에는 오랜 시간이 걸리지 않았다. 교리 학습이나 영혼의 개종에 앞서 몸과 마음이 먼저 채워져야 했다. 가가와의 사목은 영양학자로서, 간호사로서, 의사이자 식품점 주인으로서의 일이었다. 그가 희망을 전할 수 있는 단 하나의 분명한 길은 가난한 사람들을 먹이고, 치유하고 입히는 일이었다.

빈민가의 사람들과 함께 정의를 위해 일하고 정치적 영향력을 행사하고, 돌보고 집필하면서 보낸 수년 동안 도요히코는 사목 활동으로 세계적인 유명인이 되었다. 그의 사목 활동은 빈민가의 버려진 사람들을 돌보고, 기르며, 이들을 위해 글을 쓰고, 감옥에 가고, 공개 연설을 하면서 복음을 외치는 것이었다. 이 모습은 간단하면서도 강력한 인간의 모습을 하신 하나님 사랑의 현존 그 자체였다. 가가와는 오염된 물을 마시고, 쉰 음식을 먹고, 인류에 알려진 거의 모든 종류의 전염병에 걸린 환자들과 가깝게 지내면서 자신의 삶과 건강의 위험을 무릅써야 했다. 빈민가에서의 그의 사목 활동은 그의 시력을 앗아갔고 마침내는 그의 목숨을 대가로 하는 것이었다. 1960년, 그는 사망했다. 종교와 관계없이 토요히코는 그가 양육한 사람들이 창조의 핵심과 다시 연결되도록 도와주고 모든 창조적인 양육 활동을 하면서, 자신에게 있는 최대의 인류애를 보여 주었다.

언젠가 그는 다음과 같은 글을 썼다. "사랑은 그것이 닿는 만물을 일깨우고, 귀에 속삭이며, 마음을 일으킨다 … 하나님의 성소는 바로 사랑이다. 나는 오로지 사랑 안에서 하나님을 경배할 수 있다는 것을 알고 있다."[4]

***

*훈련하다*train라는 단어는 중세 영어에서 온 단어로, '힘을 이용하다, 끌어당기다, 혹은 끌리다'라는 뜻이다.[5] 이는 훈련생이 이해한 것을 기술로 바꿀 수 있도록 훈련사가 돕는 활동을 일컫는다. 훈련사는 기술의 조각들을 관리 가능하고 실용적인 단계와 유용한 지식으로 끌어당기는 역할을 한다. 다이빙 코치가 하는 일을 생각해보자. 코치는 다이빙을 가르치기 위해 그 기술을 여러 개의 단계와 부분들로 나눈다. 다이빙 선수가 다이빙을 배워감에 따라, 쪼개진 기술들은 자동으로 이루어진다. 마침내, 코치는 다이빙 선수가 쪼개진 단계를 하나의 복잡한 다이빙 기술로 "훈련"하는 것을 돕게 된다. 만일 훈련사가 자신의 일을 잘 해내었고, 그것을 배우는 다이빙

선수가 선천적인 능력과 힘을 가지고 있다면, 다이빙 기술은 거의 힘이 들지 않고 아주 매끄러운 동작–우아함과 아름다움의 표현–이 구현되는 것처럼 보인다.

종교교육에도 학생들이 자기 고유의 행동으로 삼도록 훈련받을 수 있는 수많은 기술들이 있다. 지적 기술(성경 공부, 작문, 일기 쓰기), 상호대인관계의 기술(효과적인 듣기, 말하기, 정직하게 승부하기), 영적 기술(기도, 명상, 예배), 미적 기술(그림, 창작, 노래, 춤) 혹은 심지어 신체적 기술(복사acolyte의 기술이나 아기를 돌보는 기술)이 이에 해당될 것이다.

학구적 기술 이외의 기술들은 종종 정보 학습을 강조하는 교육과정 안에서 간과되기도 한다. 나는 조용하거나 까다로운 아이가 자신이 완전히 익힐 수 있는 종교적 기술을 찾음으로써 어떻게 새로운 차원의 자존감과 능력을 바로 발견했는지에 대한 한 교사의 보고서를 반복하여 접한 적이 있다.

마사 스나이더(Martha Snyder): 어린아이들의 선수 겸 코치

마사와 로스 스나이더는 종교교육의 선구자였다. 시카고 신학 대학에서의 긴 재임 기간 동안, 그들은 기독교 교육자의 일을 재정의하고, 청년과 아동 사목을 위해 예술과 대화 이론, 문화 인류학과 사회학을 기술적으로 결합하여 수행 가능하고 효과적인 모형으로 만들었다.

마사는 어린 아동들과 함께하는 사목과 유아 교육 종사자들을 위한 훈련을 자신의 교육적 재능의 목표로 삼았다. 그녀의 지도 아래 시카고 신학 대학은 미국 내에서 아동을 위한 가장 창의적이고 효과적인 학교 중 하나를 제공했다. 신학 대학은 (여전히) 교사들을 위한 연구실과 학부모 지원 센터로 이용되고 있으며, 아이들에게는 풍부한 영적 생태 환경을 제공하고 있다. 시카고 신학 대학은 유아교육 분야의 직업을 추구하는 대학생들을 위한 사범학교이지만, 마사는 아이들을 가르치는 일을 결코 멈추지 않았다. 그녀는 유치원 아이들과의 만남과 그들과의 대화를 글자 그대로 기록하였는데, 이러한 내용 중 다수는 그녀가 아들과 남편과 공동 집필한 ≪인간으로서 어린아이(The Young Child as Person)≫라는 책에 수록되어 있다.

그녀의 경험담을 읽고 그녀가 아이들에게 가졌던 존중감과 아이들에게 둔 가치에 대한 이야기를 듣는 것은 상당히 고무적이다. 그러나 마사가 대학생들이 유능하고 애정어린 교사가 되도록 훈련시켰던 기술이야말로 그보다 더욱 훌륭한 것이었다. 마사의 훈련 방법은 그 계획의 중점을 학습에 대한 현장 접근법의 리듬을 연습하는 것에 두고 있었다. 학생들은 아이들과 함께 일하기 위해 필요한 기술들의 완전한 레퍼토리를 배울 것으로 기대되었다. 경청하기부터 중재하기, 이야기하기부터 축하하기, 심리적 평가부터 위탁, 학부모 간 담회부터 가족 중재 위원회까지 말이다.

마사는 이러한 기술을 학생들에게 처음 보여주고, 실제로 학생들이 이를 실행했을 때 관찰하고 피드백을 주었으며, 학교에서의 경험을 그들의 기억의 핵심으로 사용하게 하는 토론 수업을 유도했다. 그녀는 깊이 있는 목적과 의미에 기술을 부여하는 교육학적이고 신학적인 환경에서 연구가 이루어질 수 있도록 권장한, 선수 겸 코치 유형의 훈련사였다.

마사는 마치 자신이 장거리 육상 선수를 훈련시키는 것처럼 학생들을 강도 있게 훈련했다. 그 결과는 언제나 빛을 발했다. 그녀의 학생들은 수석 교사이자, 더욱 성숙한 인간이 되어 졸업했다. 아이들이나 대학생들이나 관계없이, 함께 있을 때 마사는 언제나 다른 사람들로부터 최선의 결과를 끌어내는 다정하고 존경심이 강한 존재였다. 마사 스나이더, 그녀는 하나님의 훈련사 중 한 사람이었다.[6]

***

*기르다*rear라는 말은 '뒤에서 밀어서 똑바로 세우다, 올리다, 일으키다, 성장시키다'를 뜻하는 고대 영어에서 유래되었다.[7] 이 말이 암

시하고 있는 바와 같이, 기르는 것은 용기를 북돋아 주는 것이다. 성장에는 위험 요소가 있기 마련이고, 따라서 종교교육자가 된다는 것은 영적 여정에서 접하게 되는 성장의 어려움을 학생들이 직면할 수 있도록 용기를 주어야 한다는 것을 의미한다. 이러한 "기르는 행동"은 한 사람이 새로운 경험과 그 의미에 책임을 질 수 있도록 권한을 준다. 이 과정에서 학생들은 하나님과 이웃들에 더욱 긴밀하게 성장하게 된다. 경청과 격려, 상담, 칭찬과 도전은 종교교육자의 레퍼토리의 일부이며, 모두 "기르는" 기능에 부합하는 덕목이다.

폴 어윈(Paul Irwin): 격려하는 힘

폴 어윈 박사는 캘리포니아주 클레어몬트 신학교의 기독교 교육 명예 교수이다. 그는 효과적이고 고무적인 강의자이지만, 말의 한계를 너무나도 잘 알고 있었다. 교사이자 친구인 그를 기쁨을 주는 존재로 만드는 것은 학생들이 스스로 깨달을 수 있도록 격려하는 그의 능력이다. 나는 폴을 문지기로 생각하곤 한다. 그는 학생들을 교사로 전환시키는, 개념과 전략으로 가는 문을 열어준다. 나와 내 친구들에 있어 폴은 에릭 에릭슨의 인간 발달의 여덟 단계로 가는 문을 열어 주었고, 우리가 들어가도록 격려했다. 또한 그는 미국의 신화학자인 조셉 캠벨Joseph Campbell과 함께 신화로 들어가는 문을 열어 주었다. 그는 우리에게 발을 들여놓으라고 격려하면서 인간의 잠재적 움직임과 다문화 기독교 교육, 그리고 집단의 역학 관계로 가는 문을 활짝 열어주었다. 만약 문이 열리지 못하는 경우에는 효과적인 교육을 위해 캘리포니아 전역-퍼시픽 오크 스쿨, 교구 학교들, 이스트 로스앤젤레스 공립 학교, 교회, 몬테소리 학교, 심지어 정신장애인들을 위한 패튼 스테이트 병원-에 수업을 열었다. 폴은 효과적인 교육을 만드는 것이 무엇인지 누구나 찾을 수 있고, 우리 모두가 기회와 격려를 필요로 하고 있다는 것을 알고 있었다. 내가 만난 모든 교사 중에서도 폴은 내가 교사가 되고자 하는 용기를 갖게 도움을 준 스승이었다. 폴은 나와 그의 모든 학생들을 신뢰했다. 그것이 바로 문지기가 하는 일-우리에게 길을 열어주고, 우리가 그 길을 따라 걸음을 옮길 것이라 믿어주는 것-이다.

***

*알리다*inform라는 말은 "형성하다"라는 의미의 라틴어 *in + forma*에서 유래되었다.[8] 명사로 알림(in-form)은 사물에 형태를 제공하는 특성을 의미한다. (영화 ≪버카루 반자이 (Buckaroo Banzai)≫에서 악당 라자르도 박사의 말에 의하면 "당신의 특성"은 "어둠에서의 당신 존재"를 의미한다.) 이 단어는 동사로 한 사물이나 사람이 나타나거나 모양을 갖추기 위해 내면에서부터 쌓는 것을 의미한다.

따라서 그것은 정보이지만, 우리가 서로 함께 알리는 더미stuff를 말한다. 우리에게 오는 모든 정보에 대해 생각해 보자. 그리고 우리가 그것들을 취하는 형태에 대해 의문을 가져 보자. 종교적 전통은 정보를 담은 깊은 그릇이며, 교육자들은 이러한 정보의 관리인이자 전달자이다. 성경의 이야기부터 한 종교 역사의 전통까지, 가치에서 격식까지, 언어에서 상징에 이르기까지 정보는 한 사람의 종교 문화의 더미이다. 숙련된 정보 교육자는 문화를 전달할 줄 알고, 학생에게 그 가치와 사용 방법을 지도하며, 현재와 관련지을 수 있게 기여하고 변형시킬 수 있도록 도움을 줄 수 있는 사람이다. 여기서 중요한 것은 정보의 목적-바로 한 사람을 내면에서부터 형성하는 것-을 결코 잊어서는 안 된다는 것이다. 이 특성 형성은 학생이 그 문화를 삶과 생활이 작용하는 방법에 관한 자신의 모형으로 주장할 때 일어난다.

원로 랍비 힐렐(Hillel): 알려주는 사람

기원전-후 첫 백 년 로마 점령기와 유다 왕국 지배기는 유대 문화의 종말기로 간주될 정도의 암흑기였다. 이 시기에 핵심 랍비와 바리새인들의 신심이 없었다면, 유대교 안에서 위대한 전통과 학습 제도는 허물어지고 말았을 것이다. 랍비 여호수아 벤 요셉의 사목 바로 이전, 갈릴리 바다 인근에서 다른 랍비들은 토라의 전통을 회복하고 율법을 해석하기 위해 위험을 무릅쓰고 있었다. 구전 전통의 발전에 있어서 탈무드 현자이자 선구적 학자 한 사람이 이 어려운 시기에 학생들을 가르쳤으니, 그가 바로 원로 랍비 힐렐(BCE 60-CE 20)이다. 그의 이름을 딴 아카데미의 설립자였던 힐렐은 그의 일생을 율법을 해석하고 토라의 문화와 종교를 되찾는 데 바쳤다. 힐렐은 사람의 특성은 내부에서 형성되어 밖으로 보이는 것이며, 율법과 예언은 올바르고 신실한 사람들의 특성을 형성시키기 위한 것이라는 점을 알고 있었다.

힐렐은 친절하고 성스러운 존재이자 학자이며 유능한 스승으로 유명했다. 랍비로서 그의 인생 이야기는 우리에게 학생과 스승 간의 영적 대화의 가치를 잘 알고 있는 스승의 모습과, 인격 형성에 있어 사랑과 애정, 그리고 인내의 힘을 보여준다. 그의 인생 이야기 중 몇몇은 그가 강경하고 엄격한 랍비였던 샴마이와 갈등 관계에 있었음을 말한다. 한번은 샴마이가 토라의 본질에 대한 학생의 질문에 퇴짜를 놓았을 때, 힐렐은 그 학생을 데려다 그의 질문에 성실하게 답했다. 어린 학생에 대한 그의 대답은 탈무드의 지혜가 되었다. "토라의 정수가 무엇이냐고 물었느냐? 네가 싫어하는 것은 무엇이든지 네 동료에게 하지 마라. 이것이 바로 완전한 토라이며, 다른 모든 것은 토라에 대한 해설이다. 그러니 가서 이를 배워라."

오늘날까지 힐렐은 우리에게 알려주도록 허용하는 방식으로 과거의 전통을 열정적으로 전달했던 스승의 본보기가 되고 있다.[9]

***

*갖추다*equip라는 말은 프랑스어 *esquiper*에서 유래된 말로, '승선하다, 바다로 나아갈 채비를 하다, 갖추어주다(내면에 형성한다는 의미라기보다), 옷을 입다'를 의미한다.[10] 컨설턴트는 공장에 새로운 자원을 가져오거나 일을 마무리하기 위해 새로운 장비를 추천할 필요가 있다. 이와 마찬가지로 종교교육자 역시 영혼의 여행, 신앙의 순례를 위해 도구와 자원으로 학생들을 무장하기 위해 준비해야 한다. 이러한 도구와 자원은 아마도 책과 지도, 그림, 학위, 후원 단체, 좌우명, 추천서, 혹은 축도가 될 것이다. 자원이 어떠한 형태로 나타나든지, 그 목적은 성숙을 위한 탐구를 위해 학생들을 돕는 것이다.

마들렌 랭글(Madeleine L'Engle): 영적 순례자에 옷 입히기

마들렌 랭글은 아마도 작가로 잘 알려져 있을 것이다. 마들렌 랭글의 ≪시간의 주름(Wrinkle in Time)≫은 이 시대 가장 인기 있는 아동 소설 중 하나이다. ≪매일의 기도자(Everyday Prayers)≫, ≪창세기 3부작(The Genesis Trilogy)≫, 그리고 ≪러브 레터(The

Love Letters)≫를 비롯한 어른용 책들에서 그녀는 우리 안의 순례
자들에게 말을 걸고 있다.

마들렌은 1918년 뉴욕에서 태어났다. 어려서부터 책과 이야기는
그녀의 삶의 일부였다. 교회도 그랬다. 이 모두는 그녀의 영적 순례
를 위한 자원이 되었다. 그녀의 모든 책에서 우리는 모험가이다. 그
녀는 신앙과 영성이, 올바른 믿음과 정확한 규율을 통해 행동하는
방식보다는 우리가 여행하고 모험하고 발견하는 방법과 더욱 관련
된다고 가정한다. 마들렌의 독자들은 그녀의 이야기 속에서 그들의
영혼의 여정을 위한 도구와 자원으로 삼아 배낭에 넣을 수 있는 영
감과 삶과 재료들을 찾는다.

마들렌은 작가이자 뉴욕에 있는 교회에서 거주하는 평신도 신학
자이다. 그곳에서 그녀는 다른 사람들이 자신의 성장과 성숙의 여행
에 필요한 장비를 찾을 수 있도록 도와주는 일을 하고 있다. 그녀의
이야기와 강연, 소집단 모임의 주제는 전진을 위한 부르심에 귀기울
이고, 이에 응답하며, 자신을 꿰뚫어 보게 될 기술, 책, 기억, 이야기,
규율을 취하는 것을 잊지 않는 것이다. 그 이유는 무엇일까? 바로
변화는 지속되어야 하며, 변화 속에서 우리는 사물의 정수에 있는
것을 만나고, 그 변화 안에서 우리 자신을 만나게 되기 때문이다. 마
들렌에 따르면, "인간이 된다는 것"은 "어떠한 변화는 유익하고 어떠

한 변화는 해로우며, 어떠한 변화는 퇴행적이고 어떠한 변화는 진보적임을, 그리고 우리는 그 변화가 어떠한 것인지를 완전히 분별할 수 없음을 이해하면서도 변화할 수 있는 것이다. 그러나 우리가 변화할 능력을 잃는다면, 우리는 바보가 되고, 돌멩이로 변해 버리며, 결국 죽게 된다."[11]

***

*가르치다*teach라는 말은 상징이나 기호를 의미하는 고대 영어 어근 *tot*나 *teacon*에서 유래되었다. 가르치는 것은 충고나 비유, 기호와 상징을 사용하여 보여주고 제시하는 것이다.[12] 모든 교육은 예술 행위의 일부이지만, 지루한 일상에서 신성을 가리키는 흥미롭고 강력한 방법을 모색하는 데에 있어 가르침의 방식은 특별히 창의적인 마음과 장난기 많은 환희를 필요로 한다. 이 과정에서 교사는 우리 모두가 필요로 하는 기술을 견본으로 보여야 하는데, 이는 경험으로부터 비롯된 이해와 연결된 은유를 사용하는 것이다. 그러나 이것이 의미하는 바는 더 많다. 즉 강력한 "교사"는 종교적 신뢰, 살아 있음, 그리고 더 깊고 넓은 삶으로의 부름을 위한 본보기로서, "징표"가 된다.

모한다스 간디(Mohandas K. Gandhi): 지도하는 삶

모한다스 간디는 가가와 도요히코나 마틴 루터 킹 주니어와 마찬가지로, 그의 시대와 나라의 힘없고 소외된 사람들을 깊게 사랑하였기 때문에 자기 자신을 교육자로 받아들였다. 그는 인도양 아대륙 해변의 파도처럼, 종교적 전통이 한 사람의 인생 전반을 적셨던 인도의 한 지역에서 태어났다. 종교적 영향력은 각 반구 자체의 방향, 힘, 모양을 가지고, 인도 문화의 영적 모래를 움직이면서 온 것이었다. 간디는 각각의 움직임은 같은 물에서 만들어진 파도라는 확신을 갖고 인류의 종교를 포용한 사람이었다.

간디는 변호사이자 점령국의 일원이었고, 힌두교인이자 영국 국민이었으며, 마지막으로 우리 모두의 형제였다. 그의 순례 이야기는 고향 땅에서 시작하여 영국, 남아프리카, 그리고 다시 고향으로 돌아온, 길고도 풍성한 이야기이다. 그의 인생에 있어 눈에 띄는 사실은 자기개발, 자유, 종교적 인내, 모든 인류에 대한 존중, 비폭력 정치 운동이라는 주제가 설득력이 있었다는 점이다. 이는 주제 자체의 독특함 때문이 아니라, 간디가 이러한 주제의 미덕에 관하여 너무나도 완벽한 본보기가 되었기 때문이다. 그의 인생은 가르침의 인생이었고, 그의 행동은 지도하는 행동이었으며, 그의 존재는 그 자체가 스승이었다.[13]

(그림 3.1안에는 앞서 살펴본 여섯 가지 전략이 종교교육자의 업적을 대표하는 하나의 원 안에 정리되어 있다. 종교교육자들 중에는 이 모든 여섯 가지 전략의 완벽한 전문가라고 할 사람은 거의 없으므로, 나는 교육자들은 이 모든 전략을 반드시 능숙하게 수행하거나 혹은 이 여섯 가지 전략 모두에 관심을 가져야 한다고 결론내리지는 않는다. 그러나 교회와 회당 안에서 교사, 상담사, 양육자 등의 집단은 신심이 깊은 사람들을 위한 교육과 형성, 그리고 그들의 성숙을 위해 자신들의 재능과 관심을 끌어모아야 한다.)

신앙 공동체 안에서 순례자의 진보

인류학자 조셉 캠벨은 한 사람의 삶과, 신화의 순례자 혹은 영웅의 삶을 비교했다. 그는 우리의 삶은 *내면적* 영웅의 여정과 연결되어 있다고 했는데, 그의 ≪천의 얼굴을 가진 영웅(Hero With a Thousand Faces)≫은 인간의 정신과 문화 안에서 "영웅의 여정" 모티프가 지닌 보편적인 특징을 기록하고 있다.[14] 이 이야기는 각각의 순례자의 성장과 더불어 그를 따르는 사람들을 위해 새롭고 더욱 깊이 있는 삶으로 부름을 받은 한 사람의 이야기이다. 성장의 기회에 대해 응답할 용기가 있는 사람은 순례, 혹은 "영웅의 여정"을 시작할 준비가 된 사람들이다. 순례자 신화는 우리에게 비유적 표현

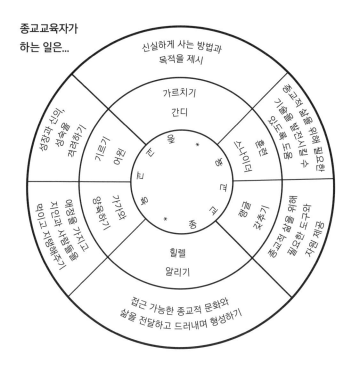

그림 3.1 종교교육자가 하는 일

종교교육자가
하는 일은...

신실하게 사는 방법과
목적을 제시

가르치기
간디

종교적 삶을 위해 필요한
기술을 발전시킬 수
있도록 도움

성장과 성숙을
격려하기

기르기
양육

소나이다

영혼

알기

종교

믿음

랍비

종교적 삶을 위해
필요한 도구와
자원 제공

애정을 가지고
지원과 사랑을 품어
먹이고 지탱해주기

가까이
양육하기

갖추기

힐렐
알리기

접근 가능한 종교적 문화와
삶을 전달하고 드러내며 형성하기

이다. 모든 성장은 이와 같은 순례의 모형과 마찬가지이다. (심도 있
는 논의는 11장의 "순례자 모티프"에서 다루기로 한다.)

어떠한 교사나 가이드도 자신이 인도하는 순례자의 순례 여정의
모든 단계를 도와줄 수는 없다. 양육자는 때때로 도전을 위한 길을

3장. 종교교육자/제작소 컨설턴트의 역할

제시하는 사람에게, 정보 제공자는 때때로 장비를 갖추는 사람에게 자리를 양보해야 한다. 한 사람이 필요로 하는 교육자/컨설턴트는 그 사람이 서 있는 순례 여정의 부분에 따라 달라진다. 이는 영적 순례자가 신앙 공동체와 같은 영성 기반 캠프를 필요로 하는 이유 중 하나이다. 그 문화 안에는 수많은 교사와 교육자, 그리고 의미 컨설턴트가 있는데, 그들은 학생 순례자들을 만물의 핵심을 지닌 성숙과 교감으로 부르는 작업을 공유하고 있다.

이 여섯 가지 교육적 전략은 학습자가 만든 독특한 의미의 세계를 존중하고 이를 감상하는 교육자/컨설턴트에 의해 가장 효과적으로 수행된다. 어떻게 교육자/컨설턴트가 학습자의 의미 제작 과정에 연루되는지에 관계없이, 세상의 모형은 언제나 학습자에 속해 있다. 학생이 교육자에게 부여한 신뢰를 이용하여 의미 세계를 주장하고 통제하며 혹은 타락시키는 것은 냉소주의의 정점이자 가장 치명적인 죄악이다. 무엇보다 먼저 교육자가 된다는 것은 학생이 학생 그 자체가 되도록 놓아두는 열정을 지닌 사람이 된다는 것이다. 마사 스나이더는 모든 교육자들이 학생과 함께 구축해야 하는 존중을 표현하기 위해 현존presence이라는 단어를 사용한다. 그녀는 어린이들에 대해 아들과 남편과 공동 집필한 책에서 이 관계를 다음과 같이 묘사하고 있다.

나는 당신이 아닌 다른 누군가나 혹은 다른 어떤 것에 집중하지 않은 채 바로 여기, 이 자리에 있습니다. 나는 당신을 위해, 당신과 함께, 그리고 당신의 성장의 편에 있습니다. 나에게 당신은 내가 풀어야 할 문제나 훈육해야 하는 대상이 아닙니다. 당신은 모양이 만들어져야 할 점토가 아닙니다. 당신은 가속도이자 힘이며, 완전히 매력적인 영혼입니다. 나는 우리가 얼마나 다른 존재인지에 상관없이, 당신을 내가 믿는 동료로 받아들입니다. 우리가 얼마나 힘들게 투쟁을 해야 하는지와는 무관하게, 우리는 항상 함께 돌아올 것입니다. 우리가 만날 때, 나는 종종 경이로움과 놀라움, 그리고 기쁨에 빠지게 될 것입니다.[15]

제4장

모형 형성으로서의
종교교육

Religious Education as Model Building

앞서 의미 제작이 대뇌 피질의 가장 우선순위라는 점을 명시했다. 대뇌 피질은 개개인이 접하는 세상을 이해하기 위해 여러 개의 인지 체계와 프로그램을 결합하는 제작소와 같은 역할을 한다. 의미 제작 사업에서 인간은 세상을 이해하는 데 서로에게 도움을 줄 방법을 모색한다. 우리는 서로를 교육한다. 앞서 나는 전통적으로 우리가 종교와 인류의 순례 환경에서 서로가 삶을 이해하도록 돕는 데 사용한 여섯 가지 방법을 설명했다. 이제는 인지 과학이 가장 효과적임을 증명할 전략과 교육과정에 대해 더 구체적으로 제시하고자 한다.

학생을 신뢰하기

모턴 헌트Morton Hunt는 사람들이 세상의 모형을 만드는 방법에 대해 묘사한 저서에서 뇌의 산물을 "내부의 우주The Universe Within"라고 부른다. 그는 피질 조직이 세상의 작동 모형과 세상 안에서의 행동 방법을 유지하고 있기 때문에, 인지에 대한 기본적인 연구는 모형 형성을 가능하게 하는 프로그램이나 프로토콜, 그리고 과정을 포함해야 한다고 주장한다. 헌트는 이러한 주요 견해를 지지하는 후속 연구를 인용하고 있는데, 그 내용은 각각의 뇌는 패턴과 범주, 개념과 의미를 발견하는 데 전문적이라는 것이다. 우리는 결론의 바탕이 되는 날 것의 경험을 제공하지 않고 다른 사람들의 결론을 강요함으로써 이러한 전문성을 방해하고 있다. 사람들은 교사에 의해 전달되는 미리 만들어진 결론을 다루지 않을 때 스스로 의미를 발견하는 활동을 더욱 잘 수행할 수 있다.[1] 나는 이것을 **인지 윤리의 첫 번째 원칙**이라고 부른다. (표 4.1 참조)

 말을 배우고 사물에 이름을 붙이기 시작하는 아이에 대해 생각해보자. 그 아이에게 바닥이 평평하고 한쪽은 열려 있는 손잡이가 달린 다양한 용기를 보여 준다고 생각해보자. 그리고 그 아이가 그것들의 사용법과 이름을 알고 있는 다른 사람들과 함께 이 용기들을 사용하고 있다고 생각해보자. 곧 아이는 각각의 용기를 그 분류 항목에 따라 규정할 수 있고, 이것들을 정확하게 사용할 수 있게 된다. 용기의 분류 항목 중 하나가 "컵"이라고 하면, 컵을 사용하고, 그 사용법을 보고 이것이 "컵"이라고 불린다는 것을 듣는 것으로 아이(혹은 어느 누구)는 자신의 마음속에서 "컵의 성격"에 대한 관점을 충분히 형성할 수 있다. "컵"에 대한 정의를 듣지 않아도 아이는 컵의 성격을 스스로 설명할 것이고, 컵이 주전자나 유리잔과 다르다는 것을 구분해 낼 수 있을 것이다. 아이의 설명과 선택의 정확성은 정의를 내릴 수 있는 능력이 아닌, 컵과 유리잔, 주전자를 사용한 경험에 직접적으로 비례한다. 사실 "컵의 성격cup-ness"의 유용한 모형을 세

표 4.1
인지 윤리의 첫 번째 원칙:
학생은 의미 제작의 전문가이다.
교육자는 학생들이 다음과 같이 할 수 있도록 도와야 한다.

풍부한 경험 제공하기	경계 횡단 격려하기	완전한 의미 제작 격려하기
토론, 논쟁, 재연을 통해, 학생들이 서로 반대되는 견해를 대표하는 사람들 간의 대화를 듣도록 계획한다.	여행, 외국인 손님, 문화적 전시물, 견학을 통해 문화적 경계를 넘는다.	의미의 단계와 연관된 관련 질문을 제기한다.
	박물관이나 유적지 방문, 비디오 시청, 역사 여행을 통해 시간의 경계를 넘는다.	학생들이 예술을 통해 경험의 의미를 표현하도록 격려한다.
영화, 연극, 전기, 책을 통해 학생들이 과거의 사람들이나 생각들을 만날 수 있도록 계획한다.		학생들이 신앙 간증이나 선언문을 작성하도록 한다.
	급락 경험, 사업팀, 교환, 대화 집단을 통해 경제적 경계를 넘는다.	학생들이 단정 짓고 있는 의미에 대해 설교하거나 가르쳐보는 기회를 제공한다.
예술 작품과의 만남, 예술을 해보기, 예술 보여주기를 통해 학생들이 생각이나 경험에 대한 예술적 표현들을 접할 수 있도록 계획한다.	교환, 방문, 신체적으로 다른 사람들(성, 인종, 체격, 능력)과의 대화를 통해 생물학적 경계를 넘는다.	학생들에게 생생한 눈으로 매일을 바라보는 사람들, 평범한 순간 속에서 의미를 찾아내는 사람들의 삶과 만날 수 있는 기회를 제공한다.
일기 쓰기, 노트 필기, 관찰자 되어보기, 다큐멘터리 제작, 보고서 작성을 통해 학생들이 탐정이나 과학자, 비평가가 되어 문제로부터 한 걸음 물러설 수 있도록 계획한다.	집회 참여, 다른 견해에 대한 기사 읽기를 통해 정치적 경계를 넘는다.	환상과 상상 격려하기를 통해 모든 의미의 원형을 지닌 경험을 연결한다.
	다른 종교 예배 의식 참석, 다른 종교의 경전 읽기를 통해 종교적 경계를 넘는다.	

우는 데 방해가 되는 것 중 하나는 아이가 경험도 하기 전에 교사의 입장에서 그것에 대해 정의하는 행동 방식이다. 범주에 대한 경험과 관여는 가장 최고의 스승이다. 이러한 경험은 자동적으로 종류와 범주를 조직하는 방법으로 축적된다.[2]

동일한 원칙은 더 추상적이거나 복잡한 경험의 구분을 학습하는 데에도 적용된다. 종교적, 철학적, 윤리적 구분과 항목 역시 분류할 수 있다. 학생들은 자연적으로 자신들의 경험을 근거로 종교적이고 신학적인 개념들을 발전시킨다. 이는 신학과 윤리 개념을 가르치는 데 있어서 핵심은 개념과 의미가 담긴 경험의 질과 양이라는 것을 의미한다. 만일 내가 학생들이 인간의 본성을 규정해 보기를 원한다면, 학생들은 풍부한 인간성을 경험해 보아야 한다. 교사로서 나는 내 첫 번째 과제로 인간의 행동에 대한 다재다능하고 정직한 접촉을 구성하는 "경험의 원"(*교육과정*curriculum이라는 단어의 정의)을 배열해 보도록 했다. 학생들은 교육과정을 가지고 그들이 사람에 대해 이미 알고 있는 것들을 추가했다.

첫 번째 원칙의 요지는 교사는 반드시 기성품을 배달하고자 하는 유혹을 뿌리쳐야 한다는 것이다. 그렇게 한다면 생각과 의미, 또는 개념이 학생의 기억망 안에서 모양을 잡는 자연적인 과정을 방해할 것이다. 학생은 자신의 경험을 교사의 결론에 끼워 맞추지 않고 더욱 과제를 잘 수행할 수 있다.

이는 내가 교사로서 세상에 대한 나의 모형을 드러내지 말라는 것을 의미하지는 않는다. 오히려 그 반대가 맞는 말이다. 정보를 전달하는 역할을 넘어서서 교사 자신도 전달해야 하는 것의 일부이다. 교육자는 이러한 모형을 학생들의 의미의 세계에 밀어 넣지 않도록 주의해야 한다. 오히려 교사는 자신의 모형을 선택 사항의 일부로 공유해야 한다. 의미에 굶주린 학생들의 뇌에서 드러나는 진리 그 자체를 믿어야 한다.

여기서 비유를 사용해보자면, 어떤 사람이 세상의 부분에 대한 새로운 모형을 탄생시킬 때는 훌륭한 산파가 필요하다. 이 사람은 단지 도움과 명확한 지시만을 제공함으로써 자연적으로 탄생이 이루어질 수 있도록 도움을 주는 사람이다.

교사-컨설턴트-산파는 다섯 부분의 지도 윤리를 이용하면서 새로운 모형 탄생을 도와주는 사람이다.

1) 당신은 **적극적으로 들어야 한다.** 칼 로저스Carl Rogers[3]와 고든 토마스Gordon Thomas[4]의 연구 덕분에, 적극적이고 신중하게 경청하는 힘이 극적으로 제시되어 왔다. 능동적 경청은 어떤 사람이 말하고 있는 감정적이고 지적인 내용을 되새김으로써 주의를 기울이는 방법이다. 이렇게 한 사람이 전달하는 것을 비추어 보는 작업은 한

사람이 공유된 의미에 대해 다시 생각할 수 있게 하는 강력한 피드백 방법이다. 누군가가 생각을 분명하게 말하는 과정 안에 있을 때, 경청은 과정을 가속화하고 사고를 도와준다. 능동적 경청은 교사가 사용할 수 있는 가장 강력한 도구 중 하나이다.

2) 당신은 **비교와 대조**를 해야 한다. 생각을 분류하는 데 가장 효과적인 방법인 비교와 대조법은 한 사람의 생각이나 이와 유사한 생각을 따라 모형을 만들고, 이 두 가지가 어떻게 "맞는지" 확인할 수 있는 기회이다. 하나의 대체적인 개념을 다른 하나의 개념과 나란히 제시할 수 있는 교사는, 학생들이 병렬 관계로 일어날 수 있는 통찰을 발견할 수 있는 기회를 제공한다.

3) 당신은 **질문**을 격려해야 한다. 비교하기의 변형된 방법으로 단순히 질문을 제기하는 방법이 있다. 학생들에게 자신의 생각을 구체적인 상황에 적용해보거나, 그 생각을 미래에 투영해보게 하는 질문은 학생들이 자신의 생각의 강점과 약점을 확인할 수 있게 한다. 이때 "만약 어떨까?"라든지 "~할 때는 어떨까?"라는 식의 질문 방법을 이용할 수 있다.

4) 당신은 **새로운 방식으로 표현하기 위해 노력하는 사람의 모범**이 되어야 한다. 우리는 모두 우리가 말하고자 하는 것을 다른 사람이 알도록 선호하는 방식이 있다. 나의 경우는 사진을 이용한다. 그

러나 이것이 내가 의사를 전달하는 유일한 방법이라면, 나는 아마도 많이 "언급"되지 않을 것이다. 나는 내가 한 가지 이상의 방식으로 내 생각을 말할 수 있게 나를 이끌어주신 과거의 내 스승들께 감사드린다. 대부분의 경우, 이러한 스승들은 내가 하나 혹은 두 개의 "목소리"를 찾기 위한 의지를 갖도록 모형을 제시했다. 우리가 생각을 말하고, 그림을 그리고, 심지어 그것을 노래할 수 있을 때, 생각의 풍부함이나 부족함이 명확하게 드러난다. 우리가 학생들이 다양한 매체를 통해 자신의 생각을 표현하도록 더 많이 이끌 수 있을 때, 학생들의 생각이 신실한지 검증받을 수 있는 더 좋은 기회를 얻게 된다.

5) 당신은 **목격자**가 되어야 한다. 우리 개개인은 독특한 방법으로 사물을 보고, 인생을 경험하고, 신의 움직임을 느껴왔다. 이것은 우리 교사들이 전문적인 부분이다. 어떤 훌륭한 스승도 학생들에게서 이러한 목격의 기회를 박탈할 수는 없다. 우리는 우리의 것이 현실을 반영하는 유일하거나 최선의 모형이라고 생각하기보다는 *우리가 알고 있는* 최선의 것이라고 생각해야 한다. 우주가 자신 안에서 어떻게 형태를 갖추는지 목격하라.

첫 번째 원칙은 특정한 교수 윤리를 요구할 뿐만 아니라, 교육자를 위한 최소 세 가지 전략을 내포하고 있다.

1) 사람은 다른 사람이 결정해 둔 교육과정이 아니라 개인의 풍부한 경험의 교육과정에서 가장 잘 배우게 된다. 학습자들을 위하여 교사가 이용할 수 있는 가장 영향력 있는 교육과정 전략은 바로 학생들이 주제와 관련된 가능한 한 모든 것을 경험하도록 하는 것이다.[5]

2) 영향력이 강한 또 다른 가르침/배움 전략은 경계 넘기 전략이다. 다른 시각과 문화적 편견, 또는 원칙을 찾아내는 사람은 더욱 지속력 있고 신뢰할 만한 세상에 대한 모형을 가진 사람이다.

3) 마지막 교육 전략으로, 사람들이 의미의 "물리적", "초-물리적" 단계 모두를 위해 겪는, 경험이라는 함축적 의미에 대해 생각하도록 격려해야 한다. 우리가 경험을 모형의 아홉 가지 단계에 있는 의미와 엮으려 할 때, 모형이 형성된다. 예를 들어 생물학은 그 자체에도 가치가 있지만, 그 파급력이 자신과 가치, 관계, 미래 그리고 전 우주로 확산되는 것이야말로 막을 수가 없다. 교육학적 전략에는 우리의 모형을 위한 의미 경험과 주제를 학생들이 생각해 볼 수 있게 하는 계획이 포함되어야 한다.

이제 종교교육의 과제를 재조명하면서 다음의 각각의 전략들에 대해 살펴보도록 하자.

풍부한 교육과정 계획하기

생각하고 결정하는 데 있어서 가장 이상적인 방법은 한 사람이 세상이 어떻게 작용하는지에 대해 결심을 내리기에 앞서 모든 사실을 제시하는 것이다. 사실 이것은 이루어질 수 없다. 인간은 세상에 대한 모든 사실을 알 수도 없을뿐더러, 결론으로 도약하는 방법도 없다. 그러나 사실과 이야기, 그리고 경험들은 적은 것보다 많은 것이 낫다. 따라서 우리는 우리가 생각하고 다룰 수 있는 최대한으로 풍부한 교육과정을 수립해야 한다. 물론 학생들에게 우리가 현재 가지고 있는 교육과정을 다시 반복해서 경험하도록 계획을 세우고자 하는 유혹도 있을 수 있다. 그러나 이러한 교육과정은 아무런 효과도 없고, 적당한 방법도 아니다. 아래와 같이 경험을 풍부하게 하는 교육과정을 유도하기 위한 지침을 제시해보겠다.

1) 학생들이 다른 관점과 견해를 확인할 수 있는 경험을 마련한다. 성인이나 청년 학급에서 생각하는 인간의 본성에 대한 문제를 택해보자. 학습계획의 일부에는 일대일 대화를 통해 인간 본성에 대한 다양한 철학을 대표하는 사상가들과의 만남이 포함될 수 있다. 주변에 대학 시설이 있다면, 그곳의 사람들이나 자료를 활용해 볼 수도 있다.

창조에 관한 성경의 내용에 대해 공부하는 사춘기 이전 학급의 경우, 진화를 설명하는 과학자가 학생들이 하나님을 창조주의 의미로 보는 새로운 시각을 택하도록 장려할 수도 있을 것이다. 기도에 대해 배우는 취학 전 아동들의 경우, 기도하는 다양한 방법을 소개하는 것이 아이들로 하여금 자신만의 원칙으로 기도할 수 있도록 도움을 줄 수 있다.

수업 전략은 나이와 문화에 맞게 짜여야 하지만, 새로운 관점을 제시하는 것은 유익하고 자유로운 전략이다.

2) 과거의 사건이나 생각, 그리고 사람들과 만나는 시간을 준비한다. 어떠한 주제에 대해 이야기될 수 있는 것 중 다수는 이미 언급된 것이기 때문에, 이전에 있었던 사건과 사상가들과 접해 볼 수 있는 기회를 마련한다. 비디오 다큐멘터리 시청, 사건의 재연, 역사적 인물의 인생에 관한 역할극, 오랜 과거 시대의 환경 재현 등과 같은 활동은 학생들의 경험을 넓히고, 모형 형성에 기여하는 활동들이다. 모든 연령 집단은 교육적인 시간 여행을 통해 배움의 이득을 볼 것이다.

3) 개념과 사건, 감정이나 사실에 대한 다양한 예술적 표현들을 제시할 기회를 마련한다. 인생에 관해 표현되어온 것들 모두 어떠한 예술 형태를 취해왔다. 따라서 우리는 예술작품(조각상, 그림, 음악, 문학, 영화, 이와 유사한 것들)을 등한시해서는 안 된다. 모든 연령

집단은 위대한 회화, 조각 음악 작품에 대한 의미와 감정의 어느 단계에 쉽게 접근할 수 있을 것이다. 따라서 반 고흐의 "별이 빛나는 밤"이라는 작품을 어린 학생들과 하늘에 관한 수업을 할 때 이용하지 못할 이유가 어디에 있겠는가? 또한 십 대 학생들에게 이스라엘이라는 나라의 창조에 대해 공부할 때, 미켈란젤로의 "다비드"상 모형을 보여주기 위해 박물관 견학을 계획하는 것 역시 가능하지 않겠는가?

4) 학생들이 무엇이 진행되고 있는지 한 걸음 뒤로 가서 볼 수 있도록 돕는 방법을 계획한다. 이 기술은 직접 관찰자가 되어 보는 기술로, 학생들에게 학습 과정에 대한 자신의 생각을 물어보거나, 혹은 사람들의 학습 동기에 대한 질문을 던지는 것은 학생들이 어느 순간 따로 떨어진 관점을 취할 수 있게 한다. 심지어 어린이들조차 이러한 활동을 할 수 있다. 다른 아이 혹은 심지어 문화 영웅cultural hero이 느끼거나 원하는 것이 무엇인지 취학 전 아동에게 질문을 던짐으로써, "일 보 후퇴하기" 방법을 유용하게 이용할 수 있다.

5) 학생들이 개념과 연관된 자신만의 경험을 수집하고 공유할 수 있도록 한다. 학생들에게 자신의 것보다 *다른* 견해와 경험이 더 가치 있다고 가르치는 것은 잘못된 것이다. 이 모두는 가치 있고 나머지 한쪽 없이는 산산이 부서져 버린다. 따라서 개인적인 심사숙고와

성찰을 위한 방법을 포함하는 교육과정을 풍성하게 하는 것이 중요하다. 일기 작성, 시 쓰기, 그림, 드라마 연극, 조각과 같은 모든 활동은 학생의 성찰과 나눔을 용이하게 한다.

경계 횡단하기

나는 고대 히브리인들을 생각할 때, 윤리적 유일신교를 발전시킨 문화가 그들의 것이었음이 이해된다. 그들의 종교 여행은 어떻게 우주가 움직이고, 사회 체계가 생존하는지 히브리인들이 이해할 수 있도록 그들의 걸음을 옮겨 주는 역할을 했다. 히브리인들은 "경계를 넘는 사람들"(이는 *히브루*Hebrew라는 단어의 어근을 해석한 것이다)이었다. 이러한 문화로 인해, 히브리인들은 수많은 문화를 접촉하면서 이 안에서 생존할 수 있었다. 이 유목민들은 중동 지방의 사회 체계의 윤리적, 종교적, 문화적 모순을 거쳐 이동하면서 이득을 보았는데, 그 이득이란 다양한 문화를 비교하고 정보를 축적하며, 다른 전통에 대한 개방성을 익히고 강바닥에 가라앉은 사회에서 가능했던 것보다 더 큰 범주 위의 세상에 대한 모형을 검증할 기회를 가졌다는 것이다. 히브리인들은 더 큰 세상을 에워싸는 경험의 "팔"을 갖게 되었으며, 이로써 보다 대단한 세상의 모형을 형성할 수 있었다.

나는 교육은 학생들이 세상에 대한 더 완전한 모형을 모색하기 위해 적어도 네 가지 경계를 넘도록 해야 한다고 제안하고자 하며, 그 네 가지 경계는 아래와 같다.

1) 학생들이 "다른 집단의 사람들은 삶의 이 부분을 어떻게 이해하고 있을까?"라는 질문에 답을 하도록 **문화적 경계를 넘게** 도와줘야 한다. 견학, 외국인 손님 접대, 여행자들의 보고 듣기, 영화 보기, 다른 문화에서 온 전시물 관람 및 인공물 사용 등 이 모든 활동은 문화적 경계를 넘게 하는 수단이 된다. 넘어야 하는 경계와 방식은 학생들의 나이와 경험에 맞게 짜여야 한다.

2) 학생들이 "사람들은 과거에 삶의 이런 부분을 어떻게 이해했을까?"라는 질문에 답할 **시간의 경계를 넘도록** 해야 한다. 고고학 유적, 비디오, 역사적 공연와 역사 탐방, 박물관 견학, 예술과 문학 연구는 시간의 경계를 넘기 위한 수단이다. 더불어 학생들에게 과거를 소개하는 방법 또한 그들의 나이와 경험을 적절히 고려한 것이어야 한다.

3) 학생들은 "한 사람의 삶에 대한 이해와 경험에 경제적 지위가 어떻게 영향을 미치는가?"에 대한 질문에 답을 하면서 **경제적 경계를 넘을** 수 있어야 한다. 급락 경험이나 팀 업무, 교환, 역할극이나 무료 급식소에서의 봉사활동 등의 경험이 경제적 경계를 넘는 방법

이다. 가난하거나 부유한 것의 개념은 심지어 가장 어린 학생들조차 이해할 수 있는 조건으로, 이와 마찬가지로 어떠한 연령의 사람도 부자나 가난한 사람을 "그들"이나 "우리"로 생각할 수 있다. 이 경계를 넘는다는 것은 바로 "우리"라는 원을 확장시킬 수 있는 방법이다.

4) 학생들이 "내가 결코 될 수 없는 사람들(남자, 여자, 흑인, 백인, 황인, 젊은이, 노인, 장애인 등)은 어떻게 삶에 있어서 이 부분을 이해할까?"라는 질문에 답을 하면서 **생물학적 경계를 넘도록** 해야 한다. 나눔과 우정, 대화, 놀이 집단은 생물학적 경계를 넘기 위한 수단으로, 이러한 접근 방법에 대한 정수는 무명의 형제 혹은 자매가 쓴 아래의 시에서 찾을 수 있다.

하나님의 모습

진정한 하나님의 모습을 아는 당신은
바람에 구부러지고,
태양에 그을릴지도 모릅니다.
당신은 소금의 바위를 맛보고,
달콤한 빗물을 씹어 삼키게 될지도 모릅니다.
그리고 당신은 한 가지를 더 하게 될지도 모릅니다.
마침내 이웃의 눈을
변함없이 들여다보게 되는 것 말이지요.

단단한 바구니 짜기

우리 할머니, 할아버지와 그들의 열두 명의 자녀들은 노스캐롤라이나의 농부였다. 우리 형과 나는 여름 방학 동안 잠깐씩 그들과 지내곤 했다. 나는 우리 할머니께서 농장을 더 잘 운영하시기 위해 익히셔야 했던 많은 기술 중 몇 가지를 기억한다. 그중 하나는 다양한 종류의 바구니를 짜는 기술이었다. 내 기억 속에, 할머니는 우리가 콩을 까는 동안 현관에 앉아 바구니를 짜시면서 바구니 짜는 과정을 단계별로 알려주셨다. 자세한 내용은 잘 기억이 나지 않지만, 지푸라기 바닥에 세로 방향의 원을 따라 짚의 가닥을 엮어 올리려고 했던 기억이 난다. 할머니께서는 바구니의 모양을 잡아주는 모든 바구니 고리 위아래로 지푸라기를 짜 넣어야 한다고 하셨다. 그러나 우리가 이렇게 하지 못하면, 바구니는 고리가 빠진 부분이 연결되지 않아 그 부분에 힘을 잃게 된다는 것을 보여 주셨다. 날실 방향의 지푸라기 하나하나를 통과해야 모든 고리를 연결할 수 있고, 그렇지 않으면 바구니에 구멍이 나거나 결과가 더 안 좋게 나올 수 있었다.

의미의 원에 관계를 맺는 우리의 경험도 이러한 부분이 있다. 의미 모형의 열 개의 원을 바구니를 만드는 고리라고 생각해보자. 그 원들은 몇 개월의 삶이 지나면서 존재가 되고, 한 사람의 "의미 바구니"라는 기반이 된다. 새로운 경험은 바구니 고리와 연결되고, 이 고리들을 함께 엮을 수 있어야 한다. 새로운 정보는 그것이 닿을 수 있는 만큼 많은 의미의 원과 연결되어, 의미의 씨실과 날실은 더 큰 통합체가 된다. 즉, 한 사람이 열 개의 모형 모두에 새로운 경험을 의도적으로 짜 올릴 때, 각각의 새로운 경험들은 더욱 풍부해지고 심화되며, 더욱 아름다운 것이 된다.

예를 들어, 바니 클라크Barney Clark가 금속 플라스틱 펌프를 자신의 심장에 박고 있는 동안 생존할 수 있었다는 사실은 어떻게 우리의 몸이 생존을 유지할 수 있는지(신체적 세계의 모형)에 대한 나의 모형에 대한 도전이 아닐 수 없다. 그러나 이러한 사실이 나의 초-물리적 모형을 구부러뜨릴 때 더욱 도전적 측면이 나타나게 된다.

* 정체성 모형 (*나*는 인공 심장을 가지고도 여전히 *나* 자신으로서 살아갈 수 있을까?)
* 가치 모형 (한 사람 안에 기계 조직을 넣는 것이 옳은 일인가? 그렇다면 이러한 조직은 누가 갖게 되는가?)
* 관계 모형 (나는 인공 조직을 가진 사람과 어떻게 관계를 맺는가?)
* 역사 모형 (그러나 이 사실이 나의 역사적 관점에는 맞지 않는다.)
* 미래 모형 (이 사실은 언제 끝나게 될까? 그리고 우리는 조만간 기계 안에서 살고 있는 뇌를 보게 될 것인가?)
* 우주 모형 (그렇다면 불멸과 하나님의 자연법과 같은 문제는 어떻게 되는 것인가?)

우리는 우리의 모형이 변해야 한다는 이 고통스러운 사실의 결과를 피하기 위해 너무나도 자주 새로운 정보로부터 이러한 외형적 모형을 격리시키려는 경향이 있다.

1982년 바니 클라크의 이식 수술 이후 나의 "내부의 우주"에서 자리를 찾아야 하는 의학적 진보는 더 많이 이루어졌고 그의 첫 번째 인공 심장은 더 이상 이상한 것처럼 보이지 않게 되었다. 앞으로도 나의 의미 바구니 안에 짜여야 할 새로운 일생의 사건들은 지속될 것이다.

우리가 경험을 배우기 위해 계획을 세울 때, 반드시 학생들이 의미의 원을 *접하고*, 다른 것들과 이 원을 *연결*하며, 삶의 구조의 새로운 가닥으로 이 원을 *강화*시키는 동시에, 경험과 정보가 의미의 가장 마지막 원의 바깥으로 가서 *확장*할 수 있도록 도와 줄 수 있는 방법을 모색해야 한다. 이를 위해 나는 아래의 방법들을 제시하고자 한다.

1) ***유도 질문 던지기***. 학생들이 이러한 의미의 원의 문제에 집중할 수 있는 질문을 던짐으로써 더 큰 의미의 원을 생각해 볼 수 있도록 유도해야 한다. 만일 학습자가 초등학교 고학년부터 성인까지의 연령대라면, 그들이 모형 형성의 원에 더욱 익숙할 수 있도록 도와주고, 각각의 원이 지금 공부하고 있는 것과 관련하여 "던지는" 질문들을 그들이 찾을 수 있도록 격려해 주어야 한다. 더 어린 학생들의 경우 당신은 자신에 대한 질문을 던지거나, 적어도 아이들로부터 이러한 질문들을 끌어내는 데 더 적극적이어야 한다. 연령에 관계없이 의미의 원은 각각 학습자의 마음 안에 존재하고, 교사인 당신은 질문을 던짐으로써 원의 가장자리로 그들이 자신의 경험을 조직하는 것을 용이하게 할 수 있다.

그렇다면 모형의 원에 관련된 질문들은 어떤 것들인가?

원 1. 사물(사건 혹은 사람)의 물리적 특성에 대한 질문: 이 사물은 어떤 모양인가?

원 2. 그 사물이 다른 어떠한 사물과 비슷한가에 대한 질문: 이와 같은 것을 무엇이라고 부르는가?

원 3. 특정한 것이나 그 이름에 대한 질문: 이 사물을 무엇이라고 부를 것인가?

원 4. 이 사물은 어디에 위치해 있고, 시간이 지남에 따라 다른 것들과 어떻게 어울리는지에 대한 질문: 이 사물이 있는 곳은 어디/무엇인가?

원 5. 내가 사물에 대해 느끼고 생각하는 것을 유도하는 방법이나 그것이 나를 고무시키는 방법에 대한 질문: 이제 이 사물의 존재를 알았으니, 나는 어떻게 달라질 것인가?

원 6. 그 사물의 가치와 그 가치를 평가하는 방법에 대한 질문: 이 사물은 좋은가?

원 7. 이 사물이 관계와 공동체 생활에 어떻게 영향을 미치는지에 대한 질문: 이 사물은 내가 관계를 맺고 있는 사람들에게 어떠한 의미를 지니는가? 이 사물은 내가 다른 사람들과 상호작용하는 방법에 관해 무엇을 내포하고 있는가?

이 사물은 내 친척들에 관해 어떠한 의미가 있는가?

원 8. 이 사물이 존재하는 방법에 대한 질문: 이것은 어떻게 존재해
왔는가?

원 9. 이 사물이 다음에 오는 것에 어떻게 영향을 미치고, 우리가 다
음에 오는 것을 이해하는 데에 어떠한 영향을 미치는지에 대
한 질문: 이 사물은 우리에게 어떠한 작용을 하는가?

원 10. 사물이 만물의 핵심에 있는 것에 관해 무엇을 보여주는지에
대한 질문: 이 사물의 존재는 세상이 좋은지 혹은 나쁜지를
우리에게 말해주는가? 이 사물은 창조주 혹은 창조의 근원이
존재함을 의미하는가?

목성의 위성에 관한 갈릴레오의 관찰이 세계를 뒤흔들었던 이유
는 그 당시 의미의 열 가지 원을 시험에 들게 하는 것이었기 때문이
다. 그의 관찰 내용은 태양계의 모형(의미의 물리적 원)에 의혹을
제기할 뿐 아니라, 목성의 주위를 순환하는 위성은 창조에 있어 시
간과 정체성, 가치와 신, 그리고 우리의 위치(의미의 초-물리적 원)
에 대해 의구심을 던졌다. 의미의 관리자였던 그 당시 사람들은 그
에게 사실을 부인하고, 공개적으로 그가 사실이라고 알고 있던 것들
을 부정하라고 강요했다. 사실 갈릴레오나 다윈Darwin, 비드Bede, 퀴

리Curie나 파스퇴르Pasteur와 같은 사람들은 다수의 신학자들보다 종교의 틀을 더 많이 개조한 사람들이다. 그들은 어떻게 물리적 세상이 초-물리적 세상에 대한 실마리를 가지고 있는지에 대한 질문을 던지라고 주장하고 있다.

2) *일상의 경험과 자료를 더 심오하고 넓은 의미의 원으로 밀어 넣는 사람들의 사례 제공하기.* 우리는 일상에서 초-물리적 사실을 분별하는 능력을 지닌 다양한 영역의 사람에 대한 전기를 쉽게 접할 수 있어야 한다. 이러한 사람들은 단지 위대한 철학자나 과학자가 아니다. 오히려 시간과 감각을 초월한 일상에서의 무엇인가를 본 모든 종류의 사람들을 의미한다. 이러한 사람들의 목록에 퀴리 부인이나 아인슈타인, 빙언의 힐데가르드, 바흐, 노자나 다 빈치와 같은 사람들을 포함할 수 있을 것이다. 또한 옆집에 사는 노부인이나 지역 고등학교의 어린 농구 선수를 포함할 수도 있다.

일상에 내재된 것을 보는 특별한 눈을 가진 사람들을 만날 때마다, 우리는 이 사람들을 자료이자 학생들에게 제시한 모델로 마음속에 적어 두어야 한다. 그리고 가능하면 이 사람들을 교실로 초청하자. 이 방법이 불가능하다면, 우리가 직접 그들을 방문하든지 그들의 이야기를 전해줄 수도 있다.

3) *환상 장려하기.* 학생들 안에 잠자는 돈키호테를 육성하고 부추

긴다. 상상하는 능력과 일상 밖으로 의미를 작용하게 하는 능력 간에는 직접적인 관련성이 있다. 이에 대한 자세한 이야기는 7장에서 논의하도록 한다.

***

"말도 안 돼요." 앨리스가 말했다. "말이 안 된다고?" 여왕은 동정하는 투로 말했다. "다시 해 보렴. 숨을 크게 들이마시고 눈을 감아라." 앨리스는 웃으며 말했다. "그래봐야 소용없어요. 불가능한 것을 믿는 사람은 아무도 없어요." 여왕이 말했다. "내 생각에는 네가 그다지 연습을 많이 한 것 같지 않구나. 내가 네 나이였을 때, 나는 그 일을 하루에 30분이면 다 해냈지. 어떤 때에는 아침 식사 전에 불가능한 일을 여섯 개나 믿었단다."[6]

***

인간 드라마의 사상사에서 중심점인 경험, 사실, 혹은 발견의 생생한 사례를 찾아보자. 그리고 이러한 사례를 찾으면, 이야기로 풀어내 보자. 나는 어떻게 하나의 둥근 세계의 발견이 우리의 우주관을 바꾸었고, 미생물의 발견이 질병의 성격과 세상에 대한 우리의 범주를 변화시켰는지에 대한 이야기를 기억하고 있다. 또한 모든 사람이 자신의 세상의 크기와 모양에 관해서 해야 하는 "작은" 발견들과 더

불어 이러한 발견들이 사물의 핵심에 있는 것에 대한 오래된 모델을 어떻게 깨뜨리는지에 대해서도 기억하고 있다.

요약

내가 논의하고자 하는 바는 대뇌 피질의 일차적인 작업이다. 경험을 정렬하고 통합하는 끊임없는 작업이 없으면, 세상에 대한 정보의 홍수 속에서 우리는 쓸려가 버리고 말 것이다. 경이로운 것은 우리가 시냅스와 신경 통로 안에서 세상을 재창조하는 회백질의 상층부를 실제로 *가지고 있다*는 것이다. 우리가 파도를 제어할 수 없기 때문에 모형을 만드는 작업은 파도를 줄이는 것이 아니다. 오히려 대뇌 피질은 우리에게 세상의 특성이 되는 무엇을 잡으라고 하기 때문에, 우리가 파도를 타는 것을 가능하게 한다. 우리가 얼마나 잘 "타는"지에 대한 것은 우리의 의미의 배가 얼마나 항해에 적합한지에 달려 있다. 우리 모두는 우리보다 물의 특성을 더 잘 알고 있고, 우리가 삶과 존재에 대한 지도를 만드는 데 도움을 줄 수 있는 조종사에게 도움을 받을 수 있다. **인지 윤리의 첫 번째 원칙**의 윤리와 전략에 기반한 교육과 교육과정은 모든 학생들이 훨씬 더 파도를 잘 탈 수 있게 한다.

다음에는 의미부여 과정에 대한 더 자세하고 본질적인 메커니즘

중 하나를 논의하고자 한다. 나는 의미심장한 패턴들이 경험의 "혼
돈"의 홍수에서 일차적으로 분리되는 방법을 이야기할 것이다. 그것
은 바로 지각이다.

제5장

지각: 제작소로 가는 문

Perception: Doors to the Factory

별 바라보기

초등학교 5학년일 때 나는 손전등과 별자리 지도를 손에 들고 서서 밤하늘을 쳐다보며 별자리 찾기에 몰두했다. 내 별 지도에 그려져 있는 그 굉장한 것들을 내 눈으로 직접 보고 싶었다. ≪천체와 망원경(Sky and Telescope)≫ 최신판에 관찰할 수 있다고 나와 있는 별자리를 밤하늘에서 확인하는 일은 열한 살 짜리 아이에게는 어려운 것일 때도 있었다. 나는 페가수스자리를 찾으려 애쓰면서 밤하늘을 만든 사람이 누군진 몰라도 신화에 나오는 화려한 형상들을 실제의 하늘에 그대로 옮겨놓지 못한다면 적어도 점선으로는 표시했어야 한다고 생각하곤 했다.

큰곰자리와 궁수자리, 전갈자리와 오리온자리 등 별다른 노력 없이도 찾을 수 있는 "별 그림star pictures" 몇 개가 있기는 했다. 이들에게는 놓칠 수 없는 특징이 있었다. 내가 찾아낸 별자리 중에는 지도에 나와 있지 않거나 다르게 무리 지은 것이 있기는 해도 대체로 내가 관찰한 것과 지도가 일치한다고 생각하던 일을 기억한다. 지도에 나와 있든 혹은 내가 만들어낸 것이든 모든 별은 어떤 별자리에 속해있는 것 같았다.

그것은 마치 관찰자가 마침내 고개를 끄덕이며 항상 그 자리에 있던 우주의 무늬를 보게 되었을 때 봄 하늘이 신비의 베일을 벗고 거대한 퍼즐의 돔이 되는 것과 같았다. 하늘의 퍼즐을 푸는 핵심은 별이 위치한 패턴, 서로 간의 거리, 각각의 위치의 대칭성, 밝기나 색깔의 유사성, 그리고 여기에 보태어 상상의 선을 긋고 묶을 수 있는 관찰자의 능력에 달려 있다. 실제로 현재의 별자리는 관찰자가 수천 년간의 관찰을 통해 별들이 그리는 선과 그룹에 기초하여 만든 패턴과 형태이다. 서로 간에 접촉이 거의 없던 크게 다른 문화 속에서 만들어진 별자리도 서로 비슷하다. 현재의 별자리를 만든 모든 인간의 사고에는 어떤 공통된 인지 메커니즘이 작동하고 있는 것일까? 소리 패턴이나 냄새, 촉각, 맛 따위를 구별하는 데 관계된 비슷한 메커니즘이나 프로그램이 있는 것일까? 만약 그런 프로토콜과 프로그램들이 모든 사람의 뇌에 존재한다면, 세상의 모형을 만들고 사용하려는 사람들을 도와주는 방법에 관해 그것이 시사하는 바는 무엇일까? 그런 프로그램들은 교육학적 요점을 내포하고 있을까? 그러한 요점은 종교교육에 있어서 우리에게 도움을 줄 수 있을까? 이것이 이번 장의 주제이다.

로스앤젤레스의 여름 밤하늘 남쪽 편에 있는 세 개의 커다란 별의 그룹을 한번 생각해보자. 이 그룹은 헤라클레스자리, 뱀주인자리, 그리고 전갈자리라고 불린다. 헤라클레스자리는 밤 10시경 캘리포니아주에서 거의 바로 머리 위에 위치하는데, 밝은 직사각형 모양과 주변의 별들로 이루어져 있다. 전통적인 "프톨레마이오스" 별자리에서 이 그룹은 그리스신화의 반신반인半神半人 헤라클레스의 이름을 따서 지어졌다(그림 5.1). 무기를 들고 있는 남자의 형상인 헤라클레스자리는 별자리 지도를 그린 화가에 따라 포즈가 조금씩 변한다. 당연하겠지만, 다른 문화권에서는 이 별자리를 다른 형상으로 그렸다. 율리우스 실러에게 (1627년에) 이 별자리는 아기 예수를 방문한 세 동방박사로 보였고[1], 고대 그리스의 지도 제작가들에게는 단순한 기하학 도형의 이름을 따서 붙인 별자리였다. 흥미로운 점은 세계 여러 지방의 다른 문화권에서 거의 모두 이 별자리를 알고 있

헤라클레스자리

그림 5.1

다는 것이다. "북두칠성"은 어떤 사람에겐 국자로 보일 수도 있고, 또 다른 사람에겐 곰의 몸으로 보일 수도 있지만 우리 모두에게 이 일곱 개의 별은 어쨌든 서로 연관이 있어 보인다. "사자자리" 또한 마찬가지다. 유럽 표준 별자리에서 이 별자리는 사자로 묘사된다. 고대 이집트에서는 스핑크스이다. 초기 유럽 별자리 지도에서 이것은 낫이었다.[2] 그렇다면 세계 각국의 별자리 지도는 근접성과 유사성, 그리고 대칭성을 이용하여 시각 정보를 분류하는 인간의 기본적 인식 메커니즘 혹은 방식을 드러내는 것이다.

신을 보고 감정을 듣는 법

뇌 공장의 접수부에는 최소 다섯 개의 "하역장"이 있다. 시지각(빛, 어둠, 색의 음영을 지각), 청각, 미각(대략 네 개의 맛이 있음), 후각(미각과 결합해서 풍미를 느낌), 그리고 촉각(뜨거움, 차가움, 고통, 압력, 질감 등)의 다섯 가지이다. 오감은 범위에 따라 세 개의 그룹으로 나눌 수 있다. 즉, 장거리 또는 "원격 감각"(시각과 청각), 중거리(후각), 그리고 근거리 또는 접촉 감각(촉/통각 그룹과 미각)이다. 이 모두는 정보를 접수하고 그 정보를 뇌로 보내서 이해하게 만드는 도구이다. 동물들은 종류마다 다른 감각의 조합을 사용한다. 결과적으로 어떤 동물은 (블러드하운드처럼) 후각이 발달한 반면 (원숭이 올빼미처럼) 시각이 발달한 동물도 있다. 또 다른 종류에서는 완전히 다른 감각을 볼 수 있다(포유동물이 가까이 왔을 때 뱀은 적외선 변화를 감지할 수 있음).

다섯 가지든 열다섯 가지든 우리의 감각은 우리가 생명의 근원을 찾아야만 하는 환경과 우리가 교류할 수 있도록 해준다. 성인들에게 장거리 감각은 가장 바쁜 하역장이 되고 있다. 우리가 보는 모양과 색, 굴곡, 특징, 디자인과 우리가 듣는 음조, 반복 진행, 소음, 음색은 가장 많은 의미 정보를 실어 나른다. 시각 정보를 접수하고 처리하는 피질의 영역과 신경 세포의 수는 다른 어떤 감각기관보다 크다.[3] 시각 정보를 담당하는 피질과 비교하면 한참 작지만 다음으로 큰 것은 소리의 처리에 할당된 피질의 영역이다. 그러므로 지각의 핵심은 우리가 듣고 보는 방식을 조사해보는 데 있다. 만약 밤하늘에 신들의 형상이 "보이는seen" 방식과 음악에 의해 감정이 영향받는 방식을 고려한다면 지각의 순간에 작동하는 원리를 발견할 것이라고 본다. 나아가서 이 지각의 원리들은 앞장에서 설명한 모든 의미의 원에서 작동하고 있는 원리와 같다고 본다. 이 말은, 물리적 세계에서 특징을 탐지하도록 감각을 구성하는 원리는 초-물리적 세계에서 의미를 탐지하는 역할도 한다는 것이다. 별들을 패턴으로, 소리를 음악과 말로 구조화하는 프로그램들은 우리로 하여금 자신의 정체성과 관계, 역사, 시간, 가치 그리고 우주의 완전성을 깨닫게 해준다.

그렇다면 그 원리는 무엇인가? 우리에게 의미를 볼 수 있게 하고 들을 수 있게 하는 지각의 원리란 무엇인가? 그것들은 심리학에서 일어난 "게슈탈트 학교" 운동의 결론에서 도출된 여섯 가지 원리 혹은 지각의 법칙이다. 한때 따르는 사람들이 많았던 게슈탈트 운동 자체는 이전과 같지 않지만 지각의 원리는 살아남았다. 이들 인식 프로그램은 우리가 사물을 불연속적인 불빛이나 소리가 아닌 종합적이고 연속적 형태로 받아들일 수 있게 해준다.[4]

근접성

그림 5.2의 선을 보자. A그룹의 선은 네 개의 2차원 기둥처럼 보인다. 그 선들을 새로운 근접거리로 옮김으로써 B그룹은 세 개의 2차원기둥과 양옆의 관련 없는 선으로 이루어진 것처럼 보인다. A와 B의 유일한 차이점은 선들 간의 상대적 거리뿐이다. 어떤 선은 다른 선들보다 서로 가깝기 때문에 우리는 그 선들을 다른 형태로 인식한다. 원리는 간단하다. 즉, **근접한 요소들은 하나의 단위로 지각되는 경향이 있다.** 이것이 첫 번째 게슈탈트 원리이다. 이것은 원리라기보다는 지각 프로그램에 가깝다. 사물이 서로 가까이 위치해 있

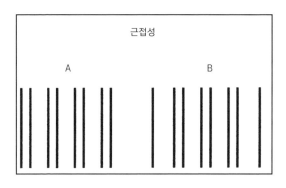

그림 5.2

을 때 우리는 그들 간의 관련성을 생각하도록 프로그램되어 있다. 우리 조상들이 처음으로 별을 바라봤을 때 별들의 상대적 위치에서 어떤 의미를 떠올리게 했던 것도 그 프로그램이었다. 이 프로그램은 우리의 생존에 필수불가결한 것이다. 우리는 이것을 이용해서 고속도로의 중앙선의 의미를 이해하고 상징과 표식의 의미를 파악한다. 독서에도 이것은 필수적이다.

행동:

이문장을최대한빨리손가락으로가리키지말고읽어보라.단어의구별을지어주는글자간의자연적인거리변화가없기때문에읽기가힘들다는것을알게될것이다.이제글자간거리의변화가있는다음줄을읽어보자.

이 문장을 손가락으로 가리키지 말고 읽어보라. 각 단어를 구별할 수 있게 하는 자연스런 글자 간 거리 변화가 있기 때문에 읽기 어렵지 않다는 것을 알 것이다. 이 문장들은 각 단어 간의 근접거리의 변화에 의해 시각적으로 인식할 수 있게 되어 있기 때문에 쉽게 이해된다.

소리의 인식에도 같은 게슈탈트 원리가 이용된다. 각 음이 그룹 지어지는 최소 세 가지 방식 때문에 우리가 멜로디를 지각할 수 있다. 이 세 가지는 1) 조key나 화음Chord 구성에 맞는 음 2) 음을 구분해주는 높낮이의 차이 3) 정적silence으로 처리되는 음의 구분이다. "메리의 작은 양Mary had a little lamb"을 구성하는 음은 시간적으로 밀접하게 관련되어 이어지는 음들의 집합이기 때문에 음악적으

로 의미 있게 들리는 것이다. 음악을 듣는 데 관계되는 근접성은 시간 거리이다. 음들 간의 거리를 변화시키면 멜로디는 변한다.

시간 차, 화성 음정, 그리고 리듬이 음의 집합이 가지는 의미에 미치는 영향을 보여주는 아주 유쾌한 예시는 이고르 스트라빈스키Igor Stravinsky의 작품 "축하 전주곡Greeting Prelude"이다. 이 작품에는 생일 축하곡의 음이 모두 포함되어 있지만 곡의 음역이 변함에 따라 음들은 2옥타브 내지 3옥타브씩 뜀뛰기를 한다. 이 음악적 농담을 "생일 축하합니다…"의 변주곡이라고 인식할 수 있게 하는 것은 음들의 리듬과 상대적인 화성 음정이 큰 의미에서 보존되었기 때문이다.[5]

개념은 간단하다. 시간적, 공간적으로 가까이 붙어있는 듯한 사물은 하나의 단위로 인식된다는 것이다.[6]

유사성

두 번째 게슈탈트 원리 혹은 지각 프로그램은 유사성의 원리이다. 그림 5.3을 보자. 대부분의 사람들은 이 그림을 쐐기 모양의 움푹 파인 원으로 인식한다. 사실 이 그림은 수직과 수평으로 그어진 선들의 집합이다. 이것은 유사성 원리를 나타내는 그림이다. 선들의 유사성이 원의 모양을 만든다. 4분의 1가량의 선을 수직으로 그음으

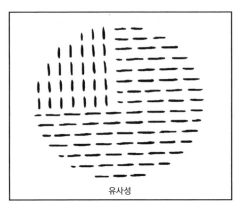

유사성

그림 5.3

로써 쐐기의 인상이 만들어진다. 원의 더 큰 부분에 주의를 기울이면 파이 모양 혹은 "팩 맨(일본의 비디오 게임)" 형태가 보인다. 우리는 비슷한 물체를 함께 그룹 짓는 경향이 있다. 보는 것이나 듣는 것들에 대해서도 마찬가지이다. 시각의 경우, 이 원리는 우리가 고속도로에서 사용되는 작은 전구가 배열된 전광판에서 불 켜진 전구의 집합을 보고 단어를 읽어낼 때 작용한다. 청각의 경우, 이 원리는 일련의 불연속적 음향과 음정을 듣고 그것이 비틀스의 노래인지 베르디의 아리아인지 알아낼 수 있게 작용한다.[7]

조화로운 연속성

세 번째는 "조화로운 연속"의 원리이다. 조화로운 연속의 원리는 친숙하거나 "좋은 형상good figure"을 이루는 요소가 더 큰 전체의 일부분으로 인식된다는 것을 의미한다. 그림 5.4를 보자. 가지가 나뭇등걸 뒤에서 교차하는 것처럼 보인다. 우리가 보는 선이 시야를 벗어날 때 우리 마음은 그 상태를 지속한다고 가정한다. 가지가 나뭇등걸 뒤에 가려져 실제로 교차하는지 보이지 않더라도 우리는 교차한다고 가정한다. 어떤 친숙한 형태, 즉 두 개의 곧게 뻗은 나뭇가지가 우리 마음속에 이미 만들어져 있다. 우리는 자동적으로 그 가지가 교차한다고 인식한다. 왜냐하면 가지들은 "조화로운 연속성"을 가지고 있는 것처럼 보이기 때문이다. 나무 옆에 그려진 그림은 두 가지가 나무 뒤에서 휘어있을 가능성을 나타낸다. 인식에 의한 이런 "결론 도출의 비약"이 아니라면 우리는 어떤 예술이나 상징도 감상

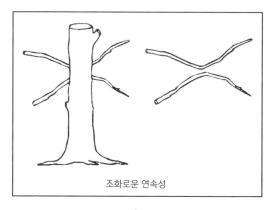

조화로운 연속성

그림 5.4

할 수 없을 것이다. 개인이 만들어낸 세상을 나타내는 거의 모든 것은 재빠르고 논리를 고려하지 않는 도약을 기초로 한다.

반 고흐의 그림을 감상하거나 어떤 도형에서 의미를 발견할 수 있을 때 우리는 시각적으로 도약을 한 것이다. 반 고흐의 그림에서, 대개 우리는 평면 위 물감을 인식하는 대신 "별이 빛나는 밤"을 인식한다.

바흐가 창안한 여러 "목소리"를 감상할 때 우리는 음악적 도약을 사용한다. 우리는 음파나 음량 그리고 리듬을 인식하지 않는 대신에 음악을 인식한다.[8]

완결성

지각의 네 번째 원리는 완결성의 원리이다. 완결성은 우리가 사물을 보거나 느낄 때, 빠진 부분을 채워 넣으려는 심리를 가리킨다. 모호성이나 무의미성은 우리가 거의 인식할 수 없다. 서로 겹치는 두 개의 원을 보지 않고 그림 5.5를 보는 것은 상당히 많은 노력이 든다. 눈을 감고 소리를 듣거나 밤에 소리를 들을 때 우리는 귀로 받아들인 것에 사물의 이미지를 부여하는 습관이 있다. 전화 통화를 하거나 라디오를 듣거나 레코드를 들을 때 우리는 자동적으로 빠진 정보를 채워 넣는다. 우리가 어떤 사건에서 받아들인 것의 의미에 대한 청각적 실마리는, 뇌가 결여된 시각적 실마리를 채워 넣는 데 필요한 것이다. 우리는 경험에 대해 서둘러 끝맺음으로써 "느슨한 마무리"가 없도록 하는 경향이 있다.[9]

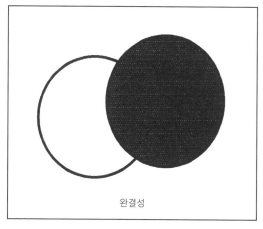

완결성

그림 5.5

대칭성

다섯 번째는 대칭성의 원리이다. 우리가 비대칭 형태를 보기 전에 대칭 형태를 먼저 인식하는 경향이 있다는 것은, 균형에 끌린다는 말이다. 우리가 세상을 모형화하는 방식에는 평형이나 대칭을 이룬 형태를 먼저 보거나 듣게 하는 어떤 것이 있다. 그림 5.6을 보자. 이 형태를 보는 대부분의 사람들은 상자 안의 삼각형 형태를 볼 것이다. 왜 우리는 "K"형상을 쉽게 보지 못하는가? 글자 "K"는 삼각형의 대칭을 결여하고 있다. 이 원리로 우리는 자연에서 대칭을 보고 삶에서 대칭이 표준이라고 생각한다.[10] 또한 폴 사이먼Paul Simon의 발라드에 나타난 균형, 버드나무의 구조적 대칭 혹은 이모진 커닝햄 Imogene Cunningham의 사진에 나타난 대칭성을 감상할 수 있게 만드는 것도 이 원리이다.

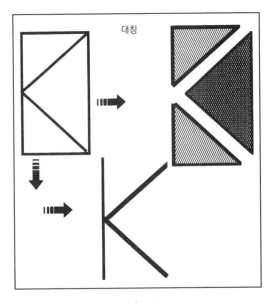

그림 5.6

형상과 배경

마지막 인식 프로그램은 형상과 배경의 원리이다. 모양과 형태가 의미 있게 될 때, 그리고 그것이 어떤 장소나 배경에 놓일 때 그 사물의 전체가 인식될 수 있다(처음의 다섯 가지 프로그램 혹은 지각 원리의 기능이다). 그림 5.7의 잘 알려진 착시는 물체의 배경이 물체를 명백하게 만든다는 것을 강력하게 보여주는 예시다. 당신은 두 개의 옆얼굴이나 꽃병 중 하나를 볼 수 있다. 둘 중 하나를 못 보는 것은 거의 불가능하고 둘 다 동시에 보기란 상당히 어렵다. 원리는 간단하다. 우리는 인식한 사물의 배경을 식별한다. M.C. 에스허르 M.C. Escher의 미술작품은 관객과 교감하는 데 형상-배경의 원리를 창의적으로 사용한다. "천사와 악마가 있는 평면의 일정한 분할에 관한 연구(Study of Regular Division of the Plane with Angel and Devils)"라는 그림에서 에스허르는 관객이 어느 것을 보느냐에 따라 천사와 악마가 배경과 형상을 오가는 복합적인 이미지를 만나게 한다.[11] 소리의 경우, 우리는 언제나 소음의 더 큰 배경에 있는 청각적 "형상" 하나를 듣는다. 우리가 주의를 한 소리에서 다른 소리로 돌리면 한때 소음이었던 배경이 들을만한 소리로 변한다. 우리가 오케스트라의 멜로디를 들을 때 그 멜로디는 "형상"이 되고 오케스트라는 "배경"이 된다.

형상/배경

그림 5.7

　이 여섯 가지 프로그램이 우리의 지각을 이끌면서 우리는 사물 전
체를 인식할 수 있다. 당신이 일련의 선, 모양, 빛과 어둠, 음영, 색채
와 질량을 본다고 상상해보자. 이 여섯 가지 프로그램이 당신의 눈
이 그 장면을 탐구하도록 이끌 때, 당신은 어수선한 차고 안의 선반,
그 선반 위에 있는 상자, 그 상자 위에 있는 네 개의 테니스공을 보
고 있다는 결론으로 "도약"할 수 있는 것이다. 우리가 차고의 내용
물이나 차고의 구조 자체를 유심히 살피지는 않았지만 몇 가지 실
마리로 그 장면의 내용물을 확실히 파악할 수 있다. 모든 공을 다

살피지 않지만 당신은 그것들이 한 세트라는 결론을 내린다. 장면은 즉각적으로 하나의 사물-게슈탈트이다. 그것은 당신이 관련짓고 행동할 수 있는 사물의 전체이다. 일상적이지만, 그것은 심오하게 복합적이고 경이로운 사건, 즉 지각이다.

기억: 닭이 먼저인가 달걀이 먼저인가?

의미 있는 물체와 소리를 인지recognition하는 공식은 이 여섯 가지 "게슈탈트 프로그램"만으로는 부족하다. 감각기관에 입력되는 정보와 비슷한 의미 있는 기억 속의 형태를 대응시키는 메커니즘 없이는 우리 뇌가 주의를 기울이는 데이터는 없는 것이나 마찬가지다. 따라서 지각의 공식에서 누락된 조각은 기억의 내용물이다. 기억은 대뇌 피질에 있는 몇 가지 종류의 보관 장소를 위한 포괄적 개념이다. 제2장에는 세 가지 종류의 기억을 묘사하는 도식이 있었다. 즉 감각 기억(몇 초간 지속되는 잠재된 소리, 이미지, 맛, 냄새, 느낌), 단기 또는 작업 기억(정교하게 다듬거나 "기억되지" 않는 경우 몇 초 또는 몇 분 안에 사라지는, 방금 느꼈던 감각이나 회상에 대한 의식적인 기억), 그리고 장기 기억(대뇌 피질의 신경망을 따라 어느 정도 영구적으로 집적되어 있다가 단기 혹은 작업 기억으로 재생될 수 있는 정보, 사건, 모형, 사고, 느낌)이 그것이다.

이 모두에 공통되는 요소는 각각 의식 또는 무의식 사고활동에 의해 "호출되는" 혹은 "걸려 나오는" 어떤 종류의 저장된 데이터를 가리킨다는 것이다. 우리가 기억이 활성화된 것을 알아차리든 아니든 (영구적 혹은 일시적으로) 대뇌 피질에 저장되고 사고에 이용된 모든 데이터나 패턴은 기억이다. (거의 모든 기억은 대뇌 피질에 저장된다. 예외는 습관화된 운동기능 기억이다. 이런 기억 형태 중 많은 부분은 특정 운동이나 기능에 쓰이는 근육 근처의 척수에 저장된다.)

내가 우리 집 차고를 바라볼 때 그 모양, 선, 그리고 음영들은 작업 기억 안에 "거주지"를 마련하기 위해 내 감각의 "완충지대buffer"에 충분한 시간 동안 머무른다. 거기서, 만약 내가 관심이 있다면, 그것들은 그들과 핵심적으로 유사한 장기 기억을 낚아 올린다. 이 오래된 기억들은 내가 보는 것의 모형으로 작동한다. 만약 나의 지각이 기억과 일치한다면 나는 그 장면을 인지하게 된다. 만약 차고나 테니스공, 혹은 상자에 대한 경험이 없다면, 나는 그 장면을 차고의 선반 위에 놓인 상자에 들어 있는 테니스공으로 인지하지 못할 것이다. 게슈탈트는 더디게 모양을 갖출 것이다. 그러므로 인지는 인식된 감각 정보와, 데이터가 "낚아" 짝지어준 의미 있는 모형 두 가지 모두에 의존한다. 기억은 "차고"나 "공"처럼 구체적일 수도 있고 "곡

선" 혹은 "모서리"처럼 비구체적일 수도 있다.

 기억은 인식 과정에 있어서 너무나 중요하기 때문에 기대치가 인식 과정을 압도하고 우리의 눈이나 귀가 받아들이는 것을 무시하게 만들기 쉽다. 저장된 기대치가 너무 강력해서 우리는 결론으로 바로 도약해 버린다. 이에 대한 예는 악의 없는 것부터(아이가 낯선 사람을 아버지라 여기고 다리에 매달리는 것) 시작해서 비극적인 일까지(겁에 질린 집주인이 가족을 침입자로 오인해 총을 쏘는 것) 다양하다.

 기억이 지각 과정에 그렇게 중요하다면, 사람이 어떤 사물을 지각하는 것이 어떻게 가능할까? 우리는 거의 텅 빈 대뇌 피질을 가지고 태어나지 않는가? 대뇌 피질의 주된 기능은 형태를 발견하고 그들에게 의미를 부여하는 일이라는 것을 기억하자. 이것은 뇌의 모형화 기능이다. 우리는 삶을 시작할 때 감정의 어조와 쾌락-고통의 유인가誘因價를 시각, 소리, 촉각의 경험과 연관시킨다. 특정한 경험들이 유쾌하고 필요를 충족시키는 것이었다면 그것들은 유쾌한 기억으로 저장된다. 이 기억들은 그 이후의 비슷한 경험을 보다 완전하게 지각하는 데 도움을 준다. 그렇다면, 처음으로 온 것은 지각 프로그램이었으며 형태를 찾기 위한 추진력이었다. 유아기를 지나 우리가 자라면서 기억은 지각 과정에서 더 큰 역할을 맡는다. 어떤 사람에게 기억은 너무나 강력한 나머지 새로운 것을 볼 수 없게 만든다. 또 어떤 사람들에게 기억이란 마치 혼돈 속에 둘러싸인 것처럼 의심스러운 것이 될 수 있다. 그러나 우리 대부분은 성인으로 성장하는 과정 동안 불완전한 인식을 채우기 위해 저장된 모형에 점점 의존한다. 그러나 때때로 우리는 우리의 전형적 모형이 한계가 있다는 사실을 아프게 깨닫고 세상을 새로운(아이 같은) 눈으로 보게 된다.

나는 본다!

일련의 무작위 흑백 파편처럼 보이는 유명한 착시 그림이 있다. 이 착시 그림은 모호하고 무엇이 형상이고 배경인지 도무지 알 수 없게 만들어져 있다. 제목은 "이것은 무엇인가?"로 붙여져 있다(그림 5.8을 보자). 이 질문은 우리가 이 그림에서 무엇인가 볼 수 있어야 한다는 의미다. 문제는 회색 음영과 절단된 선, 그리고 패턴에 의해 전달되는 대부분의 실마리가 없다는 점이다. 내가 이 그림을 처음 보았을 때를 기억한다. 나는 밝고 어두운 모양들에서 어떤 의미 있는 지각도 끄집어낼 수 없었다. 그것은 그저 흰색 종이 위의 모양들에 불과했다. 선생님이 힌트를 주었음에도 나는 수수께끼 같은 그림에 당황스러울 뿐이었다. 선생님은 이 그림이 개 그림이라고 말해 주었다. 얼룩 무늬가 있는 개, 심지어 숲 속에 있는 얼룩 무늬의 개라

그림 5.8

고 말이다. 하지만 나는 여전히 아무것도 볼 수 없었다.[12]

 다른 학생이 손가락으로 개의 형상을 그려주었을 때야 비로소 개는 그림에서 뛰쳐나오는 듯했다. 개의 다리가 손가락에 의해 그려지는 순간, 모든 것이 한꺼번에 이해되었다. 마치 내가 보기 전에 개는 존재하지 않았던 것 같았다. 내가 본 순간, 개는 나타났다. 지금은 이 그림을 볼 때 개를 보지 않을 수가 없고, 사람들이 어떻게 개를 놓칠 수 있는지 이해하기 어렵다.

 이 그림에서 내가 강조하고 싶은 것은 감각 정보를 의미로 변환시키기 위한 지각 프로그램과 의미 있는 기억의 포착은 **순간적으로 일어난다**는 것이다. 그것은 게슈탈트 심리학자들, 특히, 볼프강 콜러

Wolfgang Kohler가 부르는 대로 **"아-하**의 순간A-Ha Moment"이다.[13] 그
것은 선과 패턴, 음영 그리고 기억과 환경이 맞아떨어져서 사물을
시공간에 "드러내는" 순간 일어난다. 인지 혹은 의미는 게슈탈트처
럼 일어난다. 나는 지각 프로그램이 모두 한꺼번에 작동한다고 말
하려는 것은 아니다(그럴 수도, 아닐 수도 있다). 오히려, 퍼즐의 조
각들이 맞춰지는 순간에 무언가 의미 있는 것이 드러난다고 말하는
것이다. 나아가서, 나는 동일한 드러냄의 과정이 제2장에서 설명한
의미의 열 가지 각 단계에서도 일어난다는 것을 제안하고 싶다. 우
리가 모양, 느낌, 가치나 종교적 개념을 지각할 때, 사물이나 생각을
"보는" 순간이 있다. 각각의 연속적 의미의 단계에서 지각의 입력과
범위는 더 확장된다. 그러나 지각의 각 단계는 목소리나 문의 손잡
이를 구별할 때 사용되는 기본적인 지각 프로그램과 본질적으로 같
은 과정을 거친다.

 이것을 생각해보자. 우리의 마음이 많은 혹은 모든 의미의 단계를
한꺼번에 해독하는 일이나 사건이 간혹 있다는 사실을 말이다. 이때
의 **"아-하**의 순간"은 우리를 뒤흔들고 때로는 변화시키는 우리 안
의 폭발과 같다. 의미 폭발물의 도화선 혹은 뇌관은 감각기가 받아
들이고 분류하고 인지하고 배치시킨 데이터이다. 그런 다음 그것은
세상의 초-물리적 모형을 통해 커다란 힘으로 "폭발"한다. 이 폭발

은 우리의 정체성을 흔들고, 관계를 늘리고 꺾고, 우리가 옳다고 생각하던 것에 의문을 던지고, 역사의 개념을 뒤죽박죽으로 만든다. 우리의 운명은 말할 것도 없고 우리의 우주를 찢어발기듯이 위협한다. 이 폭발에는 크기와 범위에 있어 다음의 몇 가지 종류가 있다.

*엠마오 길 폭발*The Emmaus Walk Explosion: 누가복음과 마가복음에는 예수의 죽음과 부활을 이야기하던 두 제자 이야기가 나온다. 그들은 부활하신 예수와 같이 엠마오로 가는 길을 가게 되었는데 해가 저물 때까지도 그분이 예수인 줄 알아보지 못한다. 쉬면서 빵을 나눌 때 두 사람은 의미의 순간적 폭발 속에서 예수를 알아본다. 나는 이 이야기를 성경 비평이 아닌 한 종류의 "아-하의 순간"으로 설명하려 한다. 강한 경험은 아주 강한 가정假定을 다시 생각하도록 만든다. 예수를 인지하는 것은 그들의 감각 신호와 유대 역사에서 하나님의 구원 역사에 대한 기억이 결합되고 여기에 처형 전 예수에 대한 그들의 경험이 더해져서 나타난 것이다. 이 현상은 인생을 바꾸는 "**아-하**"로 폭발했다. 그들의 인생의 모든 중심이 되었던 사람이 사라졌고, 이제 다시 나타난 것이다. 당신은 비슷한 폭발을 경험한 적이 있는가? 당신의 세상 모형에 들어맞지는 않지만, 거부할 수 없었던 개인의 경험이나 상황들이 있는가? 너무나 강력해서 당신 자신과 가치, 당신의 우주를 재배열한 경험이 있는가?

*헬렌 켈러 폭발*The Helen Keller Explosion: 헬렌 켈러의 교육에 관한 뛰어난 두 영화 덕분에 혼돈의 세계에서 의미의 세계로 가는 그녀의 여행은 우리에게 공통된 문화의 일부분이 되었다. 이는 "폭발적 **아-하**"의 또 다른 예가 된다. 헬렌의 손이 물을 느끼고 그 느낌이 물을 가리키는 수화와 물이라는 단어의 발성으로 관계를 맺기 시작하자 그녀의 조각난 세계는 이전에 존재하지 않았던 어떤 모양을 갖추기 시작한다. 눈과 귀가 먼 켈러에게 어휘를 가르치고, 그녀의 손을 "원격 감각"으로 사용하도록 훈련시킨 앤 설리번Annie Sullivan 의 노력으로 그녀의 손이 "보고" "듣는" 것과 "어휘"가 일치하는 순간이 찾아온다. 그 사건은 인생을 바꿔놓는 것이었다.[14] 마지막 퍼즐 조각이 전체 그림을 드러낼 때와 비슷한 경험이 있는가? 한 번의 경험이나 한 조각의 데이터를 더함으로써 어떤 개념을 마침내 깨닫는 순간 말이다.

*떨어지는 사과 폭발*The Falling Apple Explosion: 또 다른 "**아-하**의 순간"의 예는 아이작 뉴턴Isaac Newton이 중력의 법칙을 터득했다고 전해지는 이야기에서 찾을 수 있다. 뉴턴이 사과나무 밑에 앉아있을 때 사과가 그의 머리 위에 떨어졌다. 이야기에 의하면 그 사건은 물체가 떨어지는 이유에 대한 개념적 도약 즉, 모든 물체에 동등하게 작용하는 힘이 있는 것이 분명하다는 생각을 할 수 있도록 만들었

다. 이 드러냄의 순간은 다른 것과 비슷하다. 하지만 이 경우에는 흔한 물리적 사건이 물리적 세계에 관한 우리의 모형에 예기치 않은 인상을 남겼다. 이 인상은 엄청나게 큰 의미를 가지고 있어서 새로운 발견을 끌어냈다.

폭발의 순간이든지, 조용한 각성이든지 이 깨어있음의 순간은 개인의 의미의 세계를 쌓아 올리는 재료가 된다. 다음 장에서는 우리를 종교교육자의 임무로 좀 더 안내해 줄 **지각의 교육학**pedagogy of perception에 대해 살펴볼 것이다.

제6장

지각의 교육학

A Pedagogy of Perception

다음의 명제를 고려해보자:

만약 우리가 물리적 세계의 모형을 게슈탈트 원리에 따라 만든다면,

또한 만약 우리의 초-물리적 모형이 같은 방식으로 만들어진다면,

그렇다면 우리는 초-물리적 세계의 모형을 만들려는 이들이 경험에서 의미를 분석하고 건설하는데 사용되는 유도 질문guiding question 으로서 게슈탈트 원리를 사용할 수 있도록 지원해 줄 수 있을 것이다.

다음은 일반적인 형식의 유도 질문이다:

1) 근접성: 시공간에서 밀접한 관련이 있는 요소가 확인되고 분류되었을 때 어떤 의미의 패턴이 나타나는가?

2) 유사성: 비슷한 요소가 확인되고 분류되었을 때 어떤 패턴의 의미가 융합되는가?

3) 조화로운 연속성: 어떤 의미의 패턴이 현재의 유행이나 패턴에 영향받는 것처럼 보이는가?

4) 완결성: 어떤 패턴이 완전하고 전체적으로 보이는가?

5) 대칭성: 대비되고 균형 잡히고 모순적인 요소가 확인되고 분류되었을 때 어떤 의미의 패턴이 나타나는가?

6) 형상/배경: 어떤 의미의 패턴이 형상(물체, 형태)으로 나타

나며 그것의 의미 있는 배경은 무엇인가?

이런 방식의 사고와 인식이 이미 자연적 사고 과정의 일부가 되었기 때문에 의미를 추구하는 데 있어서 의도적이고 비평적으로 적용된다면 더 효과적일 것이라고 본다.

그러나 유도 질문들은 조심스럽게 적용되어야 한다. 그 질문들은 뇌의 지각 프로토콜을 근거로 하고 있으며 과학적 도구가 아니다. 그 질문들은 예감을 만들어낼 뿐 증명된 개발도구는 아니다. 우리가 비합리적이라는 말을 하려는 것이 아니다. 우리는 비합리적인 존재가 아니다. 오히려 뇌의 지각과 문제 풀이 프로그램은 우리가 상황을 즉시 파악하고 가장 짧은 시간 안에 결정을 내릴 수 있도록 한다. 우리는 정확도보다는 속도를 중시하게 만들어져 있기 때문에 교육자들은 학생들이 이 예감을 만들어내는 도구를 의식으로 끌어올릴 수 있도록 도우며, 학생들이 너무 작은 정보로 결론을 내리는 실수를 범하지 않도록 항상 조심하게 해야 한다. 우리의 자연적 경향은 요소를 분석하는 것보다는 의미를 만드는 것이다. 그러나, 비평적 사고는 우리의 초-물리적 세계의 모형을 강화시키는 중요한 부분이다. 여섯 가지 유도 질문은 의미를 분석하는 역할을 하는 여섯 개의 주의注意 질문을 동반하고 있다:

1) 근접성: 우리는 시공간적으로 가까운 사물과 사람, 아이디어, 그리고 사건들이 서로 관계가 있다고 기대한다. 그러나 그것은 착오일 수 있다. 다음의 질문으로 학생들의 마음에 그런 가능성을 염두에 두도록 한다: 시간적으로 가깝게 발생한 사건들이 서로 관련이 없을 가능성이 있는가? 아이디어나 의미가 단지 같이 떠올랐다고 해서 서로 연관시키지는 않았는가?

2) 유사성: 두 사건이 비슷한 요소를 가지고 있다고 해서 그들이 같은 의미를 지닌다고 할 수는 없다. 따라서 우리는 학생들이 그들의 초-물리적 모형을 만들도록 도와줄 때 다음의 질문들을 항상 유의해야 한다: 내가 보는 요소들은 기본적으로 비슷한 요소인가, 아니면 표면적으로만 비슷할 뿐인가? 내가 세운 가정을 무너뜨릴 기본적인 차이점을 놓치지는 않았는가?

3) 조화로운 연속성: 우리는 그림이나 착시를 통해 어떤 사물이 실제로 그렇지 않음에도 더 길거나 혹은 더 넓다고 느끼는 일이 얼마나 많은가? 우리는 역사나 정체성 등을 생각할 때 같은 착오를 범한다. 다음의 질문들은 이 실수를 염두에 둔다: 패턴에 관한 가정은 정당한가? 연속에만 의존하는 것이 아니라 다른 종류의 증거도 있는가?

4) 완결성: 흔히 사건이나 아이디어가 완전한 것처럼 보이더라도

훨씬 더 많은 것들이 이야기되거나 발전될 수 있다. 다음의 질문들로 이 가능성을 염두에 두어야 한다: 지각에 결여된 조각들을 너무 일찍 채워 넣지는 않았는가? 근거 없는 가정이나 논리로 비약하지 않았는가?

5) 대칭성: 때로 겉으로 보이는 균형이나 대칭성은 자세히 보면 그렇지 않은 경우가 있다. 두 사람이 꼭 빼닮았든지 두 사건이 비슷한 요소를 가지고 있든지, 더 깊은 곳에서는 대칭성이 거의 없을 수도 있다. 다음의 질문들은 이런 실제 가능성을 검토하는 것을 목표로 한다: 대칭성, 균형, 또는 대비가 인공적인가? 균형과 대칭이 나타나도록 과거의 경험에 대한 기억을 사용하고 있는가?

6) 형상/배경: 가장 흔한 시각적 착오 중의 하나는 형상-배경 혼동이다. 배경이 명확하지 않은 물체의 모양은 착오를 일으키기 쉽다. 아이디어와 의미에서도 마찬가지이다. 우리가 어떤 아이디어의 맥락을 잘못 이해하고 있다면 그 아이디어는 왜곡되기 쉽다. 다음의 질문은 이런 종류의 착오를 적시한다: 이 아이디어에 관한 다른 맥락이 있는가? 맥락의 본질이나 개념의 큰 그림에 관해 좋은 아이디어를 가지고 있는가?

표 6.1a

지각의 프로토콜과 여섯 가지 초-물리적 이미지 원이 교차하는 지점에서 발생하는 이론들

근접성

시공간에서 가까이 확인되고 분류되고 분류될 때 어떤 패턴이 나타나는가?

정체성	공동체	가치
내가 주위에 가까이 놓아두는 소유물로 나는 무엇을 말하는가? 좁은 시간의 공간에서 내가 취하는 행동 이면에는 무슨 의미가 있는가?	내가 유지하는 관계와 가까이 하는 사람들로 나는 무엇을 말하는가? 내 단체의 그물망은 의미의 패턴을 나타내는가? 여기—그리고—지금 공동체에 작용하는 영적 생태계가 있는가?	내가 택한 가치나 내가 아름다움을 정의한 방식에 근접성과 동시대성이 어떤 작용하는가? 그들이 시야에서 벗어났을 때 마음에서도 멀어지는가?
역사	**미래**	**우주**
가까운 시공간에서 일어나는 사건들이 조사될 때 어떤 진실이 나타나는가?	"과거의 도입부"는 어느 정도인가? 미래는 방금 발생한 사건에서 전개되어 나가야 하는가? 혹은 놀랄만한 것이 있을 수 있는가?	우리가 자연현상의 균형을 바라볼 때 어떤 진실이 발견되는가? 그리고 그들은 어떻게 작용하는가? "생태계의 원리"가 의미하는 바가 있는가?

유사성

유사한 요소가 분류될 때 어떤 의미 패턴이 나타나는가?

정체성 나는 누구의 것, 누구, 무엇인가?	공동체 나는 다른 사람들과 어떻게 연결되는가?	가치 무엇이 중요한가?
내 삶의 사건들에 어떤 유사성이 존재하며 그것이 어떤 의미를 드러내는가?	다른 사람과의 관계에서 나는 어떤 유사성을 경험하는가? 내 교우관계의 친족관계에서 관계의 주체가 드러나는가?	인간 행동이 사회조직과 공동선을 달성하는 방식에 유사성이 있는가? 이 패턴들은 사회적 행동에 대한 원리를 제시하는가?
역사 왜 사건이 일어나는가?	**미래** 무엇이 일어날 것인가?	**우주** 사건의 핵심은 무엇인가?
역사의 원인을 드러내는 과거의 사건들에 유사성이 존재하는가?	미래에 대한 희망과 예측을 위해 우리는 과거의 통찰을 투사한다. 이들 예측에는 유사성이 있는가? 다양한 예측에는 어떤 공통점이 있는가?	물리적 세계가 움직이는 방식에는 유사성이 있는가? 이 유사성은 창조 시에 작용하는 힘에 대한 패턴을 드러내는가?

표 6.1b

지각의 프로토콜과 여섯 가지 초-물리적 의미의 원이 교차하는 지점에서 발생하는 의문들

조화로운 연속성	현재의 경험이나 동향이 어떤 의미 패턴을 제시하는 듯 보이는가? 우리가 보고 경험하는 것으로부터 무엇을 "받아들일 수" 있는가?
가치	미학적 혹은 도덕적 통조가 계속된다면 그 결과는 무엇인가? 현재의 가치가 미래에도 계속되어야 하는가?
우주	어떤 의미 패턴이 우주에 대한 현 지식에 영향을 받은 것처럼 보이는가? 우리는 창조의 기원과 방향, 그리고 그것이 창조주와 유지자를 가리키는 충분한 창조의 퍼즐을 가지고 있는가?
정체성	나를 만드는 것은 무엇이라고 생각하는가? 나는 어디로 가고 있는가? 나는 무엇이 될 것인가?
역사	인간 드라마에 어떤 일이 계속 일어날 법 한가?
공동체	우리와 관계된 사람들에 대한 불충분한 지식을 고려해 볼 때 나는 다른 사람들을 믿을 수 있는가? 그들과 관계를 지속할 수 있는 믿음이 내게 있는가?
미래	어떤 현재의 동향이 다음에 일어날 일에 영향을 미칠 수 있을까?
연결성	완전하고 전체인 듯한, 완결된 패턴이 있는가?
정체성	완전하거나 전체적으로 보이는 태도와 기술 및 자기 이해가 내 정신에 있는가? 나는 총체적으로 나를 느끼는가? 나의 어떤 부분을 너무 일찍 차단하거나 틈났다고 선언했는가?
역사	역사에 무엇이 작용하는, 모든 시간에서 최소한 부분적으로라도 드러나는 어떤 통합하는 은전함이나 힘, 요소가 있는가? 새로운 시대가 시작되도록 과정을 거친 시대와 시기가 있는가?
가치	내 인생을 질적으로 완전하게 만드는 바른 행동과 미학의 통찰적 원리가 있는가?
공동체	내게는 의상과 갈등 그리고 결별을 견딜 수 있을 만큼 완전한 우정이나 친족 관계가 있는가? 타인을 배제하기 위해 내 관계의 염을 닫았는가?
미래	미래에 대한 계획이 있는가? 역사의 주체에는 완성이나 완결성이 있을 수 있는가? 시간은 언제가 영속일 것인가?
우주	우주에 관한 어떤 것을 우리는 확신할 수 있는가? 창조의 기원과 운명에 대해 결론내릴 만큼 우리는 창조를 잘 알고 있는가?

표 6.1c

지각의 프로토콜과 여섯 가지 초-몰입적 의미의 원이 교차하는 지점에서 발생하는 이문들

대칭성

대비되고 균형 잡고 상호모순적인 요소가 확인되고 분류될 때 어떤 의미 패턴이 나타나는가?

정체성
내 인생 이야기는 태도의 균형, 대조, 대비, 혹은 역설, 초점이나 목적을 드러내는가? 언제 그것들이 의미를 가지는가? 내 인생의 균형 잡힌 혹은 모순된 동기를 비교할 때 어떤 의미가 떠오르는가?

공동체
내가 그룹 혹은 우리, 친구 혹은 적으로 구분한 사람이나 단체를 조사할 때 그 공동체에 대해 무엇이 드러나는가? 나의 계층의 의미는 무엇인가?

가치
사회적 행동, 미학, 관습이 대조되고 대립되는 원리가 서로 "겨룰 때" 어떤 패턴이 나타나는가? 옳고/그름, 아름다움/추함 그 이상의 도덕적/미학적 대칭성이 있는가?

역사
대립되는 혹은 균형 잡힌 역사적 유행들이 평가될 때 어떤 의미 패턴이 나타나는가? 균형과 패턴을 나타내는 사건들을 만드는 데 작용하는 힘이 있을이 있는가?

미래
우리는 미래의 교통에 대해 말하지 못하지만 미래를 예측하기 위해 과거의 교통을 투사할 수 있다. 미래를 만들어 나갈 대립되고 균형 잡힌 힘은 무엇인가?

우주
우주의 작동에는 균형과 대칭성이 있을까, 그리고 이 패턴은 의미를 드러내는가?

형상과 배경

어떤 의미 패턴이 **형상**(주제, 목적 혹은 내용물)이 되며 어떤 것이 **배경**(뒷배경, 틀, 맥락)이 되는가?

정체성
나를 둘러싼 세계, 내가 차원 무대의 본질은 무엇인가? 나는 세상에서 어떤 특별한 점을 가지고 있나? 내가 존재하는 배경(물리적, 초-몰입적 배경)에 나는 어떻게 기여할 수 있나?

공동체
가족 구성원이자 친구로서 나는 누구인가? 나의 관계들은 누구를 위한 뒷배경가 아니면 관계가 중심 무대를 차지하고 나는 소품인가? 형상과 배경의 연극에서 내 민족성은 어떻게 작동하는가?

가치
선/악, 아름다움/추함의 관계에서 어떤 것이 형상이며 배경인가? 인간 생활을 좋게 해 줄 도덕적, 미학적 뒷배경이 있는가?

역사
사건들은 형상과 배경이 될 수 있다. 역사의 흐름 속에서 누구 모든 무엇이 형상(주인 행위 또는 중심 배우)이고, 무엇이 맥락 또는 상연(staging)인가?

미래
미래가 다가올에 따라 어떤 힘, 원리 또는 영향이 견고한 제로 남아있는가? 미래의 인간 생활을 가장 잘 육성하고 지지해줄 도덕적 혹은 미학적 "배경"이 있는가?

우주
창조의 본질과 의미 뒤에 무엇이 나는 어떻게 작동할 것인가? 그것은 통합성을 가지고 있는가? 우주의 중심에 있는 것과 어떻게 교통하고 관계할 것인가?

표 6.1은 게슈탈트 원리를 의미의 여섯 가지 초-물리적 단계(그림 6.1)와 엮은 격자이다. 이 격자는 각 교차 지점에서 발생하는 질문들로 채워져 있다. 내가 처음 이 격자를 채웠을 때 두 개의 아이디어가 떠올랐다. 하나는 이 질문이 교리문답을 닮았다는 것이다. 사실 그 질문들은 신학과 철학의 핵심적 질문으로, 그에 대한 대답은 한 사람의 신조를 이룬다. 두 번째는 이 질문들이 변하는 환경과 관련이 있다는 것이다. 내가 이 격자를 만들었을 때는 체르노빌 참사가 일어난 직후였다. 나는 텔레비전에서 그 뉴스를 보았다. 방송의 한 부분에서는 의미에 관한 질문들에 사람들이 대답하는 것을 도와주는, 능숙하고 세심하게 진행되는 대화의 힘에 대해 강조했다.

한 중학교에서 뉴스를 전하는 뉴스 해설자는 사회 수업을 하는 학생들에게서 받은 인상을 전하고 있었다. 교사는 이 사고에 관한 학생들의 생각과 느낌을 말하도록 유도하고 있었다. 학생들은 사고의 원인과 러시아와 미국의 핵기술의 차이점 등에 대한 의견을 나누고 있었다.

마지막으로 교사가 물었다. "너희들은 이 모든 것의 의미가 뭐라고 생각하니?" 몇몇 학생들이 무섭다고 말했고, 몇몇은 너무 멀리 떨어져 있어 별로 걱정이 안 된다고 말했다. 그런 다음 한 학생이 말했다. "러시아인들은 정확히 당할 만한 일을 당한 거라고 생각해요." 즉시 다른 학생이 말했다. "러시아인들에게 일어난 게 아니라 사람들에게 일어난 거라고! 우리가 러시아 정부와 같지 않을진 모르지만 그렇다고 그 일이 그들에게 일어나야 된다는 말은 아니지."

학급은 잠시 동안 조용해졌다. 교사는 학생들에게 사고 장소 근처에 가족이 있다면 기분이 어떨 것 같으냐고 물었다. 많은 학생들이 생각을 이야기했다. 뉴스 해설자는 공감과 연민에 관한 생각들로 결론을 맺었고 뉴스는 다른 화제로 넘어갔다.

격자를 보고 있을 때 그 해설자가 다시 생각났다. 그 학생들은 교사의 도움을 받아 사고의 여러 단계의 의미를 토론하고 있었다. 그들은 가치, 정체성, 역사, 그리고 미래에 관해 이야기하고 있었다. 그들의 대화에서는 뉴스의 사건과 러시아 사람에 관한 지각이 다루어졌다. 나눔과 청취, 논쟁이 섞인 가운데 학생들은 서로 도와 우리 모두가 범하기 쉬운 지각에 대한 몇 가지 실수를 피하고 있었다. 집단의 주고-받음에서 의미는 명료해지는 것이다.

다양한 지각이 교환되는 자유롭고 신뢰감 있는 대화 속에서 한 사람의 초-물리적 세계가 가장 명료해진다. 명료화 과정에 전념하고 그것의 원동력에 예민한 사람이 대화를 주도한다면 더욱 좋을 것이다. 명료화 과정 속에서 비평적 사고가 이루어진다. 어린아이들에게 적용되는 방법은 어른이나 청소년에게 적용되는 것과 다르지만, 모든 세대들은 상호 연관적이고 비평적으로 사고하도록 유도될 수 있다. 그 과정의 핵심에 있는 것은 물음과 북돋우는 질문으로 생겨나는 신뢰와 자유로운 분위기이다.

물리적 세계를 구성하는 데 너무나 필수적인 지각 프로토콜은 우리가 초-물리적 세계를 구성하는 데에도 역시 작동한다고 나는 말하고 있는 것이다. 종교교육에 대한 계획에 이 프로토콜이 더 많이 관여할수록 우리의 노력이 더 효과적일 것이다.

예배: 형상과 배경의 힘

가장 생산적인 지각 프로토콜은, 종교교육과 양육에 관한 참신한 사고를 생성시키는 관점에서, 형상과 배경을 구별하는 데 관련된 프로토콜이다.

형상-배경의 구심점으로서의 예배 경험을 생각해보자. 최근 종교 교육자들은 신앙 공동체의 정규 예배 의식에 참여하는 것이야말로 의미와 문화를 만드는 가장 강력한 힘이라는 확신으로 다시 돌아왔다.[1] 이 예배의 경험이 어떻게 종교적 실체를 만드는 힘인지 살펴보자.

인류학자는 예배를 신자 공동체가 그들의 문화가 형성된 이야기와, 문화의 의미와 예배 의식을 반복 연습하고 기억하는 특이한 인간 활동이라고 말한다.[2] 예배는 예배자를 믿음, 생활, 건강의 대상이자 근원과의 더 가까운 교제에 이르게 한다.

폴 틸리히Paul Tillich는 예배 경험과 종교 경험 일반을 개인의 궁극적 관심Ultimate Concern과 관련된 경험으로 묘사했다.[3] 개인의 궁극적 관심의 대상은 그 개인의 존재의 배경 즉, 신이다. 그렇다면 예배는, 한 개인이 신 또는 "궁극"이 있는 배경에 자신의 존재 혹은 정체성을 주된 질감, 깊이, 색깔로 고착시키는 사건이다. 이 유추를 이용해서 개인의 신을 정의하는 또 다른 방식은 세상에 대한 초-물리적 모형의 중심적 통합 요소를 정의하는 단어를 사용하는 것이다. 그런 단어와 상징이 예배의 내용이자 환경이 된다.

예배자와 예배를 고려해보자. 그것은 제2장에서 기술한 서커스 경험과 아주 닮았다. 신자가 예배 장소에 들어가면, 기대와 기억들이 낚여서 의식 속으로 "감겨" 들어온다. 아침의 느낌, 준비하는 절차, 예배 장소의 광경과 냄새들의 결합은 모형을 불러와서 우리 작업 기억 속에 저장한다. 예배자의 관점에서 예배는 생활의 일상적 맥락(환경)에서 벗어나 성스러운 맥락 속으로 들어가는 경험이다. 색, 상징들, 소리, 질감, 공간 및 다른 요소들은 개인이 살고 움직이고 존재할 수 있는 배경 또는 맥락을 형성한다. 또는, 지난 장에서 논의했던 모형화 단계로 말한다면, 우리의 정체성 모형은 형상이 되고 다른 초-물리적 모형들은 그것들이 예배의 감각들에서 표현되듯이 우리가 모습을 갖추게 되는 배경으로 작용한다. 그것은 극히 강력한 형상과 배경의 조합이 될 수 있다.

예배가 우리의 정체성에 아주 강력한 배경이 되는 유일한 시간과 장소는 아니다. 어떠한 제도적 환경도 우리에게 배경이 될 수 있다. 사실상, 어떠한 환경도 우리가 그것의 배경 위에서 움직일 때 우리를 일정한 정도로 재정립할 수 있다. 예배 환경의 고유함은 우리가 선택한 것이고 그것은 우주 모형에 관한 주제를 통합 원리로 가지고 있다. 메이저리그 야구 경기는 상징, 의식, 음악, 신화, 이야기, 열정이 풍부할지 모르겠지만, 대부분의 사람들은 경기장에 들어서면서 우주의 중심에 있는 것과 소통할 수 있다고 예감하지는 않는다. 그러나 야구 경기는 그 경기를 보러 갈 때 나라는 존재의 강력한 배경이 된다는 점에서 예배와 완전히 일치한다. 야구 경기와 예배는 다른 환경이 다루지 않는 일련의 행동과 가치들을 낚아 올린다. 존재하고 행동하는 하나의 압도적인 방식으로 나를 부른다.

예배 경험을 창조하는 사람들은 예술가들로서 성소, 집회, 만남의 집, 심지어 야외라는 캔버스에 배경을 "그리는" 사람들이다. 음악, 움직임, 말, 색, 옷, 이야기와 기도라는 팔레트를 사용하여 예배 예술가는 각 예배자가 형상이 되는 맥락을 그린다. 예배를 드리기 위해 그 맥락 속으로 들어서는 사람들은 그 경험이 그들의 정체성을 익숙한 방식으로 조명하고, 양육하고, 도전하고 강조할, 친숙한 "그림"을 그릴 것이라 기대하고 온다.

예배는 다음의 네 가지 중 한 가지 또는 몇 가지 조합을 유발할 수 있다. 1) 예배는 한 사람의 정체성과 자기 이해를 확인하고 양성할 수 있다. 2) 예배는 자기 이해를 뒤흔들고 도전하거나 변화시킬 수 있다. 3) 예배는 자기 이해에 영향을 미치는 명확한 배경을 그리는 데 실패할 수도 있다. 4) 예배는 자기 이해를 혼동시키고 와해시킬 수 있다.

대부분의 경우, 예배는 위의 네 가지 중 첫 번째를 완수하는 경향이 있다. 결국, 사람들은 선택의 여지가 있는 한, 자신의 정체성을 파괴하고 닳게 하는 것처럼 보이는 맥락 속에 계속 두지 않는다. 또한 사람들은 자신의 정체성과 관련이 없는 맥락 속에 자신을 계속 두지도 않는다. 나는 주류 중산층과 자유주의 신교도의 예배 참석자 수가 줄어드는 현상은 예배가 그들에게 혼란스럽고 부정적이거나, 아무런 차이도 만들지 못한다는 사실과 많은 연관이 있다고 생각한다.

이와 비슷하게, 성장하는 회중들은 예배자의 자기 이해를 확인하고 긍정적인 방법으로 고무시키거나 조각난 자기 이해를 재건하는 데 도움을 주는 예배 환경을 만들어 나간다.

"예배가 어떤 역할을 하는지"가 예배를 설계하는 데 첫 번째 고려 요소가 되어야 한다고 말하는 것이 아니다. 첫 번째 고려 요소는 믿음이라는 필수 요건이 되어야 할 것이다. 그러나 두 번째 고려 요소는 예배의 방식이 참가자들을 구속하고redemptive 양육하는 배경으로 작용해야 한다. 너무 자주, 예배 설계자는 예배가 교통해야 할 믿음의 깊이와 관계없이 단순히 "판매하는" 맥락을 만든다. 하비 콕스Harvey Cox의 용어를 빌리자면, 그런 종류의 예배는 단지 "영혼의 유혹seduction of the spirit"일 뿐이다.[4]

예배를 예로 드는 대신에, 형상-배경의 힘을 교실에서의 경험, 캠핑, 배낭 여행 혹은 위원회 회의에 쉽게 적용해볼 수 있다. 그들 각각은 우리의 형상, 우리 자신에 대한 배경이다. 각각은 현저하고 누적되는 힘을 발휘한다.

정체성 모형을 형성하고 정보를 주고 변화시키는 맥락 혹은 배경(예배나 교육 행사)의 힘 때문에, 그 과정에는 보살핌과 생각이 있어야만 한다. 그리스도교 예배의 경우, 첫 단계는 예배의 인도자가 복음이라는 의미의 배경 위에 자신을 놓는 것이다. 마찬가지로 유대교 예배에서는 랍비는 반드시 의미의 배경, 즉 토라 위에 자신을 놓아야 한다. 그럼으로써, 예배 인도자는 신앙 공동체의 초-물리적 의미가 공동체와 가장 잘 일치하는 자기 이해를 불러오도록 할 수 있다. 예배 설계자가 이 원천을 돌아본 후에야 비로소 회중 예배를 창조하는 행위가 시작될 수 있다. 이것은 교사가 종교교육 경험을 만드는 것과 조금도 다르지 않다.

우리는 보다 큰 그림의 맥락에서 우리가 누구이며 누구의 존재라는 것을 알게 되었다. 예배, 교육, 그리고 공동체 생활은 사람들이 형태를 갖추는 "배경"만이 아니라 이 큰 그림의 가장 강력한 잠재적 존재이다. 이것은 사람들이 세상의 믿음 깊은 모형을 형성하는 효과적인 장場이며 이들은 순례자가 인생의 퍼즐에 답을 찾는 구원하는 장소이다. 믿음의 순례자가 내가 제시했던 의미 질문들에 초점을 맞추도록 어느 정도까지 격려해야 할까? 우리의 교육과정은 그 추구를 격려하고 있는가? 예배는 그 질문과 대답을 기념하는가?

요약

일반적으로 맑은 밤하늘 아래 야외에서 등을 대고 누워있는 것은 인지와 지각의 메커니즘을 투영하는 경우라고 할 수 없다. 주로 이것은 로맨스, 감탄, 철학적 사색, 질문이 있을 때, 아니면 그저 느긋하게 있을 때이다. 우리 뇌가 별들의 근접성, 유사성, 그리고 나머지 모든 것에서 숨겨진 패턴과 의미를 찾느라 쉴 틈 없는 임무를 수행할 때, 우리는 우주가 저 높은 곳에서 상상 저편까지 펼쳐져 있다는 것을 인식한다. 때로 우주의 크기와 넓이를 너무나 잘 인식한 나머지 우주의 거대한 캔버스가 우리의 바로 그 존재를 재정의하는 역할을 할 때가 있다. 우리는 별의 패턴으로 가득 찬 하늘 전체를 느끼는 것과 마찬가지로 너무나 커서 거의 받아들이기 어려운 우주적 의미 또한 느낀다. 이러한 지능, 정신, 감정의 비행은 지각의 메커니즘들이 있기 때문에 가능한 것이다. 그들은 마치 우주 전체가 쏟아져 들어오는 문과 같고 우리 뇌의 시냅스가 만드는 작은 우주에 그 모든 것을 담는 제작소와 같다.

제7장

은유와 이해
Metaphor and Understanding

통찰과 은유

이해는 **투쟁**을 통해서 얻을 수 있다. 그것은 찾고자 하는 사람이 적절한 의미, 기꺼이 혼돈을 감수하려는 마음가짐, 내부의 패턴에 대한 은유를 발견하려는 인내심으로 무장되어 혼돈과 용감히 맞설 때 얻어진다.

이해를 위한 투쟁의 예를 생각해보자. 마이클은 활동적인 마음과 활달한 상상력을 가지고 있다. 그는 알고 이해하고 싶어 한다. 그는 알지 못하는 것을 싫어한다. 그는 알지 못한다는 것을 불편하게 여긴다. 나는 마이클이 어떤 아이디어에 대해 불편해하거나 당황할 때를 대체로 안다. 그는 **강한 턱을 가진 불도그처럼 혼돈을 물고 늘어질** 것이다. 말하자면, 마이클은 화를 내는 것이 아니라, 신비를 맛보고 그 비밀을 알려는 흥미와 확고한 태도를 가지고 있다.

나는 초등학교 1학년부터 6학년으로 구성된 주일 학교 학급을 맡고 있었다. 마이클은 4학년을 막 마친 참이었다. 우리 학급은 하나님의 훌륭하신 창조와, 하나님의 청지기로 그것을 보살피는 우리를 주제로 한 여름성경학교였다. 방 주위에는 간단한 과학 실험과 미술 또는 학습 과제를 통해 세계에 관한 것을 발견하도록 만든 학습 센터가 있었다. 마이클은 행성, 자석, 모터에 대해 배우고 싶어 했다.

어느 날 우리는 기도로 수업을 시작하고 있었다. 몇몇 아이들이 그들의 반려동물, 가족, 생명을 보살피시는 하나님께 감사하는 기도를 드렸다. 한 아이는 하나님이 자기의 (싸움하다 다친) 고양이를 낫게 해주실 거라고 기도했다. 기도가 끝난 뒤 나는 마이클이 **불도그** 표정을 짓고 있는 것을 발견했다. 마이클은 도서관 선반에서 사전을 꺼내 들고 뭔가 찾아보더니 성경 찾기 테이블로 가서 원하던 구절을 찾은 다음 돌아와 앉았다.

수업 시간이 다 끝나가도록 마이크는 앉아 있었다. 나는 그의 옆에 가서 앉아서 무슨 생각을 하느냐고 물었다.

"이해가 안 돼요!" 그가 목소리를 높였다. "하나님한테는 법이 있잖아요. 그 법을 어기면 다치게 되잖아요, 에이프릴의 고양이처럼. 근데 왜 하나님이 고양이를 고쳐줘야 하죠? 우리 개는 차에 치여 죽었어요. 내가 기도했더라면 하나님은 세상을 멈추고 우리 개를 구해줬을까요? 엄마가 그러는데 사고는 항상 일어나는 거고 하나님은 슬퍼하신대요. 그래도 하나님은 매번 나쁜 사고가 일어날 때마다 법을 바꿀 수는 없대요. 고양이가 나으면 저는 화가 날 거예요! 전 기도가 좋지만 그래도 기도가 마술을 부리진 않는다고 생각해요. 만약 그렇다면 하나님은 우리가 기도하는 것만 들어주시겠죠? 엄마는 기도가 **산타의 목록** 같은 건 **아니랬어요**."

나는 몇 분 동안 듣고 있었다(마이클은 자기 감정을 표현하는데 막 힘이 없다). 그리고 아까 책에서 무엇을 발견했느냐고 물었다. "사전엔 기도가 '솔직한 간구'라고 쓰여 있었어요. 엄마는 기도가 하나님에게 말하는 거랬어요. 기도는 하나님에게 내게 일어난 일이나, 마음속에 있는 것, 뭐 그런 걸 말하는 거래요. 어떨 땐 제가 기쁘거나 무섭거나 아니면 화나 있다고요. 전 하나님에게 충고나 뭐 그런 걸 바라는 거예요. 그러나 빌지는 않아요. 아까 읽어주신 성경 **구절**엔 장막 안에서 모세가 하나님과 말다툼을 했다고 했잖아요. 좀 혼란스러워요." 수업은 끝났고 우리는 나중에 그의 혼동에 대해 좀 더 이야기하기로 했다.

그 다음 주 기도 시간에 에이프릴은 하나님께 자기 고양이가 낫고 있다고 감사기도를 드렸다. 에이프릴이 고양이를 데리고 수의사에게 가던 일과 고양이 다리에 감겨있는 붕대 이야기를 하는 동안 마이클은 조용히 듣고 있었다. 에이프릴이 이야기를 끝내자 마이클은 "수의사 때문이야."라고 말했다. 자석 테이블로 가면서 그는 여전히 얼굴에 그 **불도그** 표정을 짓고 있었다.

약 5분 후 나는 자석 테이블에서 나는 **큰소리**를 들었다. 마이클이 나를 급히 부르고 있었다.

"여기 보세요!" 그가 눈을 동그랗게 뜨고 말했다. 마이클은 종이 위에 쇳가루를 뿌렸다. "**엉망**이죠." 그가 검은 가루를 가리키며 말했다. 그런 다음 그는 자석을 종이 밑에 갖다 댔다. 검은 가루는 자석의 자장에 따라 줄지어 늘어섰다. 모두 다! **불도그** 표정은 사라졌다. 그곳엔 **불타는 덤불**을 만난 꼬마 모세가 있었다. 나는 마이클이 그 종이에서 무엇을 보았는지 알지 못하는 **어둠 속에** 있었다. "그게 무슨 뜻이니, 마이클?" 내가 물었다.

"이 쇳가루가 저예요. 자석은 하나님이고요. 기도할 땐 저의 **엉망인** 생각을 하나님의 자석에 갖다 대는 거예요. 저는 그것들을 나누는 거예요. 저는 *저*를 나누고, 더 많이 이야기할수록 더 바로 잡혀요." 그의 깨달음은 아직 말로 다 표현되지 않고 있었다. "**조화**라는 말이니?" 내가 덧붙였다. "네, 그리고 **모습**이요. 그리고 나는 *나*인 것 같아요!" 그가 단언했다. "**하나님은 내 자석이에요!**"

"에이프릴의 고양이와 너의 개는?" 내가 물었다.

"수의사와 자동차요." 그가 대답했다. "수의사는 고양이를 낫게 했고 차는 내 개를 죽였어요. 하나님께 물어보고 알려 드릴게요." 그가 장난스레 말했다. 고양이가 낫고 개가 죽은 것은 더 이상 문제가 아니었다. 마이클은 자신을 위한 기도를 발견했던 것이다.

다시 말하지만, 이해는 투쟁을 통해 얻어진다. 찾는 사람이 적절한 의미와, 기꺼이 혼동을 감수하려는 마음가짐과 내부의 패턴에 대한 은유를 발견하려는 인내심으로 무장되어 혼돈과 용감히 맞설 때 얼어진다. 마이클은 이해했던 것이다.

은유하기

이해 과정의 **핵심**에는 다음의 사고 전략이 있다. 친숙한 것과 이해하고 싶은 것들 사이에 은유적 연관성을 만들고 비교하고 대비하려는 충동 말이다. 이는 마이클에게 일어났던 것들이다. 이것은 학습하고 습득할 때 우리 모두에게 일어나는 일이다. 기존에 알고 있던 패턴과 의미는 새로운 경험 주위에 **윤곽선을 그리고** 우리의 의미 세계에 접근할 수 있게 한다. 그것을 은유하기라고 부르자. 우리가 태어나서 감각을 통해 세상을 받아들이자마자 **작동하는** 것은 인지 프로그램이다. 우리의 일생 동안 이 프로그램은 계속 작동하며 개념적 학습과 모형화를 가능하게 한다.[1] 그것은 다음과 같이 일어난다.

당신이 개를 한 번도 본 적 없는 어린아이라고 가정해보자. 당신은 곰이라고 불리는 봉제 인형을 가지고 있다. 예삐(말), 조지(원숭이)라고 불리는 인형도 가지고 있지만, 당신은 뛰어다니고 꼬리치는 살아있는 개는 본 적이 없다.

그러던 어느 날, 당신은 진짜 강아지를 선물로 받는다. 당신의 뇌는 그 현상을 **받아들이면서** 그와 연결지을 수 있는 기억을 "찾기" 시작한다. 그 강아지는 당신의 봉제 인형들 정도의 크기이다. 그것은 원숭이의 색깔, 곰의 눈, 그리고 말의 털을 가졌다. 네 개의 발과 꼬리도 있다. 아마 그중에 하나일 것이다. 그러나 그것은 스스로 움직인다, 당신처럼! 그것은 소리도 낼 수 있고, 먹고, 엉망으로 만들고, 핥고 물기도 한다. 그것은 무엇인가?

누군가 이 봉제 인형이 개라고 말해준다. 그런 다음 이름을 지어주라고 한다. 많은 반려동물 이름(서전트, 해피, 스파이크, 킬러, 플러프)처럼, 그 반려동물을 묘사하는 데 은유가 선택된다. 당신이 뛰고 구르고 소리 지르고 어지럽힐 때, 부모는 당신을 "꼬마 도깨비(디킨스)"라고 부른다. 이 개의 **핵심**도 그와 같아 보인다. 그래서 "디킨스"라고 이름 붙인다. 당신은 개의 은유이다. 다른 봉제 인형 또한 이 개를 확인하는 데 참여한다. 디킨스는 봉제 인형이 속한 "반려동물" 그룹에 속한다.

새로운 경험은 기억에 남아있는 **비슷한 무언가**와 닮았다는 사실을 확인하면서 이해된다. 당신이 자라면서 디킨스는 새로운 경험의 은유를 수행할 것이다. 그 개가 당신에게 의미하는 것은 기억에 저장되었고 미래의 이해를 위한 새 **건축 블록** 역할을 할 것이다.

은유적 연관성을 만들려는 우리의 욕구는 너무나 자연스럽고 사라지지 않는 것이어서 우리는 **표면적으로** 보기에 난센스인 것들로도 그렇게 한다.[2] 예를 들면, 그림 7.1을 보자. 어떤 모양이 "말루마

Maluma"처럼 보이고 어떤 모양이 "투카티Tukatee"처럼 보이는가? 거의 모든 사람들은 "A"를 "말루마Maluma"와 연결 짓고 "B"를 "투카티Tukatee"와 연결시킨다. 소리는 모양에 대한 은유이며 그 반대도 마찬가지다.

이것은 강력한 인지 전략이다. 우리는 태어날 때부터 이것을 가지고 있는 것 같다. 내가 이것을 "은유하기"라고 부르는 이유는 그 과정의 중심에 있는 비교/대비 때문이다. 어떤 단어나 묘사가 새로운

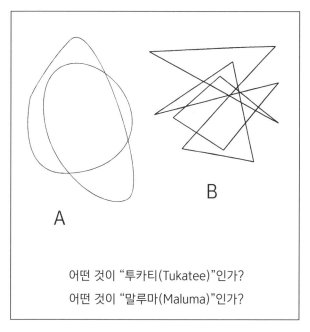

어떤 것이 "투카티(Tukatee)"인가?
어떤 것이 "말루마(Maluma)"인가?

그림 7.1

경험과 정확히 똑같을 때, 그것은 **은유가 아니라** 정의 또는 **동등성**(예를 들어, 인간의 죽음은 뇌의 모든 기능을 되돌릴 수 없는 정지이다)이다. 그러나 새로운 경험이 기억과 거의 비슷하고 규모에서 차이를 보일 때, 그것은 우리가 유비(예를 들어, 죽음은 깊은 잠이다)라고 부르는 은유적 연관성이다. 경험이나 아이디어가 비슷한 성질을 띠지만 명확하게 차이가 있을 때, 이것은 우리가 풍자, 표상, 심상, 우화, 상징(예를 들어, 죽음은 그러나 불꽃의 소멸이다)이라고 부르는 은유적 연관성이다.

은유metaphor라는 단어는 두 가지 그리스어 단어, *메타*(*meta*: 함께, 넘어서, 뒤에, 위에 등 많은 공간적 개념을 나타낸다)와 *페레인*(*pherein*: ~을 가지고)에서 유래되었다. 글자 그대로 표현하자면 (어떤 것을) 가지고 간다는 뜻이다. (우리의 단어가 대개 그렇듯이, 이것 또한 추상적 개념에 적용된 사실적 행동의 은유이다.)

물질적이지 않은 관념을 쌓기 위해 우리는 끊임없이 물질적 은유를 사용한다. 내가 딸에게 "넌 나의 햇볕이야."라고 말하는 것은 내 딸 사라에 대한 경험과 햇빛에 대한 경험을 결합하는 것이다. 나는 내 딸에 대한 경험과 기억을 **묶어서** 하나의 이름, 사라라고 부른다. 그런 다음 나는 딸을 햇빛과 비교함으로써 딸이 내게 의미하는 것에 대한 어떤 것을 단언한다. 비교하고 묶는 것은 내가 물질적, 경험적 세계를 이용해서 초-물리적 세계의 의미를 좀 더 쉽게 **조명**할 수 있도록 만든다. 사실 대부분(혹은 전부)의 유비와 은유는 물질적 경험에서 나오며 물리적 세계와 초-물리적 세계를 연결한다.

우리 인간은 감각으로 경험되는 것들을 관념의 세계에 연결시키는 비교 행위를 하지 않고는 못 배기는 존재다. 우리의 언어는 수많은 예시들로 **뒤덮여 있다**. 예를 들어, 순박하고 천진난만한 젊은이는 **"솜털이 보송보송한"** 애송이다. 서로 좋아하고 잘 지내는 두 사람은 **"단짝"**이다. 그 존재만으로 다른 사람의 잔치나 모임의 흥을 깨는 사람은 **"초 치는 사람"**이다.

때로 은유는 그 발생 시기가 우리의 현재 경험과 너무 멀리 떨어져 있어서 연관성은 **희미하지만** 그 의미는 남아있다. 나는 이것을 좋아한다.

"바람에 날리는 세 장의 시트three sheets to the wind"는 당연히, 술에 취해 쓰러지는 것, 술을 지나치게 마셔서 비틀거리는 것, "바다 절반으로 넘어간half-seas over(거나하게 취한 상태를 뜻한다)" 보다 좀 더 취한 상태를 말한다. 흔히 쓰는 많은 표현과 마찬가지로 이 말의 유래도 범선 항해 시대로 거슬러 올라간다. 그러나 육지 사람들이 추측하는 것과 달리 항해 용어에서 시트는 돛이 아니라 돛의 한쪽 모서리에 달려 돛의 형상을 조절하는 밧줄이나 체인을 말한다. 강한 바람 속에서 시트가 느슨하게 되면 "바람 속에 있다"고 말하는데 당김 없이 펄럭거리는 상태가 된다. 강풍 속에서 시트 세 개 모두가 느슨하게 되면 배는 술 취한 사람처럼 휘청거리고 비틀거리게 된다.[3]

각각의 이런 예에서 친숙하고 **구체적인** 경험과 비교함으로써 좀 더 추상적이고 미묘한 관념을 이해할 수 있다. 이 장에서 굵은 글자로 쓰인 단어를 돌아보자. 글자 그대로, 그리고 그 단어 자체로, 그 단어들은 보통 구체적인 어떤 것을 가리킨다. 문단의 생각을 나타내는 문맥에서 그 단어들은 개념에 의미를 부여하거나, 경험에 깊이를 더한다. 우리는 은유 없이 소통하거나 이해할 수 없다.

건축 블록 역할을 하는 몇 가지의 간단한 경험과 의미를 찾고 저장하는 가장 기본적인 전략이 접착제 역할을 하여, 각 사람은 날 때부터 의미의 거대한 구조를 쌓아 올리기 시작한다. 영아의 뇌에 기록되는 모든 순간의 지각과 감각은 이름, 묘사, 범주, 관념, 그리고 모형을 형성하기 위해 다른 것에 축적되고 시멘트로 발라지는 집과 같다. 이들 의미 구조는 먼저 구체적인 것과 경험들을 가리킨다. 어린아이가 경험을 더하고 더 복잡한 세상의 모형을 만들어가면서, 이 단어들을 좀 더 추상적인 경험을 묘사하는 데 사용한다. 이 발달과정은 장 피아제Jean Piaget를 비롯한 행동과학자들과 줄리언 제인스 Julian Jaynes 같은 언어학자들이 잘 정리했다. 이 과정은 도로를 포장하는 것보다는 피라미드를 쌓는 것과 비슷하다. 의미 구조는 적층적이다.

은유의 힘

그래서 어떻다는 것인가? 의미를 만드는 과정을 안다고 해서 무엇이 달라지는가? 답은 간단하다. 우리가 다른 사람이 하나님의 창조를 모형화하는 관념과 의미를 구성하는 데 도움을 주는 역할을 한다면, 우리 각자가 자연스럽게 생각하고 이해하는 것에 맞춰서 해보자. 어찌하든, 이 은유의 과정은 강력하다. 이 힘에 다가가 보자.

은유하는 사고는 최소한 다음과 같은 방법으로 강력하다.

1) 은유와 유비는 혼란스러운 경험을 명확하게 하고 조명
한다.
2) 우리가 알고 있는 것을 모르는 사람들과 경험을 소통
하는 데 쓰이는 강력한 도구이다.
3) 주의를 지시하고 가치를 재배열한다.
4) 육체적, 심리적 건강에 영향을 미칠 수 있다.

5) 경험을 넓게 볼 수 있도록 돕는다.

6) 인지적 도약, 창조적 통찰, 그리고 지적 성장을 가능하게 한다.

7) 수많은 정보 또는 다루기 힘든 경험들을 모아서 더 쉽게 기억되고 쓸 수 있는 완전한 것으로 덩어리를 만든다.

8) 한층 더 완전한 지식이 변별될 때까지 전적이고 "완전한" 지식을 대신할 수 있는 의미 건축 블록이다.

종교교육에 관련된 몇 가지 교수법과 함께 이들을 각각 차례로 살펴보자.

은유와 유비는 혼란스러운 경험을 명확하게 하고 조명한다.

마이클은 인생의 혼돈을 그가 새로이 발견한 은유로 물리쳤다. 자석과 비교함으로써 그는 기도에 관해 새롭게 인식하게 되었다. 인지과학자들은 이 은유 전략이 문제 해결에 관해 주변부가 아니라 사고의 핵심에 위치한다는 것을 깨닫고 있다. 우리는 연역이나 귀납의 형식적 논리작용보다는 유비를 통해 자연스럽게 생각하고 결정한다.[4] 우리는 논리를 사용할 수 있지만, 은유하기를 통해 사물을 이해하는 때가 더 많다. 오래된 모형이나 기억에 자연스러운 방법은 새로운 경험에 의미를 부여하는 것이다.

우리는 기존의 알고 있는 것과 모호한 것의 관계, 즉 질적이거나 (내 사랑은 빨갛고 빨간 장미와 같네), 양적이거나(한 떼의 원숭이보다 더한 웃음), 혹은 조합된(나는 연보다 더 높이 하늘을 나는 기분이다) 관계를 찾기 위해 자연스럽게 발버둥 친다. 우리가 이 유사점들을 발견할 때, 오래된 무언가가 우리로 하여금 새로운 것을 파악하게 해준다. 마이클에게 은유의 발견은 그의 종교적 세계의 질서를 되찾게 해주었다.

질서를 만드는 은유는 언어나 기억일 필요도 없고, 묘사하기 쉽도록 유사할 필요도 없다. 그들은 예술, 음악, 자연 혹은 어디인 줄 아는 누구로부터 나온, 말로 표현할 수 없는 "공명resonances"으로 일어난다. 개인적인 예를 들어 보겠다.

내 부친은 1992년 가을에 돌아가셨다. 수년에 걸친 심장 이상과, 흡연, 알콜 중독으로 지친 몸은 그대로 멈춰버렸다. 하지만 말년에는 술을 끊고 수많은 사람들을 알코올 중독자 갱생회Alcoholics Anonymous의 12단계 재활 프로그램으로 인도했기 때문에 나는 부친과 가까이 지내게 되었다. 그러나 장례식에서는 무덤덤했다. 조의를 표하는 그 모든 완곡 어구와 진부한 표현에 짜증만 느꼈을 뿐 별다른 감정을 느낄 수 없었다. 사실상 나는 약간 화가 나 있었던 것 같다. 화 말고 다른 것은 기억나지 않는다. 가끔 진실된 슬픔과 안타까움을 표현하는 몇몇 사람들에게 공감하던 것 말고는 나는 거의 담담했다.

장례식이 끝난 후 내가 경험한 것은 일반적 종류의 불편함, 그리고 무엇에 혹은 누구에게 향한 것인지 알 수 없던 짜증이었다. 나는 그냥 불안했고 조바심이 났다. 나는 한 번에 오랫동안 집중할 수 없었고 어떤 것에도 흥분하거나 열광할 수 없었다. 매일이 그런 식이었다.

장례식이 끝난 2주 후, 어느 날 밤 나는 회의를 끝내고 차를 몰고 집으로 돌아오고 있었다. 라디오의 클래식 음악 채널에서 호아킨 로드리고Joaquin Rodrigo의 기타와 오케스트라를 위한 "아라후에즈 협주곡"이 흘러나왔다. 2악장은 옛 스페인이 빚어내고 로드리고가 되찾은 특유의 열정과 단순한 단조의 느낌이 충만한 느린 아다지오였다. 나는 무방비 상태로 그 구슬픈 음악에 사로잡혔다. 아버지의 죽음 이후 나를 감싸고 있던 감정의 공해가 걸러지고 정화돼서 마치 양동이 아래 서 있는 것처럼 내 머리 위로 퍼부어지는 것 같았다. 그 슬프고 애잔한 음악은 나와 내 슬픔을 끌어모아 주체할 수 없는 눈물을 흘러내리게 했다. 나는 차를 세우고 음악을 들으면서 울었다. 오케스트라와 기타는 지난 몇 주간의 감정의 혼돈에 형태를 부여하고 내가 빠져있던 연옥 속에서 나를 불러냈다.

그 음악은 슬픔의 은유였다. 나에게는 그런 슬픔을 느껴본 경험이 없었다. 나는 그것이 의미하는 것을 설명해 줄 어떤 조언이, 어떤 실마리가 필요했다. 언어는 나를 정화해 주지 못했을 것으로 생각한다. 오직 그 음악만이 가능했다. 슬픔은 어떤 것일까? 그것은 로드리고의 아랑후에즈 협주곡의 아다지오 같다. 그 음악이 내게 무엇을 했을까? 내 감정의 혼돈 상태를 걷어내고 아버지를 그리워하게 만들었다. 나는 내 혼동과 함께 발버둥 쳐야 했다. 나는 음악이 내 곁에 있었고 음악이 주는 구속의 의미를 우연히 접하게 된 것에 감사한다.

은유는 모든 감각기관을 통해 우리에게 올 수 있고 어떤 매체를 통해서도 전달되며 모든 차원에서 우리의 마음을 만진다.

종교교육은 혼돈으로부터 종교적 의미를 짜내려는 귀중한 학습자를 위한 세 가지 조건을 제공함으로써 어떤 형태의 "발버둥 침"을 장려해야 한다. 내가 생각하고 있는 것이 잘 다듬어진 것은 아니다. 사실상, 은유하기를 위한 공간을 제공하는 학급, 모임, 행사는 혼돈의 단면에 단지 한두 걸음 가는 것처럼 보인다. 하지만 괜찮다. 의미의 창조와 형성에 대한 탁월한 예시로 창세기 1장에 쓰인 바와 같이, 의미에 대한 하나님의 표현은 혼돈과 무에서 창조되었다.

우리는 학습 현장에서 사용될 세 가지 조건을 보장함으로써 필요한 발버둥 침과 발견을 장려할 수 있다. 세 가지 조건은 1) 발견을 위한 공간 2) 발견을 성찰할 기회 3) 인생의 걱정거리, 종교적 관념, 은유가 충돌하는 영적 교차로spiritual intersection이다. 이 조건들은 학생들의 능력과 나이에 맞게 준비되어야 하지만, 나이에 상관없이 우리 각자는 의미 만들기를 위해 이 조건이 필요하다. 각 조건을 살펴보자.

1) 우리가 제공하는 **공간**은 어디든지 될 수 있다. 유대인들이 새 목초지를 발견한 어디에서든 성막을 펼쳤던 것처럼 교육자들 또한 어디든 학습장소를 만들 수 있는 행동력을 발휘해야 한다. 그리고 교실이 만들어지면 우리 교육자들은 은유를 발견할 수 있는 풍부한 환경을 제공하는 도구, 장난감, 교과서, 의상, 소품, 자연, 공예, 미디어, 이야기, 음악, 미술, 소품, 공예품 등을 제공할 책임이 있다.

2) 이 발견 공간에 더해서 학습자에게는 그들의 통찰을 생각하고 시험할, **성찰을 위한 기회**가 필요하다. 나는 로스 스나이더 박사로부터 다시 한번 영향을 받는다. 스나이더 박사는 인지 과학에서의 그의 방법을 종교교육까지 발전시키지는 않았지만, 은유와 개념적 학습에 대한 그의 통찰은 이 방법과 어울린다. 1961년 세계 교회 협

의회에서 발간된 논문집에서 그는 의미 만들기와 모형화가 핵심인 청소년 사역에 대한 그의 방법을 서술했다. 이 논문집은 ≪의미의 사역(The Ministry of Meaning)≫이다.[5] 스나이더 박사는 성찰과 의미 만들기에 관한 세 가지 핵심적 요소를 기술했다. 바로 잠수하기, 짝짓기, 그리고 기념하기이다.

"잠수하기"는 학생이 **스스로** 참신한 통찰을 가지도록 북돋우는 전략이다. 스나이더에게 이 단계에서 교사의 역할은 개인적 성찰을 장려하는 것이다. 그는 이 잠수 시간이 떠오르는 아이디어를 쓰고 작곡하고, 조각하고 본을 뜨고 건설해서 참신한 은유가 학생 앞에 현실로 나타내는 기회라고 시사했다.

성찰 과정의 두 번째 단계는 스나이더가 **"짝짓기"**라고 부르는 것이다. 개인의 아이디어와 통찰을 다른 사람의 것과 연결하는 전략을 지칭한다. 이것은 보여주고 말하고 개선하는 집단적 과정이다. 숙련된 교사는 각 학생들이 새롭게 만든 그들의 세상을 다른 학생들에게 드러내면서 우호적 분위기에서 비평적 사고가 가능한 어떤 종류의 상호 작용을 장려할 것이다.

마지막으로 스나이더는 학습자에게 그들의 은유, 통찰, 헌신, 그리고 답을 찾지 못한 질문들을 **예배 의식**에서 승화시킬 기회가 있어야 한다고 제안한다. 교사는 교사로서의 기술뿐만 아니라 설교자의 기술도 필요하다. 교사는 학생들이 노래 부르고 축도하고 그들의 의미의 세계를 모든 의미의 중심에 있는 존재에게 드리도록 독려할 필요가 있다. 표 7.1의 성찰의 기술에 대한 예를 보자. 이것을 보고 성찰을 장려할 또 다른 방법을 생각해보자.

3) 은유를 사용하는 종교적 사고를 만들어내는 세 번째 조건은 인생의 고민, 종교적 관념과 은유가 섞이고 충돌하는 영적 교차로를

표 7.1

성찰 전략 목록

잠수하기	**짝짓기**	**기념하기**
다음을 사용해서 떠오르는 의미의 은유 만들기	다음을 통해 다른 사람의 은유 표현을 연결하기	다음을 가지고 통합적 예배에서 의미 들어 올리기
찰흙 조각하기	드라마	노래 부르기
이야기 쓰기	보여주고 이야기하기	독서
시 쓰기	춤	춤
나무 조각하기	비디오 제작	음악 만들기
그림 그리기	집단 벽화	기도
현수막 만들기	집단 현수막	현수막
사진	두 명 이상 짝지어 수행된	드라마
잡지	잠수 항목의 활동	합창하듯이 읽기
음악	그룹으로 만든 책	행진
그리기	음악 만들기	예배 의식의 요소로
종이접기		잠수와 짝짓기 항목에서
다이어그램		만들어진 것을 사용하기

만드는 것이다. 나는 학생들과 그들에게 매일 일어나는 즐거움과 고민을 종교적 문화와 나란히 놓을 학급, 방, 집단, 경험에 관해 계속 생각하고 있다. 이 초-물리적 교차로는 위험하고 위협적이거나 당황스러운 것이 될 수 있다. 따라서 구속적 공동체의 보살핌 속에서 일어나는 것이 중요하다. 은총과 사랑과 존경이 관계 짓기의 규범인 곳에서 그룹들은 아이디어와 유대의 싹을 틔울 온실 역할을 할 수 있다. 이런 구속적 생태계 속에서 성찰은 공포와 권위주의에 영향받지 않고 일어날 수 있다.

은유는 경험을 소통하는 강력한 도구이다.

세 번째로, 은유는 우리의 생각을 다른 사람에게 드러내기 때문에 은유적 사고는 강력하다. 그것은 우리가 소통할 수 있게 한다. 우리는 인생을 내면적이고 개인적으로 경험한다. 그러나 우리는 개인적 의미의 세계를 퍼뜨려서 동료들이 우리가 알고 있는 것을 알게 하는 기회를 열심히 찾는다. 다음 두 가지, 공통된 생명 작용과 문화가 이것을 가능하게 한다. 사람들의 집단은 역사, 언어, 상징, 경험, 미디어, 몸짓 등을 공유하기 때문에 집단적 의미의 세계가 처음부터 존재한다. 우리가 같은 생명 작용을 공유하기 때문에 수많은 경험을 나누는 것이다. 그러나 우리가 공유하는 문화와 경험은 우리의 내면 세계를 늘어놓는 테이블 역할만 할 뿐이다. 우리는 여전히 우리 자신을 드러내놓기로 선택한 사람들에게 우리 삶의 자세한 부분까지 닿게 하는 길을 끊임없이 찾아야 한다.

은유는 일본 시의 형식인 하이쿠Haiku처럼 숭고하거나, 주먹으로 테이블을 쾅 내리치는 것처럼 명확하다. 사랑 노래처럼 아름답거나 침 뱉기처럼 추하다. 은유는 그림("나는 휘슬러의 어머니처럼 늙은 것 같았다"), 다이어그램("지도 위의 파란 선을 따라가 보자"), 시각적 이미지, 이야기되거나 노래 불린 것("물살 위에 놓인 다리처럼"), 소리("웃음의 폭발"), 수식("네가 5X5라고 하는 게 들려"), 냄새("그곳은 외양간 냄새가 났다"), 감정적 은유("화난 구름"), 수학적 은유("2 더하기 2처럼 간단한"), 공간적 은유("기분이 밑바닥인"), 사회와 역할의 은유("자매처럼 가까운") 등이 될 수 있다.

문화와 역사에 우리가 더 많이 노출될수록, 더 많은 은유를 쓸 수 있으며, 마음속에 있는 것들을 더 효과적으로 소통할 수 있다. 그것은 노출의 문제이고 학생들이 은유적 표현들을 사용해 보는 기회를 제공하는 문제이다. 학생들이 그림, 조각, 다이어그램, 음악, 몸짓/춤에서 싹트는 생각을 시 또는 이야기로 나타내도록 격려하자. 그들의 아이디어는 점점 명확해지고 생각을 교류하는 능력도 점점 효율적이 될 것이다.

은유는 주의를 지시하고 가치를 재배열한다.

아이디어, 집단, 기관, 사람들은 아이디어, 집단, 기관을 나타내는 상징이나 표상으로 발전되는 은유와 함께 정의될 수 있다. 우리는 국기, 평화 표식의 몸짓, 십자가, 다윗의 별, 추켜올려진 주먹, 회사 로고, 팀 마스코트 등으로 둘러싸여 있다. 흔히 상징은 그것이 나타내는 의미를 환기하기 위해 그 형태 속에 은유적 암시를 가지고 있다. 예를 들면, 십자가는 신자들에게 처형되고 부활하신 그리스도를 떠오르게 한다. 또한 십자가는 사랑과 은총을 나타내기 위해서 죽음까지도 마다하지 않으셨던 하나님의 의지를 은유하고 있다. 그것은 표상인 동시에 은유이다.

인간은 고고학자가 조사할 수 있는 가장 오래된 시대까지 거슬러 올라간 이래 상징 제작자였다. 인간이 역사의 여러 곳에 남긴 가장 오래된 공예품들 몇 가지는 믿음의 표상과 징표였다. 이 신앙의 은유들은 우리가 언어를 통하지 않고도 믿음을 확언하고 선언할 수 있게 해주었다. 우리는 하나의 물건에 관념과 열정, 둘 다를 집어넣는다. 가족, 파벌, 종교, 국가, 회사 또는 원인에 대한 이 은유들은 문화를 전하고 행동을 유발할 수 있다. 단 하나의 몸동작, 깃발 혹은 조각으로 개인의 의미의 세계가 마음에 떠올려지고 중심에 자리잡아 우리의 몸을 헌신의 화학 반응과 활력으로 흥분시킨다.

우리가 학생들에게 상징과 표상의 "언어"를 더 많이 전할수록 우리는 학생들이 그것들을 평가하도록 더 많이 도울 수 있다. 우리가 그들이 믿는 것에 대한 상징 같은 은유를 새롭게 만들어내도록 더 많이 유도하면, 그들의 약속은 더 신중하고 충실해질 수 있다.

은유는 육체적, 심리적 건강에 영향을 미칠 수 있다.

일주일에 두 차례 소규모의 암 환자 집단이 캘리포니아 웨스트우드의 한 교회에 모인다. 그들은 이 모임을 "우리는 할 수 있다we can do"라고 부른다. 그들의 철학은 간단하다. 병마와의 싸움에서 승리하기 위해 서로 돕는 것이다. 암과 싸우는 그들의 무기 중 하나는 "이미지화imaging"이다. 모임의 리더는 환자들을 명상으로 이끄는데, 예를 들자면 환자들은 명상에서 암세포를 몸에 침입한 적이라고 상상한다. 전형적인 이미지 훈련법에서 그들은 면역제, 백혈구, 건강한 조직이 암과의 전면전에서 승리하는 강한 군인들이라고 상상한다.

매일 하는 이런 이미지화 훈련의 결과는 확실하다. "우리는 할 수 있다" 같은 모임의 멤버의 개인적 증언을 보면, 이미지화의 실험적 연구와 결합되어 사고와 치료 사이에 관련성이 있는 것이 확실하다.[6] 그 관련성은 명확하거나 예측할 수 있는 것은 아니지만, 기초 연구는 이미지화가 건강을 다시 찾을 수 있는 희망적 도구라는 것을 보여준다. 간단한 은유를 사용함으로써 실로 면역체계는 긍정적으로 영향을 받고 있는 것이다.

희망은 실제로 건강과 사고를 이어주는 역동적인 부분인 것 같다. 은유는 환자가 희망을 경험하도록 해주는 도구이다. 몇몇 암 연구자들은 은유의 본질이 중요하다고 믿는다. 그래서 그들은 그들이 안내해주는 은유적 여정을 면역체계가 작동하는 방식과 아주 유사하게 만든다.[7]

그 암시는, 교실과 교육 행사가 신뢰, 희망, 자유, 목적, 보살핌, 사랑과 활력이 주는 구속적이고 건강한 미덕을 전달하기 원한다면 환경은 이 미덕에 대한 표식, 이야기, 상징과 은유를 전달해야 한다는 것이다.

은유는 우리가 경험을 넓게 볼 수 있도록 돕는다.

내가 열두 살때 우리 가족은 노스캐롤라이나에서 캘리포니아로 이주했다. 애리조나주의 플래그스태프 근처에 있는 운석 분화구에 들러서 수천 년 전 운석이 사막을 강타한 흔적을 구경했다. 입구에 서서 반 마일이나 되는 깊이의 거대한 사발bowl의 중심 가장자리를 내려다보며 나는 그 크기에 압도되었다. 절대로 잊지 못할 경험이었다.

2년 후 우리는 비행기를 타고 노스캐롤라이나를 방문하게 되었는데 분화구 위를 날게 되었다. 조종사는 우리가 잘 볼 수 있도록 DC-9 비행기를 기울였다. 아래에는 동전만 한 크기의 나의 거대한 분화구가 있었다. 나는 *압도되지 않았다.* 절대로 잊지 못할 경험이었다. 분화구에 대한 나의 내적 경험은 내가 그것을 보는 관점에 좌우되었다.

분화구 경험과 마찬가지로, 우리가 우리 세상을 묘사하고 다른 사람과 나누는 데 사용하는 은유는 경험을 어떤 종류의 관점에 놓는다. 만약 내가 지구상에서 우리의 장소를 설명할 때 센트럴 파크에 놓인 개미의 관점처럼 묘사한다면 나는 세상의 어떤 거대함을 나타내는 것이다. 그러나 우주선에 탄 승객의 입장에서 묘사한다면 나는 전혀 다른 정도의 관점을 나타낸다.

은유는 견해를 넓혀줄 수 있다.

관점은 우리가 세상을 모형화하는 방식에 관해서 말할 때 작은 문제가 아니다. 우리 중 얼마나 많은 사람이 하나님은 "왕 중의 왕", "주 중의 주" 또는 "우주의 주관자"라는 말을 너무나 많이 들었기 때문에 하나님의 초월성에 대한 신학을 고수하고 있는가? 또다른 한편, 하나님에 대한 우리의 모형은 "목자", "어머니", "아버지" 또는

"고통당하시는 종" 같은 좀 더 친숙한 은유를 얼마나 깊이 반영하고 있는가?

두 가지 관점은 모두 하나님의 본질에 관한 어떤 진리를 나타낸다. 그러므로 이것은 학생들이 요구하는 우리의 의미의 세계를 묘사하는 소수의 방법도 아니고 다수의 방법도 아니다. 나는 운석 분화구의 굉장함에 대한 기억뿐만 아니라 그 보잘것없음에 대한 기억도 가지고 있어서 기쁘다. 두 가지 다 그 장소의 실제성의 한 부분이다. 마찬가지로, 나는 하나님의 초월성과 내재성에 관한 이미지를 가지고 있어서 기쁘다. 두 가지 모두 하나님의 실체의 한 부분이다. 우리가 사용하는 은유는 관점과 의미를 형상화하는 힘을 가지고 있기 때문에, 학생들이 그들 자신의 관점을 찾을 수 있도록 장려하면서 학습 환경의 일부로 은유를 자유롭게 사용해보자. 또한 그 관점들이 인류가 집착하는 인종차별, 성차별, 편견이 아주 심한 다른 관점을 유발하지 않도록 조심하자.[8] 편견이 심한 관점들에 대한 최선의 방어는 진실과 씨름하는 사람들의 많은 관점들과 모형에 노출되는 것이다.

은유는 인지적 도약, 창조적 통찰, 지적 성장을 가능하게 한다.

19세기 독일의 과학자 프리드리히 아우구스투스 케쿨레 폰슈트라도니츠Friedrich August kokule von Stradonitz는 용액과 다른 화학물질들의 분자구조를 판독하는 데 그의 직업적인 삶을 바쳤다. 그는 그것들을 다른 혼합물과 합성하여 다뤄보고자 했다. 그러나 벤젠이 그를 가로막았다. 여섯 개의 탄소 원자와 여섯 개의 수소 원자가 어떻게 결합해서 벤젠이라 불리는 화학물질을 만드는지 상상해 낼 수가 없었다. 하나를 해결하면 또 다른 것이 가로막아서 그가 화합물에 대한 감각을 만드는 것을 방해했다. 그러던 어느 날 저녁 그는 화롯가의 의자에 앉아 휴식을 취하고 있었다. 반쯤 잠든 상태에서 그는 꿈을 꾸었다. 다음은 그날 저녁 일에 대해 그가 묘사한 것이다.

> 나는 불 쪽으로 돌아서서 깊은 상념에 빠져들었다. 원자가 내 눈앞에서 춤을 추었다. 긴 체인이 원자에 꼬리처럼 달려서 감기고 휘면서 뱀같이 움직이고 있었다. 갑자기, 뱀 중의 하나가 자기 꼬리를 물었고, 고리가 형성되어 내 눈앞에서 소용돌이쳤다. 나는 즉시 깨어나서 밤새 그 고리 모양이 어떤 결과를 불러올 것인지 생각했다.[9]

꿈속의 뱀의 은유는 탄소가 어떻게 다른 탄소와 수소원자에 동시에 연결되는지 설명할 수 있는 인지적 도약을 할 수 있게 해 주었다. 그 후에 계속된 실험에서 그는 자신의 생각이 옳음을 확인했고 그 은유적 통찰로부터 유기화학 분야는 이전에 보지 못했던 속도로 발전했다.

알베르트 아인슈타인은 은유를, 우주가 움직이는 법을 상상할 수 있는 전략으로 바꾸었다. 그는 그 전략을 *게당켄*Gedanken[사고] 실험이라고 불렀다. 그런 사고 실험 중 하나는 빛의 속도로 달리는 기차를 타고 다른 사람들을 지나치면서 그들에게 자신이 보이느냐고 묻는 것이다. 나는 특수상대성 이론을 다 이해하는 체하지 않겠다. 그러나 아인슈타인의 빛, 기차, 거울 등에 관한 장난스러운 은유적 이야기는 우주에 대한 새로운 사고의 지평을 열었다. 그 결과는 휘어진 공간, 블랙홀, 빅뱅, 그리고 시간여행에 관한 창의적 사고와 통찰의 폭발이었다.[10]

철학자 마크 존슨Mark Johnson은 은유가 이해를 돕는 방식은 은유의 친숙한 절반(줄리안 제인스는 이것을 "은유체metaphier"라고 부름)에 대한 "함의"(필요한 속성)가 처음의 모든 함축을 가지고 새로운 절반(줄리안 제인스는 이것을 "피은유체metaphrand"라고 부름)으로 옮겨가는 것이라고 설명했다.[11] 시편 23편 첫 줄을 예로 들어보자. "여호와(피은유체)는 나의 목자(은유체)시니." 양 떼를 돌보는 것과 목자의 역할은 하나님에 대한 어떤 핵심적인 것을 묘사한다. 유대교와 기독교의 경험에서 이런 연관에 대한 깨어있음은 이해의 도약을 가능하게 한다.

이러한 의미 연관들은 우리의 이해를 즉각적으로 깊게 만들 수 있다. 마이클을 다시 생각해보자. 그는 기도에 대해 다시는 그의 옛날 방식으로 생각하지 않을 것이다. 그는 은유의 계단을 올라가서 새로운 지적 수준에 도달했다.

이러한 통찰들이 쌓일 때, 이해가 앞으로 도약할 뿐 아니라 사고방식 또한 폭넓어진다. 사람들의 인지가 발달되는 방식에 대한 피아제의 묘사는 지적 성숙의 피라미드 모형과 일치한다. 피아제에 따르면 개인의 지적 발달은 여섯 단계를 거친다.[12] 점점 복잡해지는 사고의 구조를 등정하려는 추진력은 유전이다. 우리는 지적 발달을 준비하고 태어난다. 그러나 이 등정을 성공시키려면 건강해야 하고 많은 은유, 촉각, 감각적 경험에 노출되어야 하며 도전과 발견을 경험하고 바람직한 감정과 정신의 생태계를 가지고 있어야 한다.

은유는 수많은 정보 또는 다루기 힘든 경험들을 모아서 좀 더 다루기 수월한 의미의 덩어리로 만든다.[13]

내 몸무게는 200파운드라고 말하는 것은 나를 들어 올리는 것은 어떠하리라는 것에 대한 상징적 표현이다. 당신이 정말 내 몸무게를 알고 싶다면 당신의 어깨에 나를 올려놓으면 된다. 나는 그 경험을

"200파운드"로 표현할 수 있다. 나는 나의 무거움에 대한 경험을 하나의 표현으로 압축하는 방법으로 대화에서 그 표현 또는 *유비*를 사용할 수 있다. 200파운드는 내 무게의 경험을 다루기 수월한 한 단어의 덩어리로 빠르게 처리한다.

신학에서, 나는 하나님을 "삼일Triune" 또는 "삼위일체Trinity"라고 말할 수 있다. 그렇게 말함으로써 나는 사랑의 성육신이신 하나님, 창조자이자 재판관이신 하나님, 그리고 영적인 존재로서의 하나님에 대한 내 경험을 한 단어로 고속 처리한 것이다. 이 단어는 예배, 찬송가 그리고 담론에서 용어를 설명하는 것보다 더 다루기 쉽게 사용될 수 있다.

종교 기관에서는 모든 종류의 은유와 유비를 사용해서 큰 개념과 많은 양의 정보를 쪼개어 "운반할 수 있는" 것으로 바꾸어 준다. 그것들은 모든 함의를 풀어놓지 않고도 은유로서 경험될 수 있는 고속 처리된 의미의 조각이다. 그러나 개인의 영적인 여행에서 마치 자신만의 낙하산을 가지고 있는 스카이다이버처럼 직접 풀고 다시 싸는 일을 *해야만 하*는 때가 있다. 표 7.2에서 고속 처리된 의미의 목록을 보자. 표는 전혀 완성형이 아니다. 어떤 의미 덩어리가 당신에게 필수적인가? 자신의 목록을 만들어보자.

표 7.2

고속 처리된 의미

단어

교회	죄	정의
사랑	그리스도	희망
구원	은총	이웃
완전함	신뢰	우정
신전	깨우침	지혜
성령	공허	항복
야훼	알라	열반

예술/물체/상징

십자가	계란	반지
다윗의 별	등잔	여물통
성배	두루마리	**빵**
세례대	저울	제단
촛불	비둘기	향
초승달	원숭이	전경기

전례/예배

성체	노래 부르기	결혼
세례	**축복**	축성
찬미경	순례	제야 예배
고백성사	저녁기도	기도회
장례식	유대교 성인식	순례

몸짓

무릎 꿇기	안기	손잡기
이마 위에 재	평화의 키스	다른 사람과 함께
토라에 입 맞추기	울기	가슴치기
인사하기	포개진 손	손 흔들기

움직임

행진	**춤추기**	인사하기
일어서기–앉기–일어서기	박수치기	손 들기
달리기	점프하기	회전하기

축제

주일	욤 키푸르	크리스마스
안식일	부림절	라마단
새해	부활절	오순절
재의 수요일	추수감사절	성 목요일

은유는 한층 더 완전한 지식이 변별될 때까지 전적이고 "완전한" 지식을 대신할 수 있는 의미 건축 블록이다.

그 두 가지 예는 다음과 같다.

우리의 생각과 행동을 형성하는 무의식에 대한 프로이트Freud의 아이디어는 개성과 사고에 관한 어떤 진실을 묘사하려는 잠정적 시도였다. 관찰할 수 있는 무의식은 없었으나 프로이트 이후로 그 세기 동안 그의 아이디어는 포착하기 어려운 인간의 정신에 대한 유용한 은유로 기능했다. 그것은 더 명확한 유비와 묘사가 발견될 때까지 "자리 지킴이" 역할을 했다. 오늘날 프로이트의 은유는 우리가 의식적인 생각에 집중하는 동안 일어나는 많은 인지 작용(특히 우리 뇌의 대뇌 피질의 작용)을 대표하는 것으로 간주된다.[14]

이처럼 "빛의 파동"은 물리학자들이 빛의 근원에서 눈까지 전달되는 빛의 전파를 묘사할 때 사용되는 방식이다. 이것은 빛의 움직임에 대한 더 나은 묘사가 발견될 때까지 자리 지킴이 역할을 했다. 오늘날 좀 더 정확한 은유가 그 자리를 대신했다. 물리학자들은 이제 공간을 이동하는 광자 혹은 빛의 "양자quanta" 꾸러미에 대해서 말한다. 이 은유는 빛을 정의하는 좀 더 유용한 방식인 것처럼 보인다.

이와 같은 일이 우리 믿음의 사고 과정에서도 일어난다. 잠정적 믿음의 은유 덕분에, 과거의 사람들은 하나님과 세상에 대한 그들의 임시적 이해를 전달해왔다. 이것을 우리가 지나치게 교조적으로 받아들여서 ("창조자", "주", "우주의 주관자", "영원한 반석" 등에서) "쉼표"가 의미하는 것을 놓치는 일이 없도록 하자. 사물의 중심에 있는 것은 우리 언어에서 단지 *암시될* 수 있을 뿐이다. 은유 속에서 마침표 대신에 쉼표로 하나님과 세상을 상상하는 일을 계속하도록 서로 격려하자.

제8장

나는 기억한다

I Remember

마셜 매클루언Marshall Mcluhan은 (인간 본성에 대한 비평으로서) 우리는 백미러만 보고 미래를 향해 운전하는 것 같다고 말하고 싶어했다.[1] 그의 관찰은 정확했으나 그러한 접근에 대한 논평은 빗나갔다. 우리가 미래로 항해하는 유일한 길은 저장된 과거와 기억을 사용하는 것이다. 우리가 새로운 것을 이해하는 길은 새 경험을 우리 기억에 저장된 세상의 모형에 통과시켜보는 것이다. 우리 모두는 우리가 저장고에 가지고 있는 기억의 합성물이자 행동의 방식이다.

우리가 가지고 있는 이 기억이 사건의 연대기와 정보의 저장소인 것만은 아니다. 그것은 우리와 우리 문화가 같이 설계하고 대뇌 피질의 신경망에 퇴적된 경험, 정보, 기술, 의미, 그리고 모형의 전체이다.

그림 8.1에는 기억의 구성요소가 요약되어 있다. 실제로 우리 뇌와 신경 체계에는 세 개의 기억체계가 동작하고 있다: 1) 감각을 1, 2초간 저장하는 감각기관 등록소 또는 보조 저장장치 2) 제한된 용량의 사고와 감각에 대한 의식적인 인식을 뜻하는 작업 기억 또는 단기 기억, 그리고 3) 대체로 영구적인 기억의 저장고인 장기 기억이다.[2]

이 세 가지 구성요소가 우리의 행동과 상호 작용하고 정보를 공급하는 방식, 종류가 다른 기억들이 저장되는 방식, 그리고 경험이 장기 기억에 저장되는 방식을 다루는 것이 이 장의 초점이다.

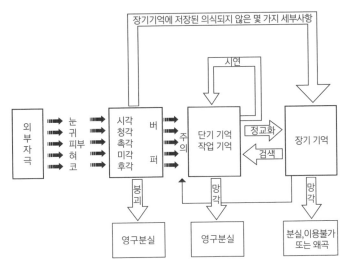

그림 8.1
기억의 흐름도

기억이란 무엇인가?

기억은 다음의 4단계로 정의된다. 1) 세포(기억을 담고 있는 세포의 한 집합에 참여하는 각각의 세포), 2) 신경통로(화학적으로 연결되어 기억을 활성화시키는 세포와 축삭 돌기의 망), 3) 망 형태(다른 기억 종류를 담고 있는 몇 종류의 망 중의 하나), 4) 기능(정보, 기술, 의미, 혹은 목적을 담고 있는 기억 집합). 따라서 기억의 정의가 무엇인지 물어본다면, 그 정의는 얼마나 자세히 들여다보는가에 달려있다.

당신의 첫 번째 개에 대한 기억을 예로 들어보자. 그 기억(사실상, 기억의 다발)은 다음의 어느 단계에서도 묘사될 수 있다:

- 신경세포와 축삭 돌기의 집합이 감각신호로 인해 전기화학적으로 활성화되었을 때 일어나는 일로 설명될 수 있다. 화학물질의 변화와 축삭 돌기의 연결은 이 신호의 기억을 만들어냈다. 바로, 당신의 개이다. 활성화된 세포는 유사한 이전의 기억과 물리적으로 연결되어 지금 일어나고 있는 일을 인지한다. 개에 대한 기억은 개별적인 세포에 위치하지 않고 대뇌피질의 많은 부분에 퍼져있는 세포의 망에 자리 잡고 있다. 각각의 세포는, 감각기관의 경험에 의해 자극되었을 때 개에 대한 기억을 활성화시키지만, 한 개의 세포가 "파이도(개 이름)"에 관한 기억을 지니고 있지는 않다. 오히려 많은 개개의 세포가 기억을 만들기 위해 물리적 변화를 겪는다.

- 다른 신경 통로와 복잡하게 연결된 세포와 축삭 돌기의 복잡한 통로는 개에 관한 경험에 의해 자극되었을 때 **당신의 개**를 떠올리게 한다. 이들 통로는 충분히 존재하기 때문에 부서지고 끊어지더라도 전체 기억을 잃지 않는다. 망각은 이 통

로가 오랫동안 사용되지 않거나 통로를 따라 세포가 다른 세포와 화학적으로 "교신하는" 방식에 고장이 날 때이다.

• 다른 세포 망과 연결되어 교차-참조cross-referencing하는 세포의 망으로 설명될 수 있는데, 세포 망끼리 교차 참조하는 방식에는 (a) 문법과 유사한 방식을 따르거나, (b) 시각적/공간적/물리적 특성을 교차-참조하거나 또는 (c) 청각 특성을 교차-참조한다. 당신의 "개에 관한 기억"이 활성화되면, "개의 본질dogness", 반려동물, 동물 등도 활성화된다. 당신이 당신의 개를 보면 다른 개의 특징이 당신의 기억에서 활성화된다. 당신이 개의 소리를 듣거나 짖는 소리를 기억할 때, 개가 내는 소리 및 개와 유사한 것이 내는 소리의 다른 특징 또한 활성화된다.

• 이것은 기억의 종류로 기술될 수 있다. 말하자면 (a) 정보, (b) 기술, (c) 의미, 그리고 (d) 목표이다. 따라서 당신의 개 기억의 도움을 받아 당신은 개에 관한 지식과 반려동물을 다루고 보살피고 훈련하는 방법에 접근할 수 있고 당신의 인생에서 개와 반려동물의 가치와 인생의 목표에서 당신의 개가 하는 역할을 인식할 수 있다.

네 가지 묘사는 공통적으로 아이디어의 연결장치와 통로를 가지고 있다. 이것은 뇌가 기억을 담는 방법을 이해하는 핵심이다. 인간의 대뇌 피질을 아주 작은 장소에 수천 개의 길과 고속도로, 교차로와 통로들이 뒤섞여 빼곡히 들어차 있는 것이라고 상상해 보자. 하나의 경험이 자동차처럼 여러 개의 문 중 하나를 통과해 그 장소에 들어서는 것을 상상해보자. 자동차가 대뇌 피질의 장소에 들어서자마자 바퀴가 도로 위의 센서를 통과하고 센서는 교통 통제소에 신호를 보내서 자동차를 통과시킬지 말지 결정하게 된다. 만약 통과가 결정되면, 자동차에는 에너지가 주입된다(이것은 대뇌변연계의 역할로서, 우리의 경험에 느낌을 주입하고 주의를 집중한다). 에너지가 주입되지 않으면 자동차는 문에서 멈춘다. 에너지가 주입되면, 수백 개의 길과 교차로와 연결된 특정한 통로에 불이 밝혀져서 가야할 경로를 지정한다. 그 경로가 기억 또는 기억의 집합이다. 기억 경로에 불이 밝혀지면 연결된 수백 개의 길에도 불이 들어온다(비록 그만큼 밝지는 않지만). 대신할 경로 중 어떤 것에 불이 들어올지는 그 장소에 처음 들어온 "자동차"의 종류, 주요 통로의 본질, 그리고 길에 놓인 도로 표지의 명확성에 달려있다. 자주 사용되는 경로는 잘 닦이고 여행에 편리해지는 반면, 그렇지 않은 경로는 잡초가 나고 부서지고 쓸 수 없는 상태로 변해간다.

쓸수록 튼튼해지고 부드러워지며 내구성이 강해지기 때문에 이 고속도로 체계가 꿈의 공공사업이라고 상상해 보자. 경로가 다른 경로와 많이 연결될수록 더 많은 다리와 교차로가 자생적으로 생겨난다. 경로는 통행량이 많아질수록 더 많은 도로 표지를 스스로 만들어 간다. 최선의 유지관리법은 최대로 쓰는 것이다.

마지막으로, 현실의 고속도로 체계처럼, 각기 다른 곳으로 가는 자동차들에 의해 거의 모든 길과 통로가 사용된다는 것을 상상해보자. 하나의 교차로가 다르고 심지어 관계없는 수천 개의 경로와 연결되기도 한다. 예를 들면, 어떤 교차로와 경로는 그 광경을 보고 기억하는 데 사용된다. 와이오밍주의 수도와 베어진 풀에서 나는 냄새처럼 전혀 관련 없는 것들을 회상할 때, 같은 교차로와 세포 통로가 쓰이기도 한다.

우리는 어떻게 기억을 얻는가?

이 고속도로 체계에 기억을 내려놓는 단계를 따라가 보자(그림 8.1 참조). 구체적으로, 당신이 처음 보는 사람의 이름을 듣고, 다음 회의에서 그 사람의 이름을 떠올릴 수 있도록 기억할 때 일어나는 상황을 살펴보자. 친구가 당신에게 어떤 여자를 소개해 주었다고 가정해보자. 어떤 단어가 떠오르기 전에, 그 사람의 이미지가 먼저 망막에 들어올 것이다. 그 사람의 이미지는 선조피질로 보내지더라도 1, 2초간 시각 버퍼(아마도 망막 그 자체)에 머문다. 당신이 그 사람을 보기만 하면, 시각 버퍼는 다시 채워지고 대뇌 피질에서 구성되는 지각을 공급해준다.

당신이 이 감각에 얼마나 주의를 기울이느냐는 당신이 장기 기억과 또 다른 곳에 항상 보관하고 있을 필요, 의미, 안건에 상당 부분 의존한다. 만약 감각 버퍼에 당신에게 중요한 어떤 것이 들어 왔다면 당신은 중뇌 덕분에 주의를 기울이게 된다.

따라서, 당신이 그 여자에게 주의를 돌리면 당신은 그녀의 이름이 말해질 때 그것을 듣는다. 그 이름은 청각 버퍼에 담기고 측두엽과 대뇌 피질의 다른 부분으로 보내져서 여성의 이름으로 해석된다. 당신이 악수를 한다면 촉각 버퍼가 감각을 담고 역시 대뇌 피질로 보낸다. 감각 버퍼는 무의식에서 중요한 역할을 하기 때문에 그 자세한 몇몇 부분은 당신이 알지 못하는 사이에 직접적으로 장기 기억으로 "채워져" 있을 수도 있다.

시각 정보, 이름, 냄새, 접촉 그리고 만남의 맥락은 당신의 의식에 작업 또는 단기 기억으로 담겨있다.[3] 이것은 일어나고 있는 상황에 대한 당신의 경험이다. 그것은 당신이 의식하고 있는 것이다. 여기에는 지금 순간의 소리, 이미지, 접촉에 **더해서** 그 만남에 의해 되살려진 기억들이 포함되어 있다. 이 기억들에는 여자가 불러일으키는 다른 사람에 대한 기억, 여자의 이름으로 인해 떠오른 다른 관념, 그녀의 향수 때문에 떠오른 어떤 일들 등이 포함되어 있을 수 있다.

작업 기억은 단기 기억이다. 작업 기억은 새롭게 되지 않는다면 그 내용물은 수 초 또는 수 분 안에 희미해져서 사라질 것이다. 경험의 요소들은 장기 기억으로 가는 길을 발견했다면 작업 기억으로 불려올 수 있지만, 작업 기억의 내용물은 항상 변화한다. 그러나 경험과 생각들이 작업 기억 속에 "살아 있을 수" 있는 두 가지 방법이 있다. 1) 시연(예를 들어, 이름을 계속 부르는 것) 그리고 2) 집중(사물의 감각을 계속 느끼는 것)이다.[4] 주의가 길어지면 길어질수록 대뇌 피질 속의 장기 기억으로 남을 것이다.

작업 기억은 휘발성이고 용량도 한정되어 있다. 연구자들 사이에는 우리가 한 번에 기억할 수 있는 양에 대해 이견이 있다. 어떤 연구자는 일곱 개의 사실, 사물, 또는 숫자가 사람의 평균적 작업 기억 용량이라고 말한다. 다른 연구자는 기억되는 사실의 내용에 따라 달라진다고 말한다. 현재 작업 기억은 다음 세 종류의 사고를 다룬다고 평가된다. 1) 의미론적, 숫자적 사고(단어, 숫자, 사실, 또는 개념)는 가장 용량이 작다. 2) 시각적 이미지(시각, 공간적 관계, 얼굴, 그림)는 가장 용량이 크다. 3) 단어나 숫자 외의 청각적 경험(소리, 음악, 소음, 목소리의 톤, 높이)은 중간 용량이다. 우리가 인식에 어떤 종류를 담아 두는지와 상관없이 작업 기억은 한정돼 있고 의식적인 노력이 없다면 쉽게 잊힌다.

경험의 중요한 몇 가지 측면은 우리의 노력 없이도 장기 기억에 저장될 수 있다는 것이다. 위에서 예를 든 여자와의 만남의 경우, 여자의 목소리, 몸짓, 또는 말하는 방식은 과거에 만났던 사람이나 경험에 대한 기억과 당신이 기억할 만한 방식으로 연결될 수 있다.

그러나 보통은, 그 여자의 이름과 그 존재의 다른 측면이 당신이 이미 가지고 있는 몇몇 기억 패턴과 연결되고, 또한 새로운 연결을 형성하기 위해서는 시연, 연구, 처리를 필요로 한다. 이것이 정교화 과정이다.[5] 그렇다면 경험은 작업 기억으로부터 다양한 인지 정교화를 거쳐 장기 기억으로 전이하는 것이다. 여기 그 여섯 가지 정교화가 있다.

1) *정서적 정교화.* 경험에 붙은 감정의 강도는 장기 기억 속의 장소와 내구성을 결정하는 데 필요하다. 하나의 경험과 강한 감정이 기억 속에서 결합할 때 그 결합물은 말-사건word-event(정보와 경험의 결합물)이 되고 하나의 중요한 경험으로 기억된다. 감정이 강할수록, 기억은 더 쉽게 회상된다(우리의 의식적 자아가 큰 고통이나 외

상의 기억이 의식으로 떠오르는 것을 막는 경우는 예외이다).

2) *시연.* 경험이나 사실이 단기 기억에서 활발하게 유지된 시간이, 장기 기억에서 경험이나 사실의 위치를 결정하는 데 도움을 준다. 우리가 흔히 기계적 암기라고 부르는 것이 이런 종류의 정교화이다.

3) *반복과 연습.* 기억이 되살려지고 연습되는 횟수는 기억을 강화한다. 경험이나 관념과 친숙화되는 과정이 이러한 종류의 정교화이다.

4) *성찰과 연결.* 기억이 성찰되고, 다른 기억과 관련되고, 더 큰 기억 망으로 합해지는 정도에 따라 그 기억은 더 접근이 용이해질 것이다. 의미의 깊이를 발견하기 위해 아이디어나 경험 속으로 "잠수하려는" 의식적인 결정은 그 아이디어나 경험을 장기 기억으로 밀어 넣는다.

5) *의미 공유하기.* 개인의 기억이 다른 사람과 공유할수록 그 경험이 더 넓은 의미망으로 합해질 가능성이 커진다(한 사람의 의미를 다른 사람의 것과 짝짓기).

6) *덩어리로 나누기.* 우리의 기억들이 상징, 구절, 유비, 의식儀式으로 요약되고 대표될수록, 더욱 오래 남는다. 이 의미의 덩어리들이 사용되고, 공유되고, 확인되고, 기념되거나 갈채를 받는다면 그들이 나타내는 기억과 의미는 마찬가지로 기념되고 강화된다.[6]

하나의 기억 통로가 새겨지더라도 그 과정은 끝나지 않는다. 기억이 회상되고 다른 기억과 새로운 경험과 섞이는 매 순간, 이전의 통로는 바뀐다. 이것은 특히 전기적傳記的 기억에서 그렇다. 전기적 기억은 우리가 행동하고 사고하고 느끼는 자의식적 경험들로 이루어져 있다. 그것들은 우리의 개인적 서술을 구성하는 삽화를 만든다. 존 코트르John Kotre는 전기적 기억은 항상 편집되고 늘려지거나 속속들이 변화해서 일정함과 연속성, 그리고 완전성을 유지한다고 주장한다.[7]

여섯 가지 정보와 경험의 정교화 방법은 작업 기억을 장기 기억으로 변화시킨다. 그렇다면, 장기 기억은 대뇌 피질의 신경 통로에 대략 영구적으로 저장된 사실, 경험, 전기, 이야기, 기술, 의미, 목표의 저장고이다. 그들은 새로운 경험과 협력하는 우리의 타고난 육체적, 감정적, 형이상학적 요구의 위계에 의해 항상 형성되고, 섞이고, 구성된다. 그림 8.2는 이 여섯 가지 정교화 전략을 요약하고 있다.

장기 기억이 저장되고 호출되는 방식은 기억의 종류에 따른 기능이다. 우리 모두가 가지고 있는 지능과 여러 감각에 맞는 여러 가지 기억 형태가 있다. 예를 들어보자.

1) 문장을 사용하고 이해하는 능력을 위해 우리는 의미 기억을 가지고 있다.[8] 이것은 단어 소리와 문장 구조 범주(주어, 동사, 전치사,

형용사, 부사 등)에 따라 교차-참조하는 것에 관한 기억이다.

2) 우리 자신의 전기와 기타 다른 이야기를 꾸미고 이해하는 능력을 위해 우리는 일화 기억narrative memory을 가지고 있다.[9] 일화 기억

그림 8.2

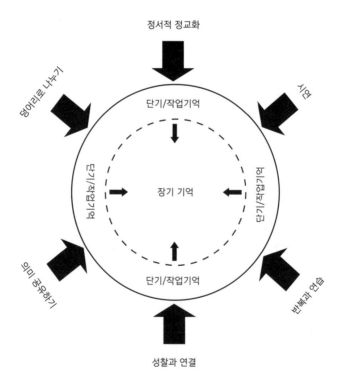

정교화는 압력 밥솥처럼 우리 경험을 장기기억으로 밀어 넣는다.

정서적 정교화

덩어리로 나누기

시연

단기/작업기억

단기/작업기억

장기 기억

단기/작업기억

단기/작업기억

의미 공유하기

반복과 연습

성찰과 연결

은 고정 관념, 이야기의 부분, 인물, 대본, 날짜, 감정, 역할에 의해 참조된다. 이들 처음 두 기억 형태는 단기 기억에서 의미 기억으로 출발한 다음, 장기 기억에서 다르게 저장된다.

3) 잡음(언어 이외의), 톤, 음악과 소리를 듣고 이해하는 능력을 위해, 우리는 청각 기억을 가지고 있다.[10] 이 기억은 소리, 소리와 관련된 사건, 그리고 소리가 나오는 어떤 것의 유사성에 따라 연결되어 있다.

4) 시각 정보(그림, 공간, 방향, 근접성, 얼굴, 광경 등)를 이해하고 창조하는 능력을 위해, 우리는 시각적, 공간적 기억을 비슷하게 구성하는 방법을 가지고 있다. 이 기억은 색, 물리적 외양, 병치, 그리고 그러한 광경과 공간이 만들어지는 사건들로 연결되어 있다.[11]

5) 우리가 만지는 것을 이해하는 능력을 위해, 그에 상응하는 촉각 경험을 저장하고 기억하는 방식이 있다. 이 기억들은 질감, 압력, 고통/쾌락, 온도의 유사성과 연계되어 있고 그러한 감각을 만들어내는 경험과도 연계되어 있다.

6) 맛/냄새를 이해하는 능력을 위해, 맛/냄새 경험을 비슷하게 구성하고 기억하는 방법이 있다. 이 기억들은 맛, 냄새, 질감과 그 감각을 만들어내는 경험과 연계되어 있다.

당연히, 오래가는 기억이 되는 대부분은 이런 몇 가지(때론 모두)

종류의 기억과 경험의 조합으로 되어 있다. 우리가 기억하는 어떤 경험도 엄격하게 한 가지 종류로 되어 있는 것은 없다. 대뇌 피질이 이 기억의 실을 많은 패턴과 교차 직조로 짜고 있는 동안, 대뇌 피질은 풍성한 기억의 실을 몇 종류의 강한 매듭super knot으로 만드는 경향이 있다. 강한 매듭은 **사건, 개념, 관계, 감정, 기술**을 포함한다.

당신은 이들 매듭이 교차 참조하는 힘을 자유 연상법으로 시험해 볼 수 있다. 큰 종이 위에 어떤 사건의 이름(**생일** 같은)을 적는다. 최대한 빨리, 그 주위로 생일과 연관된 것들의 이름을 떠오르는 대로 적는다. 이름 위에 동그라미를 치고 명확한 유사함을 가진 것끼리 연결한다. 비슷한 방법으로 각각의 동그라미로 당신에게 분명해지는 곳이면 선을 그리면서 자유 연상을 계속한다. 당신이 만드는 것은 당신의 생일 매듭에 대한 일종의 위계 지도이다(제2장의 그림 2.2, "서커스" 주위에 무리를 이룬 다른 매듭을 참조하라). 위계는 특정한 경험과 기억에서부터 재구성되지만, 경험들은 보편성의 매듭으로 조합된다. 개념과 감정 상태도 마찬가지다. 물론 다른 것이 존재하지만, 이 다섯 가지 기억 매듭은 가장 강력하고 밀도가 높다.

기술 기억skill memories은 다르다.[12] 의식으로 호출될 수 있는 생각들이 되는 대신, 이들은 떠올려지기보다는 실행되는 각본이다. 확실히, (미식축구의 정의 같은) 사실 기억은 게임 방법을 떠올릴 수 있게 하지만 기술을 기억하는 열쇠는 두 단계의 과정이다. 바로, 기술이 요구되는 경험을 기억하고 그 기술을 사용하기 시작하는 것이다. 미식축구에서 플레이스킥 하기 같은 기술 기억은 위계적 기억의 집합이 아니며 "설명"의 선형적 집합이다. 몇몇 기억 통로는 대뇌 피질에 있지만 척수를 따라 위치하는 신경다발과 신경 간에도 기억 통로가 존재한다. 그들은 "사실"이나 "경험"보다는, 심지어 화학물질의 집합으로 만들어진다.

일단 기술에 관한 사건이 확인되면, 기술 자체는 기술에서의 첫 단계로 시작되어야 한다. 그런 다음, 잘 습득되면 다음 단계가 차례로 처음부터 끝까지 시행된다. 당신이 만일 플레이스킥을 하려는 사람을 예비 동작 중에 멈추게 했다면, 그는 당신에게 다음 단계가 어떤 것인지 설명해 줄 수 있을 것이다. 하지만 그 다음, 다음, 다음 단계가 무엇인지 설명하기는 어려울 것이다. 그것은 아직 호출되지 않았다. 그것은 작업 기억으로 호출되기보다는, 소뇌에 의해 "지휘되는" 근육, 숨, 감각, 목소리 등을 지시하기 위해 의식을 완전히 건너뛰어 버린다(제1장을 참고하라).

장기 기억은 우리가 새 정보와 기술을 정교화할 수 있을 때 가능해진다. 이 기억은 너무나 놀라운 통로의 조직망 혹은 선형적 과정의 세트에 "존재"한다. 이들은 어떻게 호출되는가?

우리는 어떻게 기억해내는가?

기억을 다른 은유의 맥락에 넣어보자. 우리의 기억은 호수에 가득 차 바글거리는 물고기 떼와 같다. 기억을 건져 올려서 우리 의식 속으로 가져오는 것은 낚시와 미끼 달기의 문제이다. 다시 말해, 기억은 저절로 의식 속으로 떠오르지 않는다는 것이다. 오히려 기억은 우리가 잡아야 하는 것이다. 기억은 경험, 육체적 필요, 연합에 의해, 그리고 생각과 호출된 다른 기억에 의해 잡히는 것이다. 호수에는 모든 종류의 물고기가 있다. 그것들은 회상, 알아봄, 또는 친숙한 느낌과 같이 손에 잘 잡히지 않는 것일 수도 있다. 또한 사실, 이야기, 또는 얼굴처럼 풍부한 것일 수도 있다. 그것들은 시, 노래 또는 연설처럼 암기해야 하는 기억일 수도 있고, 또는 개인의 어린 시절 살던 집이나 오래전 우정처럼 재건된 기억일 수도 있다. 그것들은 기술, 포즈, 지시, 모양 그리고 소리일 수도 있다. 이 기억의 "떼"는 군단이다.

그래서 우리는 어떻게 기억하는가? 기억하는 일은 작업 기억(인식) 또는 감각 버퍼가 장기 기억에 저장되어 있는 지식을 낚아채 올릴 때 일어난다. 여기, 기억을 낚아채 올리는 미끼용 낚싯바늘이 몇 가지 있다.

읽거나 들은 말	들은 소리
던져진 질문들	느낀 음악
겪고 공유된 경험	만져진 물체
양육된 관계	주어진 명령
보이는 자연적 광경	직면한 문제
경험된 예술	드려진 찬양
맡아진 향기	시행된 기술
음미된 맛	느낀 육체적 필요

당신은 의심의 여지없이 당신의 기억을 잘 낚을 수 있는 더 많은 기억의 낚싯바늘을 떠올릴 수 있을 것이다. 그것은 기억 통로를 활성화시키고 의식의 그물망으로 가져온다는 점에서 우리의 기억들을 낚는 낚싯바늘과 같다. 우리는 이들 기억 낚시에 각각 다르게 반응한다. 그러나 그들 모두는 어느 정도까지 일을 하며, 우리가 종교교육을 할 때 개개인의 기억 호수에 여러 개의 바늘을 던져 넣는 것이 중요하다. 그림 8.3은 기억의 "낚싯바늘"에 대한 일곱 가지 범주를 요약한다. 저장된 경험과 지식을 호출하는 데 일곱 개의 범주가 모두 중요하다.

교육자의 "낚시도구 상자"에는 사람들이 기억하는 것을 돕는 다양한 종류의 "바늘"과 "낚싯대"가 있어야 한다. 일곱 개의 "바늘"과 "미끼"의 서랍을 살펴보자.

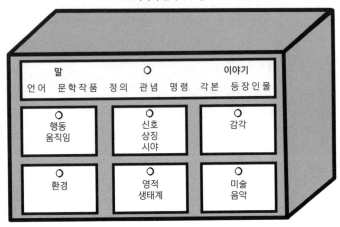

교육자의 낚시도구 상자

말	○	이야기
언어 문학작품 정의	관념 명령	각본 등장인물

○ 행동 움직임	○ 신호 상징 시야	○ 감각
○ 환경	○ 영적 생태계	○ 미술 음악

그림 8.3

· **말과 이야기:**

이 서랍은 가득 차 있다. 여기에는 말, 정의, 지시, 각본, 고정 관념, 아이디어, 이야기, 사건, 문학작품, 개인적 기억을 떠올리게 하는 문장과 질문이 들어 있다.[13]

· **행동과 움직임:**

물리적으로 어떤 일을 하는 것은 기억을 불러일으킬 수 있다. 임무나 기술의 수행, 포즈 취하기, 춤추기 등은 경험을 의식으로 불러올수 있다.

- **신호, 상징, 시야:**

우리가 보는 것들은 다른 것을 떠올리게 만든다. 그림에서 사진까지, 지시 신호부터 아이콘까지, 얼굴에서부터 풍경까지 이 모든 것들은 저장된 과거를 현재로 불러온다.

- **감각:**

냄새, 맛, 소리, 질감, 온도 그리고 이 감각들의 수백만 가지 조합은 학습자에게 제시되었을 때 기억의 세계를 불러일으킨다.

- **환경:**

당신은 어떤 방에 들어가서 수많은 기억이 떠오른 경험이 있는가? 환경은 우리를 위해, 그리고 우리에게 그런 일을 한다. 환경은 아마 당신이 돌아오는 장소들, 즉 시뮬레이션하는 장소, 자연스럽거나 사회적인 장소일지 모른다. 학습자들이 그것들 안으로 들어가도록 허용될 때, 기억은 똑똑 노크된다.

- **영적 생태계:**

개인적 관계와 사람들의 공동체는 그들만의 서랍이 필요할 만큼 특별한 종류의 환경이다. 이들은 우리의 가장 강하고 깊은 기억인 우리의 영혼에서 나오는 감정, 관련성, 가치, 역할을 유발하는 환경이다. 우리가 학습자들을 이들 영적 교류의 생태계로 초대하면 기억은 쏟아져 들어온다. 이 서랍에는 한 쌍, 소그룹, 대그룹, 놀이 그룹,

예배 그룹, 가족 그룹, 그리고 공동체 전체로 이루어지는 참여가 포함되어 있다.

· **예술과 음악:**

이 서랍은 **감각과 신호, 상징, 시야** 서랍의 확장이다. 미술과 음악은 아주 강한 영적, 관계적 내용물을 가진 감각이기 때문에 사람들이 기억하는 것을 돕는 데 있어서 그들의 가치를 우리에게 인식시키는 그들만의 칸을 가져야 한다. 이 서랍에는 그림, 조각, 노래, 연주 음악 그리고 또 다른 예술이 있다.

실제 교습에서 미끼와 바늘은 자기 자신의 힘을 드러내는 복잡한 경험으로 결합된다. 대부분의 교육자들의 계획에는 한 서랍에 딱 들어맞지 않는 경험도 포함되어 있다. 나는 학생들의 기억에 접근할 수 있는 여러 가지 은유를 쓴다.

망각이란 무엇인가?

"쓰지 않으면 잃어버린다"는 문구를 잘 알 것이다. 이것은 단기 기억와 장기 기억에도 해당되는 말이다. 망각은 작업 기억을 정교화하지 않아서 오래 지속되는 통로가 장기 기억에 형성되지 않은 문제이다. 그것은 또한 장기 기억을 활성화해두지 않아서 다른 기억과의 교차-참조점이 파괴된 문제이다. 내가 사람의 이름을 듣고 그 사람이 주위에 있는 하루나 이틀 정도 이름을 불러본다면, 그 이름은 반복적 사용에 의해 장기 기억 속에 정교화되어 있을 것이다. 그러나 내가 그것을 사용할 기회가 더 이상 없거나 몇 년 동안 그 사람을 못 보거나 생각조차 하지 않는다면 나는 아마 기억을 잃어버릴 것이다. 기억은 쇠퇴하거나 더 큰 그물망에서 고립된다. 어느 경우든, 나는 망각한 것이다. 망각은 장기 기억을 작업 기억 속으로 불러올릴 수 없을 때 발생한다. 망각은 우리가 주의를 기울이거나 정교화하지 못할 때, 혹은 우리가 정확한 지각이나 정교화를 할 수 없게 만드는 학습장애를 지니고 있을 때 발생한다.

희미해진 기억을 낚는 마지막 낚싯바늘은 시각과 냄새에 관계된 것들이다. 내가 7학년 때 알던 동급생의 이름을 들려준다고 해도 기억할 리는 절대로 없지만, 사진을 보여준다면 알아볼지도 모른다. 아니면, 내게 기억을 되살려 줄 향기 외에는 오래전 어린 시절의 경험에 접근이 불가능한 것일 수도 있다.

종교적 기억을 우리 존재의 형태와 내용물로 바꾸기

누군가는 교육을 의미 있는 기억을 얻는 과정이라고 정의할지도 모른다. 기억이 경험으로 형성되어, 정교화되고 기존에 알던 것과 연계된다면 정교화와 기억하기는 교육의 중심적인 것일 수 있다. 종교교육은 우리와 사물의 중심에 있는 것을 재연결시키고 우리들 각자와도 재연결시키는 데 도움을 주는, 의미 있는 기억을 만드는 과정이다. 이 과정은 다른 종류의 교육과 다를 것이 없다. 즉, 경험/연계성/정교화이다. 그러나 그것은 앞을 향해 커다란 발걸음을 내딛기 위한 것이다. 그것은 개인의 선언문, 개인의 자아를 변화시키는 데 도움을 주기 위한 것이다.

요약하자면

- 나는 첫 두 장에서 우리는 우리의 의미를 제작하고 구성하여 우리 뇌 조직의 세상 모형을 만든다고 시사했다. 우리는 새로운 데이터와 경험을 이 모형들에 비교하여 10단계 의미로 사물을 이해한다. 나는 바깥쪽 6단계를 우리의 초-물리적 의미 또는 선언문이라 불렀다. 이들 의미와 모형은 우리 뇌 조직에 들어 있다.

- 나는 제3장에서 종교교육자는 우리가 가진 종교적 또는 "초-물리적" 기억의 형성과 변화 중에 있는 사람들을 돕도록 허락된 사람이라고 제안했다.

- 제4장에서 교육자의 일은 단순한 의미 전달자보다는 기억과 의미의 산파 역할로 묘사되었다. 교육자가 된다는 것은

인간의 자유와 각 사람의 의미의 세계가 지닌 신성함을 기반으로 한 윤리적 책임감이 요구되는 겸허하고 대단히 중요한 일이다.

· 제5장에서 우리는 지각이 기억에 영향받는 방식과 지각의 메커니즘이 종교교육에 관한 일반적 접근 방식과 내용("교육과정")을 정의하는 데 어떻게 도움을 줄 수 있는지 살펴보았다. "지각 프로토콜"은 우리 삶의 초-물리적 모형에 필요한 유도 질문을 던진다.

· 제6장에서 나는 학생이 의미를 만드는 것을 돕는 교육자를 지각의 법칙이 어떻게 도울 수 있는지에 관해 설명했다. 나는 학습과 예배의 환경을 만드는 데 있어서 형상-배경 프로토콜이 우리를 도울 수 있는 방법에 특별한 주의를 기울였다. 한 개인이 "의미 배경"과 관계되는 방식은 그 개인의 자기 이해에 기여한다.

· 제7장에서 나는 의미를 만드는 핵심 전략에 특별한 주의를 기울였다. 바로 그것은 은유적 사고이다. 인간은 은유의 제작자이다. 은유는 우리 언어의 탄생에 있어 필수적이고, 창의와 예술에는 중심적이며, 사람 간 소통에 필요하다. 마찬가지로, 믿음-사고와 나누기는 은유의 창조와 사용에 달려 있

다.

· 이 장(제8장)에서는 기억을 만들고 기억해내는 메커니즘에 대해, 특히 종교교육에 적용하는 방법에 강조점을 두고 대략적으로 설명했다. 오래 기억되는 의미를 만드는 핵심에 있는 것은 우리 경험을 정교화해서 그것이 장기 기억망의 일부가 되도록 하는 능력이다.

사람들이 가지고 있는 몇몇(전부가 아니라면) 기억은 기본적으로 하루하루 안전하고 성공적으로 살기 위한 도구와 원천이다. 이런 기억을 우리의 학식(저장된 지식)이라고 부르자.[14] 여기에는 우리가 (가지고 있다고) 선언할 수 있는 정보와 행위에 사용하는 기술이 모두 포함된다. 세상의 교육이 목표로 하는 많은 것들은 이 학식을 늘리는 것이다. 종교교육은 약간 다른 목표를 가지고 있다. 물론 우리는 특정한 종류의 지식과 기술에도 관심이 있다. 하지만 기본적으로 사람들이 자신들의 인생을 구성하고 지휘할 수 있는 의미를 쌓을 수 있도록 돕는 것이 우리의 목표이다. 이러한 더 깊은 의미들은 학식과 기술을 기반으로 하고 이에 많은 영향을 받지만, 그것은 그 사람이 무엇을 아는가 보다는 그 사람이 누구인가와 더 관련이 있다. 이 기억들을 나는 선언문과 목표라고 부른다. 사람들은 이것을 의식적으로 선택해야 한다. 종교교육자들은 사람들이 정체성을 선택하는 것을 돕고 그들이 변화하는 것을 돕는다. 우리는 학생들이 과거의 의미를 기억하고 현재 떠오르는 의미와 연결시키는 것을 도움으로써 그 일을 행한다.

봉사하고 보호하고 내버려 두기

우리가 기억해낸 것이 지식의 본체, 기술, 선언문, 혹은 인생을 지도하는 목표이든지 아니든지, 그것들은 여전히 기억들이다. 그 모두는 비슷한 방식으로 형성되고, 비슷한 법칙에 의해 저장되고 비슷한 과정을 거쳐 회상된다. 그들은 모두 뇌세포의 통로에 담겨있는 마음과 영혼의 것들이다. 이 통로에 영향을 끼치는 것은 어떤 것이든 선전 宣傳에서 프로잭(우울증 치료제)까지, 테크닉 교습에서 텔레비전까지 우리의 관심거리이다. 우리는 기억을 만듦으로써 서로를 양육하고 변화시키라는 부름을 받았기 때문에 이것이 우리의 관심거리이다. 그와 동시에, 우리는 그 일을 조심스럽고 겸허하게 서로의 자유와 온전함을 보호하면서 하라는 부름을 받았다. 교육자의 윤리는 "기억 경찰"의 일이 아니라 오히려 인간의 자유에 뿌리를 두고 우리의 창조주가 각 사람의 게놈genome에 아낌없이 뿌려준 계획을 믿는 믿음에 의해 추진된다.

남은 네 개의 장에서 나는 정교화, 기억해내기, 변화를 그 중심에 놓으며 인지 과학의 원리를 마음으로 가져오는 종교교육 전략을 제시하고자 한다.

제9장

기억의 존재화 작업

Driving Memory into Being

아는 것과 존재가 되는 것은 **다르다**. 나는 "황금률"이나 "샤마 shama"를 알 수도 있지만 그 지식은 나의 존재와 자아 혹은 내가 이 세상을 살아가는 방식에 영향을 미칠 수도 있고 그렇지 않을 수도 있다. 종교교육은 우리가 살아가는 세상에 대한 모형이 전환될 수 있도록 지식과 경험을 통해 우리의 존재에 영향을 주고자 한다. 이 장에서 나는 아는 것, 기억 그리고 존재 사이의 상관관계에 대한 두 가지 이야기를 들려주겠다.

대니 이야기

대니가 캘리포니아 패서디나에 있는 퍼시픽 오크 학교에서 여름학기를 시작할 때 그는 네 살이었다. 그는 언제나 웃고 있었고 등교 첫날마저도 웃고 있었다. 그는 아주 작은 소리로 말했지만 이곳저곳을 즐겁게 돌아다니며 놀았다. 처음에는 다른 아이들과 놀려고 하지 않았지만 언제나 즐거워 보였고 언제라도 그의 미소를 찰나의 순간 동안 친구들과 나눌 준비가 되어 있어 보였다. 그는 특수 그룹에 속해있었다(그 그룹은 운동 장애, 인지 장애, 언어 장애를 가진 아이들로 구성되어 있었다). 대니는 뛰어다니기 좋아했지만 쉽게 넘어지곤 했다. 큰 보폭으로 뛰곤 했지만 자신의 걷는 속도를 잘못 계산해서 넘어졌다. 그는 자신이 기어오르는 일을 하는 데는 조정력이 미숙하다는 사실을 잘 알고 있었다. 달리기, 기어 다니기, 무언가에 올라타기 같은 것은 괜찮았지만 그네를 탈 때 빼고는 땅 위에서 벗어나는 일은 하지 않았다.

퍼시픽 오크 학교 둘째 주에는 땅 위에 머무르고 싶어 하는 아이에겐 나무와 자전거 창고의 지붕 위에서 하는 활동이 너무 많았다. 대니는 봉사자에게 부탁해서 그를 창고의 지붕 위로 올려달라고 했다. 그는 조심해서 기어 올라갔고 꼭대기에 도착했을 때 의기양양하게 바로 섰다. 30피트 되는 거리를 천천히 걸어갔다가 돌아왔다. 대니는 걸음을 계속 반복했다. 날이 마칠 때쯤에는 운동장에 있는 다른 사람들에게 크게 소리치면서 거의 자기 키 높이가 될 만큼, 걷기도 하고 발을 세차게 구르기도 했다. 그날 이후 대니는 오가며 승리의 행진을 하기 위해 창고의 지붕 위에 올라가기를 즐겼다. 그는 자기 다리의 움직임을 잘 조정할 수 있었고 안정적으로 지붕 위의 세상에 있었다. 작은 대니Little Danny가 큰 댄Big Dan으로 성장한 것이다.

선생님이 대니에게 어떻게 잘 걸을 수 있었냐고 묻자 그는 "봐요, 제 발이 무겁게 터벅터벅 걷는 게 아니라 힘 있게 걷는 법을 배웠어요."라고 말했다. 매일 그는 선생님과 함께 걷는 것, 뛰는 것, 기어 오르는 것에 대한 자신의 경험에 관해 이야기했고 선생님은 새롭게 시도할만한 것들을 제안해주곤 했다. 그 다음주가 되었을 때 그는 그의 기어 올라가는 다리와 세차게 구르는 발에 관한 실험에 대해 더 많이 이야기하기 시작했다. 대니가 자신의 다리 기능을 발달시켜갈수록 그의 사회적 능력도 더 좋아졌다. 그 변화는 점진적이었지만 명백했고 그가 배워가고 있는 것들 덕분에 다른 아이들에 대해서나 자신의 몸에 대해서 더욱더 편안해져 갔다. 대니는 무언가 깊은 것을 배운 것이다.

로빈 이야기

로빈은 열여섯 살이었다. 그녀는 교회의 청소년 그룹 일원이었고 그룹원 친구들에게 많은 사랑을 받고 있었다. 나는 청소년 부서의 상담가였다. 우리는 몇 주간을 왜 어떤 사람은 가난하고 어떤 사람은 그렇지 않은지 함께 생각하고 연구하는 데 보냈다. 주일 학교 시간에 어린 친구들은 가난에 대해 얻은 정보를 함께 나누었다. 그들은 성경이 가난에 대해서 그리고 관용에 대해 어떻게 말하고 있는지 발견했다. 그들은 삶의 벼랑 끝에 몰리고 경제적으로 완전히 몰락한 사람들에 관한 신문 기사들을 면밀히 살펴보았다.

로빈은 우리들의 공부에 거의 최소한의 관심만 보이고 있었고 그녀의 삶은 다른 것에 집중되어 있었지만, 수업 시간에 최대한 잘 있으려고 노력했다. 나는 그녀가 남부 캘리포니아의 도시 주변가에 사는 중산층 가정의 전형적인 십 대 소녀라고 짐작했다.

이 수업의 마지막에는 (이 끝은 이 아이들에게 꼭 알맞은 때에 왔다) 로스앤젤레스 중심부에 있는 교회에서 하룻밤을 지내는 것이 포함되어 있었다. 우리는 금요일에 학교가 마치자마자 그곳으로 가서 토요일까지 머무는 것으로 계획했다. 이때는 로스앤젤레스 도심 내에 갱들의 활동이 퍼져나가기 전이던 시절이라 대부분의 부모는 아이들이 갈 수 있도록 허락해주었다. 두 명의 어른과 열두 명의 십 대 아이들 총 열네 명이 모였다.

사회적 문제와 윤리, 역할 놀이와 성경에 대한 한 달간의 공부를 마친 뒤라 아이들은 우리 지역의 가난 문제에 대해 아주 많은 지식을 가지고 있었다. 그들은 심지어 "가난한 사람들"을 위해 돈을 모금하고 입을 것을 모으는 소박한 노력까지 했었다. 그들은 예수님께서 정의와 가난 그리고 자선과 탐욕에 대해 뭐라고 말씀하셨는지 알고 있었다. 로빈을 포함하여 아이들은 도시 주변가에 사는 아이들치곤 많은 지식을 가진 편이었다. 도시 한가운데로의 "돌진plunge"은 우리의 지각과 지식을 시험했다.

도시에서 보낸 둘째 날 오후, 우리는 퍼싱 스퀘어Pershing Square에서 약간의 시간을 보내기로 결정했다. 그곳은 노숙자들, 노인들, 직업 없이 떠도는 사람들이 모여서 어떤 무리를 이루고 있는 도심 한

가운데 작은 공원이었다. 모든 벤치에는 사람들이 누워 있었고 가두 연설을 하는 사람 주위에 사람들이 무리 지어 있었으며 어떤 사람은 체스나 체커를 두고 있었고 구걸하는 여인들과 노숙자들이 있었다. 대부분은 혼자 있었고 많은 사람들이 술이나 다른 것들에 취해 있었으며 대부분은 노인들이었다.

 로빈과 그녀와 가까운 세 명의 친구들은 벤치 위에 누워있는 노파에게로 천천히 걸어갔다. 그녀는 뚱뚱하고 옷을 많이 껴입고 있었고 몇 개의 가방을 그녀 곁에 두고 있었다. 그녀의 한쪽 다리는 종잇조각과 테이프로 감겨 있었다.

 네 명의 아이들이 그녀 곁에 앉자마자 그녀는 고래고래 소리 지르기 시작했다. 그녀는 그들에게 벤치에서 떨어져 자기를 가만히 내버려 두고 꺼지라며 저주를 퍼붓고 고함을 쳤다. 아이들은 깜짝 놀랐다.

 나는 공원의 외곽에 떨어져 서서 아이들을 지켜보고 있었고 그들이 무리에서 벗어나려고 하면 데려오려고 대기하고 있었다. 로빈은 자기 친구들과 모여 의논했다. 나는 그녀가 거의 눈물을 흘릴 정도로 당황했다는 것을 알 수 있었다. 네 명의 아이들은 자기 주머니를 뒤져 돈을 찾아냈다. 그들은 도로를 건너 약국으로 갔고 5분 후 두 개의 카네이션꽃을 들고 나타났다.

그들은 도로를 건너 다시 그 심술궂은 노파에게로 돌아갔다. 조심스럽고 순진하게 로빈과 세 명의 친구들은 그녀를 둘러쌌다. 그들은 그녀에게 어떤 말을 건넸고 로빈은 그녀에게 꽃을 주었다.

　내가 그녀에게 그 만남에 관해 물었을 때 로빈은 그 노파의 이름이 버지니아라고 대답했다. 그녀를 처음 만났을 때 그녀가 보였던 분노는 그들이 꽃을 들고 다시 돌아갔을 때 마치 마스크가 풀어져서 벗겨지듯이 그녀의 얼굴에서 사라졌다고 말했다. 그들은 대화를 나누기 시작했고 버지니아는 이 십 대의 난입자들에게 자신의 이야기를 들려주었다. 그녀는 한 때 영화감독의 개인 비서였다. 그녀는 은퇴했지만 연금이 없었다. 가족이 아무도 없었기에 그녀는 단지 그랜드 에비뉴Grand Avenue에 있는 다 쓰러져가는 싸구려 집 한 채를 살 돈밖에 가지고 있지 않았다. 그녀는 그들에게 자신의 일흔다섯 번째 생일이 다가오고 있지만 자신은 병들어가고 있고 외롭다고 말했다. 그들은 한 시간 반가량 대화를 나누었다.

　나는 이들 다섯 명이 함께 찍은 사진을 갖고 있다. 아이들은 버지니아 곁에 기대어 있기도 하고 그녀 앞의 바닥에 앉아있기도 하며 그녀와 대화 나누고 함께 웃기도 했다. 내가 그들에게 이제 떠날 시간이라고 신호를 보냈을 때 그들은 모두 버지니아를 포옹해주었다. 버지니아는 꽃 한 송이를 다시 로빈에게 돌려주었고 그녀의 손을 가

볍게 두드렸다. 아이들이 모두 떠났을 때 버지니아는 울기 시작했다.

거의 한 시간가량 우리는 이 일에 관해 이야기하지 않았다. 교회로 돌아왔을 때 로빈은 저녁시간에 기도했다. 그녀는 버지니아와 우리들을 위해, 그리고 버지니아의 세계를 변화시킬 수 있을 방법을 위해 기도했다.

식사를 하며 우리가 한 경험에 대해 대화를 나누었다. 우리는 그들과의 대면이 이루어진 퍼싱 스퀘어 방문에 관한 사실을 기억했다. 로빈은 예수님께서 하신 말씀을 기억했다. 그녀는 기억할 수 있는 최대한의 노력으로 그 말씀을 인용했다. "너희가 가장 보잘것없는 이들에게 한 것이 바로 나에게 한 것이다." 성육신의 교리가 로빈의 존재 안에 자리 잡을 공간을 찾았다. 노인에 대한, 사랑의 힘에 대한, 그녀 자신에 대한, 그리고 하나님에 대한 그녀의 모형은 완전히 바뀌었다. 사실 이미 이 자애로운 관점의 중대한 부분은 그녀 안에 살아있었다. 그것은 사랑이 많고 아량이 넓은 그녀의 부모님으로부터 주어졌다. 그러므로 그녀는 자신의 존재의 새로운 방향으로 들어선 것이 아니다. 그녀는 더 깊은 곳으로 들어간 것이다.

이 두 이야기는 모두 같은 점을 시사한다. 우리가 회상할 수 있거나 수행해낼 수 있는 것들은 기억들과 기술들이 한 사람의 존재로 새겨지기 전까지 아주 작은 의미를 지닌다는 것이다. 대니는 기술을 익혔다. 그의 소뇌는 마침내 그가 성공적으로 걷고 균형 잡고, 뛰고 기어오를 수 있도록 제대로 된 기억 경로를 새겼다. 하지만 그에게 더 깊은 배움은 바로 그가 배우고 반추하면서 자기 자신에 대해 가지고 있던 상像이 변화되었고 그가 새로 습득한 기술 속에서 확언되었다는 것이다.

로빈은 새로운 개념을 얻어냈다. 의미는 자선, 친절함, 그리고 받아들여짐과 같은 관념 주변에 같이 달라붙어 있다. 관념에 붙어있던 것들은 바로 이천 년 전의 한 선생이 했던 말과 행동의 기억들이다. 하지만 깊은 배움은 사랑의 힘에 대해 그녀가 갖고 있던 모형, 즉 사랑과 인간 공동체의 중심에 있는 것을 담은 그릇으로서의 그녀 자신이 변형된 것이다.

제3장에서 말했던 종교교육자의 정의를 기억해보라. **종교교육자는 근원ultimacy과 함께 한 사람을 창조의 중심에 있던 것과 다시 연결되게 하도록 하는 기억, 갈망, 정보와 경험들을 전달하고 끌어내는 사람이다.** 종교교육을 한다는 것은 학생의 존재 바로 그 자체인 학생이 가진 삶에 대한 모형을 다시 모든 것의 원천과 연결케 하는 것이다. 결과는 바로 변형이다. 이제까지의 모든 전제는 바로 뇌의 조직에서 모형들이 어떻게 구성되고 변형되는지 더 잘 이해한다면 종교교육을 더욱 잘 해낼 수 있으리라는 것이다. 우리는 사실을

완전히 습득하는 것, 교리문답을 외우는 것, 경험을 축적하는 것과 기술을 익히는 것으로 만족할 수 없다. 우리는 사실들이나 기술들보다 더욱 깊은 배움을 추구한다. 또 다른 한편으로, 우리가 어떻게 사실을 가르치는지 모르고 기억을 만들거나 기술을 지도하는 법을 모른다면, 인간의 삶의 초-물리적 층위로 도달할 수는 없다. 우리는 두 가지 모두 해야만 한다.

가르침-배움의 나선

경험에서 의미로 가는 길은 지속적으로 다음 여섯 가지 인식의 지점들을 통과하는 나선형의 여행이다. 1) 말-사건, 2) 잠수하기 3) 짝 짓기 4) 기념하기 5) 실천하기, 6) 성찰이다. 이 가르침-배움의 고리 안으로 함께 걸어 들어가 보자. (그림 9.1 참조)

말-사건

나선 고리의 첫 번째 정류장은 바로 의미심장한 *말-사건*의 경험이다. 지난 장에서 언급했듯이 말-사건은 본질적 의미가 정서적인 방식으로 드러나는 것을 경험하는 지점이다. 정보와 느낌이 결합되고, 우리는 배우게 된다.

본질적 의미란 무엇인가? 지각에 관한 장에서 나는 인간이 여섯 단계의 **초-물리적 의미**와 **지각 프로토콜**의 **교차지점**에서 "묻는" 일련의 질문들을 개략적으로 보여주었다. 모든 인간은 이 신비에 싸인 질문들 앞에 직면하게 된다. 즉, 우리는 언제나 자신, 공동체, 가치,

그림 9.1

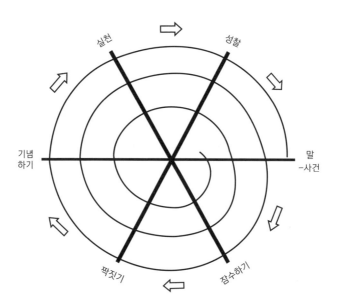

효율적인 배움은 여섯 단계의 정교화 과정을 거치게 한다. 어떠한 관점에서 배움의 과정은 계속적으로 한 사람이 세상을 바라보는 시각을 확장시킨다. 그는 배움에 따라 더 큰 그림을 얻게 된다. 또 다른 관점에서, 배움의 나선은 그가 세상을 바라보는 시각을 더 깊어지게 한다. 즉, 일생의 배움은 더욱더 그가 계속해서 배우고 있는 것에서 전문가가 되도록 만든다. 전문가가 되는 것, 그리고 세상과 그 안에 속한 우리의 위치에 대한 더욱 큰 그림을 가지게 하는 것 모두 기억을 존재화시키는 이 여섯 단계의 정교한 과정이 하는 기능이다.

역사, 미래, 우주에 대한 모형을 형성하고 개선하는 중이다. 모형이 우리의 주의의 중심에 오게 되었을 때 혹은 그 반대일 때도 우리는 묻게 된다. 왜? 무엇이? 언제? 어떻게? 어디서? 어떤 맥락에서? 우리가 우리의 본질에 해당하는 모형 중 하나에 몰두하게 하는, 감정적으로 강렬한 초대를 마주칠 때, 우리는 의미에 대한 탐구에 관한 대답과 해결책과 설명에 우리를 개방한다. 이러한 말-사건이 일어나게 될 때, 우리는 이 배움의 고리에서 가장 중요한 첫 발걸음을 걷게 된 것이다. 대니의 이야기에서 학교라는 환경이 바로 그 말-사건이었다. 로빈의 경우 버지니아와의 마주침이었다.

경험, 정보, 해결책, 대답들은 우리 주위에서 언제나 소용돌이치며 존재한다. 하지만 대부분은 간과되며 사라지거나 거의 기억되지 않는다. 하지만 우리에게 일어나는 사건이 감정을 불러일으킨다면 뇌의 해마로 연결되어서 중요한 것이라고 꼬리표를 달고, 감정으로 "채색"되어서 대뇌 피질로 보내지고 기억 경로를 새기게 된다. 해마는 대뇌 피질에 의해 잘 보호되고 둘러싸여진 뇌의 깊은 곳에 위치해 있다. 해마가 심각하게 손상되면 새로운 기억이 만들어지지 않게 된다. 운동 능력은 계속 배울 수 있을지 모르지만 해마 결손을 가진 사람들은 그가 그것을 어떻게 배웠는지 기억하지 못한다. 그 꼬리표 없이, 의식적인 경험은 대뇌 피질에서 지속되는 기억 경로를 만들어

내지 않는다. 감정 꼬리표는 꼭 강하지 않아도 된다. 단지 어떤 각성의 느낌이나 고양된 세심함일 수도 있고 어떤 단순한 발견의 기쁨일 수도 있다. 하지만 그것은 기억될만한 성질의 느낌이어야 한다. 느낌이 강할수록, 더 깊이 기억에 새겨진다. 만일 그렇지 않다면 우리는 우리가 태어난 첫해에 기억의 과부하에 걸려버리고 말 것이다. 기계적으로 외워낸 기억이라고 할지라도 중요하다는 꼬리표가 붙어야 하며 그렇지 않으면 기억 경로에서 오래 지속되지 않을 것이다.

대니의 경우 달리기-뛰어오르기-발구르기 기술을 기억하는 것은 감정 꼬리표를 다는 것에 많이 달려 있었다. 그 자신이 큰 대니가 되고, 독립적이 되고 자기 자신이 누군가를 깨닫게 되는 데는 다리 기술이 필수적이었다. 로빈의 경우 그녀가 단지 가난한 사람들의 고통에 부분적으로만 참여하고 버지니아와의 만남을 통해 그들이 가진 가치를 느끼지 못했다면 가난의 원인과 성육신의 의미에 대한 기억을 잃을 수도 있었다. 아슬아슬한 때에 마침 말들과 느낌이 서로를 만나게 된 것이다.

그러므로 우리가 교육할 때 학생들이 자신의 모형을 만드는 과정이 자신의 믿음의 전통과 교차할 수 있도록 도와서 그의 믿음이 자신의 세상에 대한 모형에 영향을 미칠 수 있게 해주는 것이 중요하다. 교차지점들은 감정을 불러일으키는 방식뿐만 아니라 학생들이 그것에 주의를 집중할 수 있는 방식으로 경험되어야 한다.

잠수하기

두 번째 정류장은 *잠수하기*이다. 이것은 로스 스나이더를 본떠 만든 것이다.[1] 이는 학생이 가진 어떤 사물이나 생각에 대한 자기만의 의미와 가치에 대한 개인적 고찰을 가리키는 것으로, 본인 혼자서 해내는 작업이다. 이것에는 깊이 고민하기brooding, 생각하기thinking, 창조하기creating, 의문을 가지기wondering, 기억하기remembering, 쓰기writing, 그리기painting, 조각하기sculpting 등 어떤 사건이 불러일으킨 의미의 깊이로 탐구해 들어가게 하는 모든 활동들을 포함하고 있다. *잠수하는* 행위는 의미를 심원한 깊이로 탐구해간다는 것이고 다른 의미들과의 연관성을 배우는 것이며 또한 그 깊은 곳에서 뒤죽박죽 엉켜 뒤범벅되지 않도록 충분히 자주 수면 위로 올라온다는 것이다. 마지막으로 깊이 잠수한 사람은 물 밖으로 나와야만 하며 몸을 말려야 하고 그가 발견한 그것을 중요히 여겨야만 한다.

교육자는 이 잠수 작업을 격려해야 하고 잠수하는 법을 지도해주어야 하고 자신이 발견한 것에 대해 기록할 수 있는 길을 제공해줘야 한다. 흥미가 유발되고 말-사건이 제시되면, 우리는 학생들이 말-사건에 걸려있는 의미와 기억의 망을 찾을 수 있도록 초대해야 한다. 그 누구도 스스로 그 작업을 할 수 없다. 모든 잠수자는 지도가 필요하며 동반자가 있다는 지식이 필요하다.

대니가 퍼시픽 오크 학교라는 환경과 마주했을 때 처음에 그는 지켜보고 깊이 고민했다. 혼자서 그는 다른 아이들이 기어오르는 모습을 지켜보았다. 그는 그들과 함께 기어오르고 싶어 하는 자신의 마음을 받아들였다. 선생님의 격려와 함께 그는 그것에 대해 생각했다. 선생님은 그가 기어오르고 뛰어오르고 싶은 갈망들이 밖으로 나올 수 있도록 초대했다. 대니는 그것들을 상상의 집 꼭대기에 두고는 그 위에서 뛰어오르고 달리기도 하고 넘어지기까지 했다. 장난감 창고 지붕 위로 올라가기까지 그는 특유의 고통스러운 넘어짐이 있었고 선생님은 그를 올려다 주며 물었다. "그 일이 어떻게 일어났니?" 대니는 설명하려 노력했지만 자신이 넘어지는 모습을 재현하는 것으로 끝이 났다. 선생님이 떠난 후에도 대니는 계속해서 그 사건으로 다가갔다. 그리고 그는 앉았다. 그는 숙련된 잠수부였다.

로빈의 잠수는 우리가 함께 성경 구절과 사회적 조건들에 대해 공부할 때 일종의 애써서 간신히 해내는 종류의 것으로 시작했다. 그녀는 버지니아와 마주치기 전까지 깊이 숨을 쉬고 그녀 자신을 깊숙이 들어가게 하지 않았다. 버지니아를 만난 후 그녀는 오후 시간 온

통 생각과 감정들에 대해 생각하고, 의문을 가지고, 발견하는 데 시간을 보냈다. 그녀는 그날 저녁 식사 시간에 수면 위로 올라왔고 그녀가 얻은 심오한 보물들을 함께 나눌 준비가 되어 있었다.

짝짓기

세 번째 정류장은 *의미 짝짓기*Meaning Mating이다. 대화 나누기 dialogue, 보고 듣기debriefing, 토의하기discussion, 나누기sharing, 보여주고 말하기show and tell 혹은 주고 받기give and take 따위로 부를 수도 있다. 무엇이라고 명명하든 이것은 학습자가 다른 이에게 자기 생각과 느낌을 공표하고, 다른 사람들이 이에 대해 반응하고 경험과 의미들을 서로 짝짓게 할 수 있게 하는 경험이다. 짝짓기의 효과는 두 가지다. 학습자가 말-사건과 잠수하기를 조직하고 구성할 기회를 마련해주며 생각들을 결합하고 다듬어서 새로운 의미들을 건축할 수 있는 터전을 제공해준다. 교육자는 경험을 공유한 아이들, 유사한 의미를 놓고 씨름하는 아이들, 혹은 유사한 기술에 관심이 있는 아이들의 그룹을 모아서 짝짓기를 촉진시킬 수 있다. 교육자는 짝혹은 그룹원의 마음이 일종의 합류 지점을 이룰 수 있는 질문과 과제들을 이끌 준비가 되어 있어야 한다.

교육자가 학습자들이 서로 나눌 수 있도록 격려하는 방법은 우리가 가진 많은 "지성"을 반영하는 것이다. 우리는 갖은 예술적 영역들을 망라하고 오감을 사로잡는 짝짓기를 가능하게 할 준비가 필요하다. 말하기, 그리기, 노래하기, 연기하기, 춤추기, 쌓기 등 모든 것들을 함께 조합하여 학습자가 의미를 함께 공유할 수단을 제공해줄 수 있다. 의미를 서로 결합하는 과정에서 어떤 관념들이 떠오르기 시작한다.

기념하기

기념하기 혹은 공표하기의 본래적 의미는 숨겨져 있던 것을 모든 이가 보고 이해할 수 있게 꺼내어 놓는다는 것이다. 미사 중 신부는 성찬례를 진행하는 동안 성체를 거양하여 회중이 보도록 함으로써 그리스도의 현현을 공표한다. 성체는 성찬례와 복음, 은총 그리고 그리스도의 의미를 실체적인 순간 속에 전달하며 기념한다.

대부분의 본질적인 의미들은 은유와 상징들로 결합되어 있다. 국기는 그 나라가 가진 이상理想의 상징체다. 토라는 야훼의 율법의 현현을 상징한다. 기념비는 전사한 군인들의 용기와 용맹함을 상징한다. 우리는 항상 개인적으로나 사회적으로 이러한 의미의 전달자들을 발명해낸다. 우리는 의미 덩어리들을 모아서 의미들을 떠올리게 하는 말, 노래, 예술품, 춤, 이야기들 속에 집어넣는다. 의미들은 상징 속에 거주한다(의미는 그 안에 압축되어 있다). 그래서 다른 사람들이 인식할 수 있도록 상징이 들어 올려지고 확언될 수 있을 때 기념하기가 발생한다. 기념하기는 더 나아가 한 존재 속으로 의미를 압축해 넣는다. 이는 또한 의미와 모형들이, 기념하기에 참여하는 구성원들이 공유하는 문화의 일부가 되어가는 과정이기도 하다.

대니는 배웠고, 성찰했으며 그가 누구였고 또 어떻게 걸을 수 있었는지에 대해 배운 것들을 짝지었다. 그의 새로운 자아가 익숙해져 가자 그는 그해 여름 학교에 올 때마다 자신만의 기념하기를 고안해 냈다. 그는 창고의 지붕에 기어 올라가고 모서리를 향해 걸어가고 발을 구르고 "야!"라고 소리치는 것을 아침을 맞이하는 자신의 습관으로 만들었다. 그것은 존재로서의 그를 기리는 춤이었고 모두가 볼 수 있도록 하는 것이었다.

로빈이 그날 저녁 식사 때 기도를 드린 후 다른 아이들이 식사를 시작했을 때 그녀는 자리에서 일어나 그곳을 떠났다 버지니아가 되돌려준 카네이션꽃을 가지고 돌아왔다. 그것을 물잔에 담가 우리들 한가운데에 두었다. 그것은 그날 얻은 의미들의 성체였고 우리가 고요히 친절, 경청, 상냥함을 기릴 수 있게 도와주었다. 우리들과 로빈이 배운 것은 바로 우리 사회와 그곳에 계신 하나님에 대한 우리의 모형을 변형시키는 것이었다.

실천하기

쇠렌 키르케고르Søren Kierkegaard는 그리스도인이 되는 것에 대해 생각하며 찬미자admirer가 되는 것과 제자follower가 되는 것의 차이에 대하여 쓴 적이 있다. 그는 단순히 예수에게 경외감을 느끼거나 감명받는 것이 그를 제자로 만들어주진 않는다고 말했다.[2] 스승에게 찬탄하는 것을 넘어 변화되어야 하고, 다르게 행동해야 하며, 그가 존경하는 그분을 좇아야 한다. 그는 그리스도인에 대해 이야기한 것이지만 그의 관찰은 지도자나 단체 혹은 이상에 대한 찬탄을 가지는 누구에게라도 적용될 수 있다. 세상에 대한 모형을 정립하고 그것을 기념하고 그것의 가치에 대해 칭찬하면서도 그것이 자기 행동을 변형시키도록 하지는 않을 수 있다. 최종적으로, 사람은 그가 재구성한 모형이 그의 행동의 변화로 이어지지 않는 한 변화되지 않는다.

그러므로 이 배움의 고리에서 그다음 지점은 바로 *실천*이다. 만일 교육과정이 실천을 회피한다면 의미들은 학생의 존재 안으로 결코 들어가지 않게 될 것이다. 이 정교한 과정의 마지막은 바로 자신이 공표한 그 모습대로 행동하는 것이다. 자신은 수영 선수가 될 것이라고 말하는 사람은 수영의 역학에 대해 연구하고 이해하는 작업을 평생 할 수 있지만 그가 반복해서 수영을 하지 않는 한 절대로 수영 선수가 될 수 없을 것이다. 내가 정의에 관해 공부하고 이해할 수는 있지만 의롭게 행동하고, 의를 변호하고, 불의에 저항하지 않는 한 나는 의로운 사람이 아니다. 교육은 교실과 성소나 집에서 나와야만 하며 밖으로 나와 학습자가 자신이 공표하고 정립한 그것이 되어갈 수 있도록 허용해주어야 한다.

성찰

나는 배움의 고리를 나선과도 같다고 특징지었다. 학습자가 이 고리를 한 바퀴 돌 때마다 이 과정은 다시 새롭게 시작하는 것처럼 보인다. 모든 실천은 무언가를 발견하기 위해 새롭게 성찰하고 잠수하는 작업이 필요한 새로운 말-사건이 될 수 있다. 만일 학습자가 각각의 구성원들이 서로 성장의 여정을 계속할 수 있도록 도와주는 학습 공동체의 일원이라면 도움이 된다. 배움의 리듬을 성찰하고 지지하는 공동체에서 가장 잘 지속될 수 있다. 어떤 사람은 이 과정을 "활용praxis"라고 부른다. 나는 이것을 학습이라고 부르며 이것이 세상에 대한 모형이 인간의 뇌에서 구체화되는 방법이다.[3]

이 나선은 경험이 어떻게 모형 형성으로 이어지는지 착안하는 데 도움을 줄 수 있다. 덧붙여, 이것은 학습 활동을 계획하는 개요를 제공해줄 수 있다. 그림 9.2는 수업에 적용시킨 나선의 사례이다. 당신의 수업에도 이 나선을 한 번 적용해보라.

나는 모형 형성의 여섯 단계에 적용할 수 있는 가르침-배움 전략 예시 목록들을 포함시켰다. 이 전략들은 교육 일정이나 학습 목표에 사용하면 효과적인 학습 활동을 만들어낼 수 있다. 그림 9.2는 나선을 기초로 한 예시 수업이다. 이것은 경험이 한 사람의 삶의 모형들로 정교하게 녹아들어 갈 수 있는 적용 가능성을 보여주는 예시가 될 수 있겠다.

전략 목록
(제8장의 낚시도구 상자를 참조하라)

그림 9.2

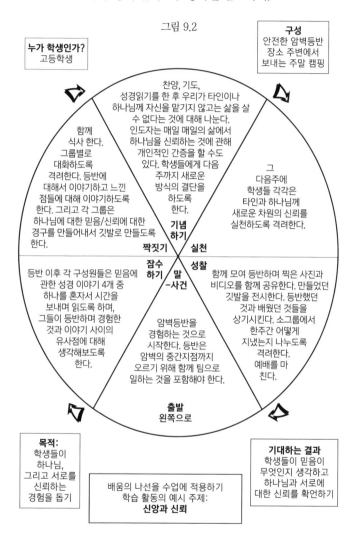

누가 학생인가?
고등학생

구성
안전한 암벽등반 장소 주변에서 보내는 주말 캠핑

함께 식사 한다. 그룹별로 대화하도록 격려한다. 등반에 대해서 이야기하고 느낀 점들에 대해 이야기하도록 한다. 그리고 각 그룹은 하나님에 대한 믿음/신뢰에 대한 경구를 만들어내서 깃발로 만들도록 한다.

찬양, 기도, 성경읽기를 한 후 우리가 타인이나 하나님께 자신을 맡기지 않고는 삶을 살 수 없다는 것에 대해 나눈다. 인도자는 매일 매일의 삶에서 하나님을 신뢰하는 것에 관해 개인적인 간증을 할 수도 있다. 학생들에게 다음 주까지 새로운 방식의 결단을 하도록 한다.

그 다음주에 학생들 각각은 타인과 하나님께 새로운 차원의 신뢰를 실천하도록 격려한다.

등반 이후 각 구성원들은 믿음에 관한 성경 이야기 4개 중 하나를 혼자서 시간을 보내며 읽도록 하며, 그들이 등반하며 경험한 것과 이야기 사이의 유사점에 대해 생각해보도록 한다.

암벽등반을 경험하는 것으로 시작한다. 등반은 암벽의 중간지점까지 오르기 위해 함께 팀으로 일하는 것을 포함해야 한다.

함께 모여 등반하며 찍은 사진과 비디오를 함께 공유한다. 만들었던 깃발을 전시한다. 등반했던 것과 배웠던 것들을 상기시킨다. 소그룹에서 한주간 어떻게 지냈는지 나누도록 격려한다. 예배를 마친다.

기념 하기

짝짓기

잠수 하기

실천

성찰

말 -사건

출발
왼쪽으로

목적:
학생들이 하나님, 그리고 서로를 신뢰하는 경험을 돕기

배움의 나선을 수업에 적용하기 학습 활동의 예시 주제: **신앙과 신뢰**

기대하는 결과
학생들이 믿음이 무엇인지 생각하고 하나님과 서로에 대한 신뢰를 확언하기

1) 말-사건 (혼자서 혹은 그룹으로)

드라마	옷 입기	영화/비디오
스토리텔러	놀이	모의실험
박물관 견학	콘서트	시범
야외 소풍	토론자 단	토론
동물과 놀기	슬라이드 필름	전문가 강연
부직포 칠판	CD	발레
뮤지컬	광학 투영기	예배
프로젝터 발표	설교	성찬례

2) 잠수하기 (혼자서)

시 쓰기	일기 쓰기	그리기/도표, 조각
노래하기	기도하기	읽기, 생각하기/깊이 고민하기
연구	관찰하기	음악 듣기
잠자기	놀기	명상하기
산책하기	그리기	작곡하기
낙서하기	사진찍기	영상 만들기
목록 작성하기	나무 오르기	은유를 생각하기
흉내 내기	브레인스토밍	

3) 짝짓기 (짝으로 혹은 그룹으로)

말하기	일정표 만들기	그룹 토의하기

보여주며 말하기	주고/받기	놀이하기
역할 놀이	작곡	조각하기
도자기 굽기	짓기	질문하기
요약하기	상징 만들기	큰소리로 읽기
솔직하고 다양한 토론	식사 준비하기	파티 계획하기
성경 공부	사진 나누기	영화 만들기
평가하기		

4) 기념하기 (짝으로 혹은 그룹으로)

예배	식사 나누기	춤추기
놀이	노래하기	행렬에 참여하기
찬양/기도	일하기	장례식 가기
결혼식 가기	일출 보기	영화 보기
소리치기	속삭이기	하늘 보기
침묵하기	산책하기	스포츠 활동하기
시 낭독	기도문 낭독하기	

5) 실천 (혼자서. 둘이서, 혹은 그룹으로)

모금 활동하기	배고픈 사람에게 음식 나누기	봉사활동 참여하기 (예시: 사랑의 집 짓기)
입법청원서 쓰기	기도하기	생활양식 바꾸기
예배 인도하기	연설하기	더 예리한 관찰력 가지기

수업하기	사제 되기	성가대 서기
연극 공연하기	뮤지컬 공연하기	바닷가 청소하기
가정교사 되기	병문안 가기	노인 돌보기
새로운 친구 사귀기	편지 쓰기	

6) **성찰** (그룹으로 혹은 혼자서)

토론하기	감정 나누기	연구하기
평가하기	역할 놀이	은유 만들기
확언하기	깨달은 것 적어보기	활동했던 영상보기
요약하기	일어난 일 이야기해보기	기도하기
일기 쓰기	전문가 찾아 나서기	

배운 것들을 그림, 노래, 시, 조각, 춤, 상징 등으로 담기

제10장

종교 지성으로 향하는
일곱 겹의 길

The Sevenfold Path to Religious Intelligence

음악 신동

개리는 음악 제작자이다. 그는 어디를 가나 하모니카를 가지고 다니며 교회에서의 찬양이나 라디오에서 들려오는 발라드곡에 합류할 준비가 되어 있다. 그는 피아노로 친 곡을 한 번만 듣고 나면 그대로 따라 연주할 수 있다. 밴드에서는 키보드를 맡고 있고, 여러 장의 앨범을 녹음했고 친구들은 그가 절대음감을 갖고 있다고 말한다. 때때로 그는 기타나 오토하프나 바이올린을 조율 기계의 도움 없이 완벽히 조율하기도 했다.

개리는 심각한 정신 지체를 앓고 있다. 그가 어린아이일 때 보호 시설로 보내졌고 나이가 마흔인 지금은 보호자의 감독 아래에 있어야만 한다. 그럼에도 개리는 최고의 음악들을 만들어낸다. 우리가 음악을 만드는 경주를 한다면 그는 천재로 간주될 것이다.

인류의 역사 대부분에서 개리나 그와 같은 부류의 사람들은 그들의 지능이 남들을 능가하는 측면에 대한 고려 없이 멍청하고 어눌하고 느릿느릿하다고 낙인찍혀 왔다. 그들은 사람의 지능을 평가하는 방식이 우월주의적이라고 폭로한다. 나는 개리나 그와 같은 부류의 사람들이 견뎌야 하는 심각한 인지적 장애를 작게 여기려는 것이 아니다. 그러나 모든 지능 영역에 동일하게 장애가 있는 경우는 드물다.

간단한 IQ 테스트가 인간의 정신 능력을 잴 수 있다는 생각은 교육자들에 의해 새롭게 면밀히 검토되고 있는 중이다. 압도적인 증거는 바로 지능이 *단일의* 것이 아니라 여러 구성요소를 가진다는 점이다. 표준화된 검사가 모든 문화, 인종, 성별의 사람들의 지능적 기능을 측정할 수 있다는 믿음은 더 이상 인지 과학자들과 교육자들에게 지지받지 못하고 있으며 교육과 관련된 정치가 물러나기만 한다면 그 사실들이 대중과 고등 교육에 알려질 수 있을지도 모른다.

개리가 복잡한 논리, 사람과 사람 사이의 뉘앙스나 언어적 미묘함을 대부분의 사람들이 할 수 있는 만큼 다루지 못한다는 것은 사실이다. 하지만 그의 지능적 결핍은 전반적인 것이 아니다. 그는 내게 인간의 뇌가 가진 힘이 다면적이며 우리들이 너무 오랫동안 지능을 단일적인 것으로 취급해왔다는 사실을 상기시켜준다. 또한 그는 각각의 능력들은 다른 방법의 교육, 훈련과 양육이 필요하다는 것을 알려준다.

비극적인 사실은 바로 개리와 그와 같은 부류의 아이들이 무시당한다는 것 뿐 아니라 그들의 다른 재능이 훈련되지 않은 채로 있다는 사실이다. 더 큰 비극은 "정상적인" 아이들을 위한 공교육과 사교육이 일반적으로 단 하나 혹은 두 가지 방식의 생각하는 법을 목표로 하고 있다는 것이다. "지성을 갖추도록" 하는 것에 대한 전형적인 사고방식으로는 단지 수학이나 언어에 특출난 재능을 가진 아이들만이 필요한 훈련을 받게 된다.

공교육의 상당히 많은 부분이 언어-수학-논리에 갇혀있는 동안 엔터테인먼트 산업과 몇몇 사업들은 새로운 영토를 개척해냈다. 그것들은 바로 케이블 TV, 데스크탑, 비디오 산업, 전자오락, 컴퓨터 "다중매체"와 인터넷 같은 공간적, 음악적, 시각적 영역들이다. 그것들은 전통적인 교육이 관심을 두지 않았던 인간의 능력들을 실현해내고 있다. 사실 단순히 인쇄된 말을 넘어서는 도구들을 사용하는 것을 통해 오늘날 젊은이들의 세상에 대한 모형을 형성해내고 있다. 이러한 발전들은 교육에 대한 우리의 접근에 근본적인 변화를 요구한다. 최소한 "정보 혁명"은 교육이 가야 할 다음 방향을 지시하고 있다. 자기 주도적 학습, 정보에 대한 무작위적 접근, 한 가지 문제를 해결하기 위한 다양한 주제들의 통합, 시지각-공간적 정보 처리, 그리고 한 번에 여러 가지를 동시에 학습하기 같은 것이다.

사실 이러한 방향은 새로운 것이 아니다. 지난 반세기 동안 정규교육에서는 새롭게 보일지도 모르지만 사람들은 언제나 무작위적인 방법으로 정보들을 얻고 그들의 뇌 전체를 사용하여 그들 최선의 자발성과 속도로 아주 잘 배워왔다. 아이콘과 그림의 문법을 인류에게 가져다준 것은 마이크로소프트가 아니다. 프랑스의 라스코 동굴에 있는 네안데르탈인의 벽화나 이집트의 상형문자는 인류에게 있어서 그림과 문자가 언제나 우리들의 소통 수단의 일부라는 것을 상기시켜준다.

신앙이란 언어 그 이상이다

이것이 종교교육과 무슨 상관이 있을까? 교회와 회당에서 종교적인 사고에 접근하는 지배적인 방식은 언어적이고 논리적이다. 이러한 관점에서 종교적이 된다는 것은 *언어*words를 말하고 기도하고 추론하고 경청하고 읽고 들을 수 있다는 것이다. 만약 언어가 강렬하고 옳다면 종교적 행동이나 경험으로 인도할 수 있어야 한다. 그런 반면 음악, 예술, 운동, 조용한 자기 성찰, 사람 사이의 상호 관계 같은 것은 이 언어를 크게 도와주는 것임에도 메인 요리를 위한 곁들임 요리로 있다. 다양한 종교 출판사에서 발행하는 교육자료들을 대략 살펴보면 언어-논리적 추론하기가 신앙과 신앙을 배우는 데 있어서 확고부동한 위치에 있다는 것을 확인시켜준다. 나는 이 자료들이 종이로 인쇄되었다는 사실을 말하는 것이 아니다. (비록 그것이 이 언어-논리적 관점의 한계를 반영하는 것이기도 하지만) 나는 교육과정을 만든 사람이 교사와 학생들에게 제공하는 명시된 목적들을 이야기하는 것이다. 그 과정은 대개 언어적 성과를 목표로 한다. 학생들은 그들의 신앙에 관해 쓰고 말하고 이야기하고 설명하고 읽을 수 있게 된다. 언어가 우리 삶에서 너무나 중추적이므로 그것은 종교교육에서 중요한 위치를 차지해야 하지만 다른 지적 능력들을 배제하는 것이 되어서는 안 된다. 교육과정을 구성하는 저술가는 학생들에게 다음과 같은 것들은 좀처럼 기대하지 않는다.

조각하기	자신의 맥박 조절하기
자연과 교제하기	환경에 귀 기울이기
금식하기	요리하기
못 박기	명상하기
도랑 파기	마사지해주기
기저귀 갈기	그림그리기
공상에 잠기기	춤추기
영화 만들기	노래하기
병으로 바깥출입 못하는 사람 방문하기	악기 연주하기

 종교는 자기 자신에게로 귀결되므로 만일 위와 같은 종류의 활동들이 수업 안에 조금도 포함되지 않는다면 그들은 도구와 방법을

가르치고 있는 것이지 종교교육의 목적을 가르치고 있는 것이 아니다.

인간은 말하고 추론하는 피조물이기 때문에 언어에 논리를 담는 것이 우리의 경험을 이해하고 공약을 표현하고 인지적으로 탁월하게 되는 중추적인 방법이다. 하지만 우리는 단지 말하고 추론하는 동물 그 이상이다. 인간의 지능을 구성하는 다른 탁월함들이 있다. 사물들의 중심에 있는 것과 화해하도록 우리를 인도하는 다른 존재 양식이 있다.

일곱 가지 지능

하워드 가드너Howard Gardner의 작업과 하버드 교육대학원의 연구 덕분에 우리는 지능에 대해 상상하는 새로운 방법을 알게 됐다. 가드너의 연구의 결론은 1983년 출간된 책《지능이란 무엇인가(Frames of Mind)》에 처음 기술되었다.[1] 그와 또 다른 사람들이 발견한 것은 이러한 것들이다.

- 우리는 최소한 일곱 가지 생각하는 방식에 있어 탁월해 질 수 있다: 언어, 논리-수학, 음악, 신체운동, 공간, 대인관계, 내면의 영역

• 이러한 일곱 가지 방식은 인간의 인지 능력의 일곱 가지 다른 지능을 의미한다. 모든 사람은 다양한 정도의 능력치로 이런 인지 능력을 가지고 있다.

• 소수의 사람만이 모든 것에서 뛰어남을 보인다. 그리고 이 일곱 가지는 사람의 범주를 대략 정의해주는 사고 과정, 정보와 기술의 범위를 반영한다.

• 다른 말로 하면 일곱 가지 지능은 인간의 능력의 범위를 묘사해준다. 이것은 우리가 누군지 정의하는 데 도움을 준다.

가드너의 경우 인지 능력을 지능으로 분류하려면 네 개의 척도를 만족해야 한다.[2] 아래의 네 가지 척도를 살펴보라.

1) 지능은 측량가능하여 한 사람의 능력을 다른 사람과 비교할 수 있어야 한다.

2) 지능은 뇌의 특정한 영역 혹은 영역들에서 기원한다. 어떤 기능은 우측 피질을 더 많이 사용하며(음악, 공간 지능), 어떤 것은 좌측 반구를 더 많이 사용한다(언어, 논리-수학 지능). 마찬가지로 어떤 기능은 뒤쪽에 위치한 좌우의 후두엽을 더 많이 사용하며(공간 지능), 어떤 것들은 대뇌 피질의

가운데 부분을 사용하고(신체운동 지능), 어떤 것은 좌우 전두엽을 더 많이 쓸 것이다(대인관계 지능). 만일 어떤 능력이 그 능력을 수행하는 대부분이 뇌의 어떤 특정 구역에서 발견된다면 척도에 들어맞는 능력이다.

3) 지능이 가진 잠재력은 다른 지능이 가진 잠재력에 독립적이다. 즉, 한 지능의 능력치로 다른 능력치를 예측하지 못한다.

4) 지능은 문제 해결에 사용된다.

일곱 가지 능력들은 모두 지능의 척도에 들어맞는다. 그럼 각각에 대해 한번 살펴보자.

언어 지능[3]

말하고 이해하고 읽고 창의적으로 언어를 사용하는 능력은 일곱 가지 능력 중 꼭대기에 있을 것이다. 언어는 경험들을 한데 모아 전달해줄 수 있도록 해준다. 다른 형태의 소통 방식들이 있지만 언어의 물결처럼 융통성 있고 편의성이 있지는 않다. 이 지능은 언어의 패턴을 알고 만들어내는 것과 관련이 있다. 그 능력은 다음과 같은 것을 포함한다(하지만 이것에만 국한된 것은 아니다).

말하기	읽기
쓰기	수어
언어 습득	스토리텔링
단어 이해하기	

종교적 삶에서 이 지능은 성경을 읽고 우리의 신앙 여정에 대해 말하고 쓰고 고대 언어를 배우고 읽고, 연구하고, 시편과 기도문을 만들고, 다른 사람의 말을 듣는 데 사용된다. 다른 이들보다 이 능력이 뛰어난 사람들은 설교가, 스토리텔러, 저술가, 시인, 학자들이다. 그들은 그들의 다른 지능적 재능을 그들의 언어적 능력의 탁월함을 통해 통합시킨다.

공간 지능[4]

우리는 3차원의 물리적 공간에 살고 있다. 한 곳에서 다른 곳으로 이동하는 것, 한 장소에서 다른 장소로 가는 방법을 기억하는 것, 그리고 우리가 더 큰 공간적 환경context에 존재한다는 것을 아는 것은 물리적 세계에서 항해할 수 있게 한다. 공간 지능은 공간적 패턴, 음영, 색깔, 연관관계를 보고 아는 것과 관련이 있다. 이 지능은 한 사람의 능력에서 다음과 같이 발현된다.

경로를 기억하고 따라가기	지도 읽기
지도 만들기	무엇이 어디 있는지 알기
방위 알기	모양을 이해하고 밝혀내기
시각적 수수께끼 풀기	조각하기, 묘사하기, 그리기, 짓기
시지각적/공간적 은유를 사용하고 발명하기	시각적 이미지를 상상하기
사물들의 상호 위치를 상상하기	얼굴 인식하기

공간 지능은 우리가 지도를 이해하고 건물, 도시, 풍경에서 우리의 길을 찾고 무엇이 어디 있는지 기억하도록 도와준다. 이것은 의미들, 신앙, 사건, 이야기들을 시각 예술로 표현할 수 있도록 해준다. 화가, 조각가 그리고 다른 시각 매체를 이용하는 예술가들은 종교 문화를 창조하고 전수하는 데 중요한 역할을 해왔다. 덧붙여 신앙 공동체의 모든 구성원들은 시각적 표현들에 둘러싸인 공간에서 예배드리고 배운다. 공간 지능은 인류 문화에서 필수적이다. 인간의 종교 문화에서도 마찬가지로 필수적이다.

음악 지능[5]

음정과 리듬은 우리에게 의미가 있다. 어느 정도는 우리 모두 우리 자신을 표현하는 데 그것들을 사용한다. 그것들을 의미 있는 패턴으로 구성할 수 있는 능력에 탁월하기 위해서는 음악을 만들거나/만들고 이해할 수 있어야 한다. 이 지능은 다음 능력들을 포함한다.

노래하기	악기 연주하기
작곡하기	음악 만들기
음악 즐기기	음악 이해하기
목소리 음조의 변화	찬양하고 의식 거행하기

우리는 우리의 믿음에 관해 노래할 때나 분위기를 형성하기 위해 악기를 사용할 때, 혹은 환경을 전환하려할 때 우리의 음악 지능을 불러낸다. 우리는 이 지능을 우리의 찬양과 예배, 교회력 축일과 개인적 헌신에 사용한다. 우리의 지휘자, 성가대장, 그리고 찬양 인도자들은 그들의 음악적 재능을 사용하여 신앙 공동체가 그들의 믿음과 영성을 표현하도록 돕는다.

논리-수학 지능[6]

원인과 효과의 패턴을 알고 문제를 풀어내고 계산을 할 수 있는 능력은 논리 수학 지능을 반영해준다. 이 능력은 미래를 설계하고 과거의 패턴을 분별하게 해준다. 다음과 같은 능력을 포함한다.

연역 논리	귀납 논리
산수 논리	예측
과학적 방법론	수량 계산
수치 측정	수량 산출

신앙은 이해를 추구한다. 우리의 확증들을 이해할 수 있게 하는 데 논리, 통합, 탐구의 기술을 필요로 한다. 신학, 철학을 할 때, 그리고 우리의 궁금증을 좇아갈 때 우리는 이 지능을 사용한다.

신체운동 지능[7]

자신의 몸이 지닌 의미 있고 기능적인 움직임을 이해하고 수행하는 능력은 신체운동 지능이다. 움직임의 패턴을 알고 수행하는 것은 이 지성을 표현하는 것이다. 다음의 능력들을 포함한다.

걷기	춤추기
달리기	뛰어오르기
뛰어내리기	무언극 하기

몸짓	기어오르기
기어가기	균형 잡기

우리는 신체운동 지능을 신앙 공동체에서 몸짓과 자세가 있어야 하는 의식과 전례에 참여하는 데 사용한다. 믿음을 춤이나 움직임으로 표현될 때 사용한다. 우리의 신앙 이야기들을 드라마틱하게 재창조하거나, 우리가 인사하고 양육하고 다른 사람과 소통할 때 사용하는 몸짓들 속에서 이 지능을 사용한다.

대인관계 지능[8]

인간에게는 일대일로, 그리고 그룹으로 관계 맺는 방법에 관한 지능도 있다. 이 지능은 감정, 영혼의 양식, 자신과 다른 사람 사이의 힘을 알고 만들어내는 사람의 능력을 말한다. 다음을 포함한다.

사람 간의 차이 인식하기	리더십
타인에게 공감하기	타인을 연민하기
신체 언어 이해하기	목소리의 음조 이해하기
타인과의 동일시	타인의 감정에 대한 민감성

공동체로 서로 간에 사회적 규약을 맺고 살아가는 데 특별한 종류의 지능이 필요하다. 그 핵심에는 규약을 맺고 살아가는 사람들 사이에 존재하는 공통성과 고유성을 인식하는 것이 있다. 이 능력은 우정, 사랑, 존경, 이해와 민감함을 통해 나타난다. 사회적이고 윤리적인 삶을 위해 이것은 필수적이다.

내면 지능[9]

마지막으로 우리는 우리의 정신과 영혼에서 무슨 일이 일어나고 있는지, 그리고 우리 자신을 어떻게 양육할지에 대한 지능을 가지고 있다. 자기 인식self-awareness과 의식consciousness은 이 지능의 중심을 이루고 있다. 이것은 감정의 패턴을 이해하고 형성하는 것, 그리고 한 사람의 내적 삶, 정체성의 의미와 관련이 있다. 이는 다음을 포함한다.

자기 인식	감정에 대한 의식
건강에 대한 의식	필요와 열망에 대한 의식
명상	성찰
목표 설정	기도
자기 평가	자존감

개인의 영적 삶은 동시에 두 가지 방향으로 간다. 바깥을 향해 공동체적 삶으로, 그리고 안을 향해 내적 삶으로 말이다. 내면의 여정을 얼마나 잘 여행하느냐는 자신의 감정과 의미의 내면세계를 얼마나 잘 포착하느냐와 관련이 있다. 전통적으로 이 지능은 우리가 기도하고 명상하고 고백하고 은혜, 욕구, 두려움, 기쁨을 체험하도록 도와준다. 어떤 이의 종교적 여정의 결과 중 하나가 존재가 변화되는 것(우리는 어느 전통이냐에 따라 "새로 태어나다", "구원받다", "구속되다", "발견되다", "집으로 돌아오다", "깨닫다"와 같은 단어를 쓴다)이라고 한다면 이 능력 또한 우리의 종교적 삶의 중심이 된다.

그림 10.1과 10.2는 이 일곱 가지 지능이 어떤 식으로 발현되는지(10.1) 그리고 어떻게 의미 만들기를 가능하게 하는지(10.2)에 대해 펼쳐 놓은 것이다.

이러한 탁월함, 능력을 통해서 우리는 세계를 형상화하고 문제를 해결하고 우리 자신을 표현한다. 이러한 인지 과정 덕분에 우리는 세계와 관계 맺고 그 안에서 우리 자신을 드러낸다. 우리는 이러한 탁월함을 교육의 도구로 사용하여 종교 문화를 전달할 임무가 있다. 우리는 의미를 만들어내는 사람들이 이 일곱 가지 능력을 모두 사용하여 문화를 **발명**하도록 훈련할 책임 또한 있다. 그러므로 우리는 이 모든 지능에 도움을 청하고 발달시키고 그것들을 종교적

그림 10.1

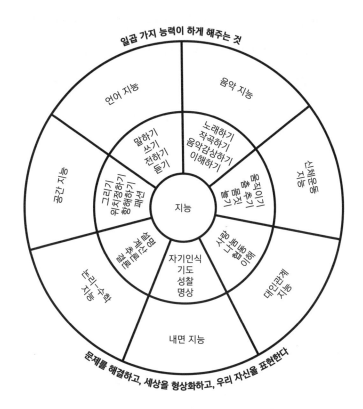

일곱 가지 능력이 하게 해주는 것

언어 지능

음악 지능

공간 지능

신체운동 지능

말하기
쓰기
전하기
듣기

노래하기
작곡하기
음악감상하기
이해하기

그리기
위치정하기
향하하기

움직이기
맞추기
느끼기

지능

대인관계 지능

논리-수학 지능

자기인식
기도
성찰
명상

내면 지능

문제를 해결하고, 세상을 형상화하고, 우리 자신을 표현한다

지능은 단일한 것이 아니며 여러 가지이다

지능은 우리의 의식으로 지휘할 수 있고 다음의 네 가지 척도를 만족시키는 정신적 능력으로 정의된다. 1) 문제를 해결하고, 세상을 형상화하고 표현의 수단이 되는 필수적인 지능이다. 2) 뇌의 특정 부분의 지배를 받는다. 3) 측정 가능해야 한다. 4) 다른 지능과 독립적으로 존재해야 한다.

그림 10.2

지능이 가능케 하는 것

	우리의 세계를 형상화하는 능력	해결책을 찾는 능력	의미를 행동으로 표현하는 능력
음악 지능	물리적, 초-물리적 세계의 음악적 모형	감정, 공동체에 대한 문제, 공동체와 의미에 대한 문제를 음악을 통해	노래하기 작곡하기 악기 연주하기
신체운동 지능	우리의 육체와 공간 속의 위치에 대한 모형	작업, 놀이, 스포츠 그리고 공동체에 대한 문제를 움직임을 통해	춤추기 몸짓하기 놀기 일하기
대인관계 지능	우리의 사회적 영적 환경의 세계에 대한 모형	관계와 사회적 삶에 대한 문제를 상호 작용을 통해	사랑하기 돌보기 협동하기
내면 지능	우리 자신의 과거, 현재 미래에 대한 모형	정체성과 자기 이해에 대한 문제를 성찰을 통해	자기 사랑 자기 돌봄 자기 평가
논리-수학 지능	우리의 형이하학적 형이상학적 세계에 대한 논리적, 수리적 모형	"무엇" "왜" "언제" "얼마나"에 대한 문제를 수학과 논리를 통해	계산하기 추론하기 설명하기
공간 지능	우리의 물리적, 초-물리적 세계에 대한 공간적 모형	"어디" "어떻게" "언제" "무엇" "왜"에 대한 문제를 공간적 사고를 통해	시각 예술적 표현 만들기 어떤 모양으로 빚어보기
언어 지능	우리의 물리적, 초-물리적 세계에 대한 언어적 모형	소통에 대한 문제를 언어 사용을 통해	말하기 읽기 쓰기

삶에 적용하는 것을 격려해야 한다.

데일 박사의 원뿔 다시 보기

수십 년간 비전문 교육자이든 전문 교육자이든, 오하이오 주립대학 교육학 교수인 에드가 데일 박사Edgar Dale가 개발한 교육 도구와 기억력 사이의 관계를 보여주는 간단한 도표를 사용해왔다. 그림 10.3은 그의 생각을 나타내준다. 이것은 교사들에게 수업을 진행하는 데 할 수 있는 한 최대로 실제 경험과 같도록 전인全人과 모든 감각이 관여하게 하는 것이 얼마나 중요한지 상기시켜주는 데 사용되어왔다. 어떤 이들은 이 명제를 언어 사용과 언어 지능은 다른 방법들과 지능보다 열등하다는 의미로 받아들였다. 나는 교육 방법과 기억력 사이에 관계가 있기는 하지만 이것이 한 지능이 다른 것보다 우월하다는 것을 보여주는 관계는 아니란 것을 말하고 싶다. 오히려 이 관계는 얼마나 많은 지능들이 경험을 요구하고 흡수하는 데 사용되는지와 관련이 있다. 물론 교육이 담고 있는 내용이 교육의 수단보다 더욱 중요하지만 수단은 거의 두 번째로 중요하다. 데일은 학습경험에 있어서 학습자가 단순히 보고 듣는 것이 아니라 얼마나 많이 참여하고 전존재로 관여하는지가 중요하다는 것을 상기시켜준다. 다중지능 이론The theory of multiple intelligence은 경험 속에 "전

그림 10.3

데일의
교육적 효과에 관한 원뿔

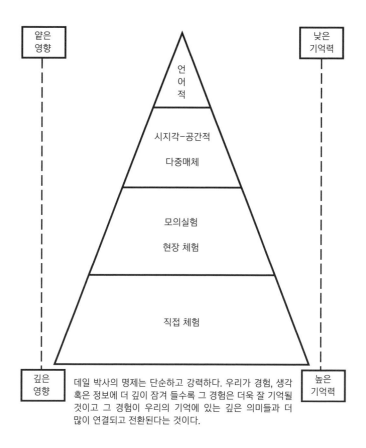

얕은
영향

낮은
기억력

언
어
적

시지각-공간적

다중매체

모의실험

현장 체험

직접 체험

깊은
영향

높은
기억력

데일 박사의 명제는 단순하고 강력하다. 우리가 경험, 생각
혹은 정보에 더 깊이 잠겨 들수록 그 경험은 더욱 잘 기억될
것이고 그 경험이 우리의 기억에 있는 깊은 의미들과 더
많이 연결되고 전환된다는 것이다.

그림 10.4

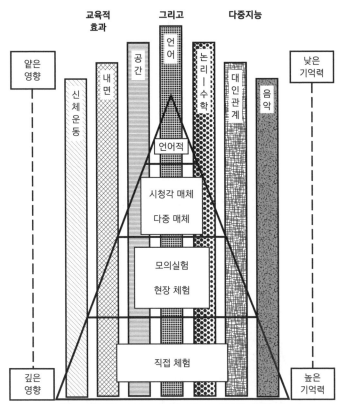

데일의 통찰은 직접적인 체험이 학습자의 모든 혹은 대부분의
지능의 영역에 관여하는 경향이 있다는 것을 눈에 띄게 해준다.
원뿔의 "위쪽"으로 올라갈수록 더 적은 능력들이 건드려지며
학습자에게 더 적은 영향을 준다.

인이 관여한다"는 것의 의미가 무엇인지 보여준다. 그림 10.4는 데일의 생각과 다중지능 이론을 결합한 것이다.

우뇌적 사고와 좌뇌적 사고는 무엇인가?

1950년대 초기 신경외과 의사들은 뇌전증의 몇몇 유형들의 증상을 완화시키는 수술을 개발했다. 이 절차는 대뇌 피질의 "양측적 bilateral" 특성에 대한 삼십여 년간의 연구와 숙고에 길을 열어주었다. 외과의들은 간질하는 뇌의 좌우 대뇌 피질을 연결하는 신경다발을 잘랐다. 이것은 많은 뇌전증 환자들의 간질을 멈추게 했다.

노벨상 수상자인 로저 스페리Roger Sperry와 같은 연구자들은 그 수술을 받은 환자의 행동과 사고의 미묘한 변화를 알아차렸다. 환자들은 하나의 두개골 안에 두 개의 뇌를 가지고 있는 것처럼 보였다. 그들의 발견은 두 개의 뇌 반구가 거의 독립적으로 사고할 수 있고, 서로 충돌하는 생각들을 가질 수 있고 충돌하는 행동을 개시할 수 있다는 것을 보여주는 것 같았다. 정보가 한쪽 피질에서 반대쪽 피질로 바로 전달될 수 있도록 해주는 뇌량을 잘라냄으로써 뇌전증 환자들을 무력하게 만들었던 간질을 멈출 수 있었다. 그 과정을 통해 그들은 어떻게 두 영역이 서로 다른 방법으로 정보를 처리하고 행동을 달성시키는지 관찰했다.[10] 그 후에 나온 그들의 작업과 연구는 인간의 뇌는 실제로 두 반구가 서로 정보를 교환하도록 해주는 신경조직에 의해 연결된 두 개의 뇌이며, 한쪽이 사고하는 방식은 반대편과 다르다는 유명한 견해를 만들어냈다.[11]

제1장과 2장에서 "분리 뇌split-brain"에 대한 연구가 산출한 몇 가지 결론들을 기술했다. 어떻게 우뇌가 정보를 총체적이고 직관적인 방식으로 처리하려고 하며 시각적, 그리고 공간적 정보를 이해하는 경향을 가지는지에 대해, 어떻게 좌뇌가 정보를 순차적이고 논리적인 방식으로 처리하려고 하며, 언어와 숫자를 이해하는지에 대해서 말이다.[12]

이것이 교육에 대해 준 암시는 바로 명백했다. 학교 교육은 언어-논리적, 시지각-공간적 모두를 포함하는 방식으로 양측 뇌를 모두 양육하고 길러서 전인을 교육해야 한다는 것이다. 언어, 말하기, 계산하기, 논리에 대해서 너무 많이 강조하는 문화에서 분리 뇌 이론은 읽기, 쓰기 그리고 수학이 사람을 교육하는 데 모든 영역을 다 포함시켜주지 못한다는 것을 잘 상기시켜준다.[13]

그러는 동안 대뇌 피질에 대한 다른 전문 영역들에서 이뤄진 발견들은 대뇌 피질과 그것이 가진 다양한 능력들에 대한 더욱 상세한 지도를 만들어냈다. 대부분은 대뇌 피질의 양측 반구 모두가 가진 능력들에서 나왔다. 물론 어떤 것들(시각 같은 것)은 뒤쪽에 있는 양측 반구 모두에서 나오며 다른 것들(계획하기나 목표설정하기 같은 것)은 대뇌 피질의 좌측과 우측 전두엽에서 나온다.

이 사실은 "분리 뇌" 인식 모델의 단순함을 방해하는가? 약간은 그럴지 모른다. "분리 뇌" 이론은 3차원적 대상을 2차원적인 방식으로 설명하려는 것과 같다. 경험을 사고하고 조직하는 두 가지 양식이 있다. 하지만 우리가 종교적 탁월함을 추구한다면 학생들이 일곱 가지 종류의 지능의 힘을 모두 발달시키도록 도움으로써 이루어질 것이다. 우리가 종교적 탐구 속에 있는 사람들을 양육하고 기르고 가르치고 훈련하고 교육하고 지식을 전해주고자 한다면 일곱 가지 지능이 보여주는 일곱 가지의 지적 탁월함의 영역들을 제공해주어야 한다.

한편, 우측과 좌측의 대뇌반구에 대해서 그리고 어떻게 인지 능력과 사고하는 방식이 한쪽에서 혹은 반대쪽에서 유발되는지에 대해서는 계속해서 연구되고 있다. 이에 대한 발견들은 사고하는 방식과 교육 방법들의 적절성에 대한 새로운 연구와 이해의 영역을 개척해냈다. 하지만 어떤 사람이 우뇌형인가 혹은 좌뇌형인가에 대한 결론은 특별히 생산적이라고 증명되지 않았다. "편재화"의 발견에 대한 더욱 생산적인 접근은 뇌의 어느 위치에 있는지에 상관없이, 우리들의 다양한 인지 기능의 차이들과 독특함에 초점을 맞추는 방식이었다. 우뇌형 혹은 좌뇌형 인간은 사실 존재하지 않는다. 우리는 그보다 더 복잡하다. "분리 뇌" 이론가들이 인간의 인지 능력에 대한 일원론적 접근을 비판한 것은 옳았다. 하지만 그들은 우리가 두 가지 방식으로 생각한다고 너무 빨리 결론지어버렸다. 우리는 다양한 방식으로 생각하고 창조하고 계산한다. 우리의 지능이 다양한 만큼 우리는 다양한 방법으로 이것들을 훈련하고 양육해야 한다.

한 사람의 전 생애에 걸친 배움과 사고하는 법의 배움을 통해 사고하는 능력의 중요성이 자라나고 전환된다. 다음 장에서 우리는 인간의 성장과 발달이 인지에 의해 영향을 받고 또 영향을 미치는 방식들에 대해 살펴볼 것이다.

제11장

순례자 정신

Pilgrim Mind

빈터

 열세 살이던 어느 늦은 일요일 오후 나는 내가 다니던 교회에서 열린 청소년부 모임 뒷줄에 앉아 있었다. 그 모임은 평범하고 일상적이었다. 모임을 왜 가졌는지, 무슨 말들이 오갔는지 기억이 나지 않지만, 자기 인식의 순간만은 생생하게 기억하고 있다. 내가 십 대 특유의 멍한 상태로 앉아있는 동안 연사는 무슨 말을 계속하고 있었다. 그러다가 내 앞의 금속제 의자 다리에서 반사된 햇빛이 내 시선을 끌었고 나는 멍한 상태에서 완벽하게 명확한 통찰의 순간으로 깨어났다. 나는 나 자신을 알았다. 나는 "나"라는 감각을 느꼈다. 나는 다음과 비슷한 생각을 했다.

> 나는 여기 앉아있다. 나는 빛의 반짝임을 보고 *있다*. 햇빛은 *나*에게 독특한 방식으로 내 눈을 찔렀다. 다음 순간 무슨 일이 일어나든, *이* 순간에 나는 깨어있고 살아 있고, 나 자신의 소유물이다. 나는 다른 누구에게 무엇이 되려고 하지 않는다. 나는 아무것도 걱정하지 않는다. 나는 여기 이 순간 내가 할 수 있는 만큼 살아있다. 나는 이 순간을 내 각성의 순간으로 기억할 것이다. 그 중요성이 저 반짝임과 함께 희미해져 가더라도 나는 이 순간을 결코 잊지 않으리라 나 자신에게 약속한다.

그 순간은 희미해졌지만 나는 그날 내내 남아있던 활기를 기억한다. 그것은 마치 안개 속을 헤매다 갑자기 안개를 뚫고 맑은 공기로 나와서 그 투명함이 나를 흔들어 깨우는 것 같았다. 그 통찰은 몇 분 사이에 왔다 갔고 거기에 있던 누구도 눈치채지 못했다. 그것은 전형적인 종교적 경험의 매혹적이거나 영광스러운 "아하의 순간"은 아니었지만 아직도 내 의미의 여정에 한 방점을 찍고 있는 기억이다. 몇 분 내로 나는 나 자신이 누구이며 내가 경험한 것들에 대해 아주 약간의 의식만 가진 채 다시 안개 속으로 잠겨 들어갔다.

그 짧은 순간 나는 내 삶의 여정을 따라 빈터로 걸어 들어갔다. 빈터에서 나는 자기 인식과 의식의 새로운 깊이를 알았다. 나는 내가 그 전날과 같은 소년이라는 것을 알고 있었다. 나는 무엇인가 새로운 것을 쥐고 있었다. *나*는 "새로운 것"이었다. 나는 변화된 아이이자 본래의 모습으로서의 나 자신을 의식하고 있었다. 나는 내 삶이 빈터와 변화의 연속일 것이지만 그 변화들을 겪어나가는 사람은 나로 남아있을 것임을 알았다.

찬장이자 가마솥으로서의 뇌

그 사건은 내가 인간 발달과 영적 성장에 대한 이 장을 구상하고 있을 때 다시 떠올랐다. 내 논지는 인간의 뇌가 우리의 개성을 담고 있는 물리적 집합체라는 것이다. 우리의 뇌는 인지적이고 영적으로 바뀐 사람이 되도록 물리적으로 설계되어, 우리를 우리 자신과, 타인과, 물리적, 사회적 생태계와 의미의 세상에 대한 보다 넓고 깊은 자각으로 향하게 한다. 뇌가 구성되는 방식, 뇌 조직이 의사소통하는 방식, 우리가 날 때부터 가지고 있는 수천 개의 고유한 프로그램들, 그리고 쌓인 의미가 우리를 인간 공동체의 생태계로 엮어 넣는 방식, 이 모든 것은 나에게 인간이란 존재는 *자연스럽게* 영적 순례자라는 것을 확신하게 한다. 게다가 우리 영성의 *초점*은 일생을 통해 의미가 의미 위에 쌓이듯이 언제나 변화하는 것이다. 이 일생을 통한 의미의 축적, 마음과 영혼의 순례가 염색체, 화학 작용, 그리고 조직에 뿌리를 두고 있지만 우리의 생명 작용을 초월했다는 것을 나는 확신한다. 인간의 삶은 적어도 탐구하는 뇌요, 순례하는 마음이다.

종교교육자들은 우리를 자신들의 교사이자 동반자로 받아들이는 사람들의 영적 순례를 도와주라는 부름을 받는다. 우리는 신경 과학자들의 통찰에 주의를 기울여서 밝혀진 인간의 본성에 관한 우리의 시각을 형성할 필요가 있다.

인지 과학과 신경 과학은 사람의 뇌를 일종의 찬장이자 가마솥이라고 가르친다. 의미, 기억, 선언(즉, 사람의 영혼)을 담는 물리적 용기이자, 동시에 내용물을 요리하고 조합하고 휘저어서 인간의 경험을 지금의 것으로 만드는 것이다. 다른 말로 표현하자면, 중추신경계는 발달하는 영혼의 탄생 장소이자 탁아소이다. 제리 라슨이라 불리는 이 영혼은 태어날 때 내 뇌에는 들어 있지 않았다. 그것은 내 생명 작용과 사회 생태계가 짝지어서 잉태되고 태어나고 양육된 것이다. 이 장에서는 이 발달론적 관점의 영향에 대해 살펴볼 것이다.

영혼

나는 잠시 물러설 필요가 있다. 영혼 그리고 *영적인*이라는 단어로 나는 대체 무엇을 말하고자 하는가? 라틴어 *스피리투스*spiritus의 뜻은 "호흡breath"이라는 뜻이다. 히브리어에서 영혼으로 번역된 단어는 하나님이 각 생물에게 나누어준 생명을 의미한다. 이 어근에서 최소한, 인간의 영혼은 내적 생명과 그것의 특질을 의미한다.

한 사람의 영혼이 선하거나 악하다고 말할 수 있으므로, 영혼은 **윤리적 차원**을 가지고 있다. 영혼은 사람의 정수精髓라고 말할 수 있으므로 영혼은 **정체성과 한 사람의 선언**과 연관되어 있다. 한 사람의 영혼은 **육체적 한계를 초월**한다고 말할 수 있으므로, 우리는 그것을 초-물리적이라고 생각한다. 영혼은 활발하거나 기운이 없다고 묘사될 수 있으므로, 영혼에는 **활력**의 정도가 있다. 우리는 영혼을 교감하거나 억누른다고 말할 수 있으므로, 영혼은 **인간관계와 단체 생활**에 묶여있다. 영혼은 태어날 때 "켜지고", 삶의 주기의 순례에서 색깔과 강도를 찾는 인간 본성의 필수적 측면이다. 영혼의 반대는 생명 없음이다.

　영혼은 다음의 다섯 가지 잠재력을 지닌 하나님이 주신 생명의 힘이다(그림 11.1을 보라).

　　　　활력: 육체적, 지적, 감정적 원기의 정도
　　　　도덕성: 원칙에 충실한 정도
　　　　너그러움: 자아를 투입하고 타인과 나누는 정도
　　　　정체성: 자신의 활력, 도덕, 너그러움에 대한 확신을 포함한
　　　　　　　　전체로서의 자신에 대한 감각
　　　　의식: 자신이 움직이고 있는 중요한 의미의 세상의 맥락
　　　　　　　안에서 느끼는 자기 인식

　각각의 특질은 우리 뇌 조직에 담겨있는 잠재력이다. 영혼은 피와 살에서 태어난다.

　개인적으로 표현하자면, 나의 영혼은 나다. 나는 어떤 영혼의 구현이다. 그것은 나 자신, 내 정체, 내 활력, 나의 가치, 나의 문화, 그리고 내가 나타내는 것이다. 그것은 나의 희망, 나의 상처, 나의 고민거

그림 11.1

인간의 영혼

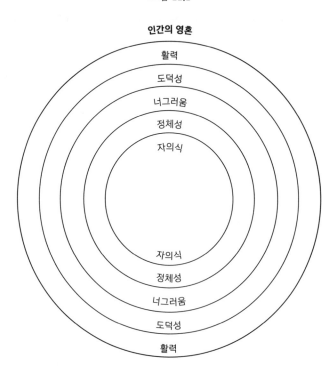

활력

도덕성

너그러움

정체성

자의식

자의식

정체성

너그러움

도덕성

활력

인간 영혼의 내재된 특질

인간의 영혼은 양파처럼 층으로 되어있다. 이 층이나 특질이 포함하는 핵심은 없으나 그 자체로 영혼을 형성한다. 영혼의 건강은 여섯 가지 성질의 상태를 반영한다. 우리는 이 영혼을 지칭하는 말로 "자아", "영혼", "나(me)", 그리고 "나(I)"와 같은 여러 단어를 사용한다.

리의 총합이다. 이 희망, 상처, 그리고 고민은 신뢰와 두려움, 열의와 무기력, 개방성과 폐쇄성의 특정한 양식과 조합으로 매일 제기된다. 그것이 나의 영혼이다.

내가 내 영혼이 기운이 없거나 활기차거나, 불안하거나 평온하다고 말할 때, 나는 기운 없거나 활기차거나 불안하거나 침착함을 느낀다. 나는 영혼이다.

한 사람의 영혼의 *여정*은 이 영적 특질을 찾고, 놓치고, 얻는 역사이며 의미, 실천, 침착함, 기쁨 또는 희망을 찾는 역사이다. 한 사람이 동반자와 하나님 그리고 세상과 교감을 이룰 때 그 사람의 인생과 노력이 의미 있어짐에 따라, 그리고 자기 인식이 깊어지고 넓어짐에 따라 그 사람의 여정은 전진한다. 생의 여정을 따라가는 전진은 완성 혹은 성취의 감각, *그리고* 가야 할 길이 아직 남아있다는 자각을 가져온다.

여정의 가치는 어떤 궁극적 목적지에 있지 않고, 여행의 질質에 있다. 여정을 완수하는 것은 장소가 아니라 존재의 상태이다. 자신의 안식이 잠시 완결되는 존재의 방식이다. 폴 틸리히는 이 완결된 순간들을 과거와 미래가 물러나고 현재의 풍부함으로 교체되는 "영원한 현재Eternal Now"의 경험이라고 불렀다.[1] 어떠한 존재 상태와 마찬가지로 완결의 순간은 평생동안 사용되는 배움과 자원을 제공한다.

그러나 존재의 *상태*는 일시적이다. 인지적 또는 정서적 상태는 인지적 또는 정서적 쇠약이 일어나지 않는 한 오랫동안 유지될 수 없다. 우리의 존재 상태가 동적이고 일시적인 것은 정상 상태이다.

의미 발달의 자연적 리듬은 다음과 같이 보인다: 불안은 우리로 하여금 찾게 하고, 찾는 것은 우리를 투쟁하게 하며, 투쟁을 통해서 우리는 의미를 발견하고, 의미로 완결과 휴식의 감각을 얻고, 그리고 휴식에서 우리는 다음 과제와 수색을 위한 힘을 얻는다. 이 의미-만들기 전술은 마치 스프링 코일처럼 의미 위에 의미를 쌓음에 따라 우리 삶에 나선형의 특질을 부여한다. 그것은 우리의 경험과 필요가 쌓임에 따라 이해의 휴식이 되풀이하면서 행해져야 하는 성장의 본질이다.

각각의 완결로 새로운 길이 드러나고 여전히 다른 단계의 완결로 향하는 통로를 연다. 그것은 생에 활력을 불어넣는 자아의 주기적 완결 또는 휴식이다. 그것은 배부른 돼지의 휴식이 아니다. 그것은 이사야서의 구절로 표현하자면, 달릴 수 있지만 지치지 않고, 독수리의 날개침 같이 올라갈 수 있으며 걸을 수 있지만 약해지지 않는 사람의 중심에 있는 영혼의 "휴식"이다. 이런 종류의 경험은 오직 평온한 영혼으로만 일어난다.

작자미상의 작은 시를 인용해본다.

세상에 슬며시 들어오는 이런 사람들은 먹기 위해,
잠자기 위해,
태어난 이유도 모른 채
오직 옥수수를 소비하고,
가축과 날짐승과 물고기를 먹어 치우고,
그리고 빈 접시를 남겨놓고 떠난다.

그리고 이 여정을 피하면서도 여전히 생명으로 취급되는 것도 가능하다. 그러나 우리들 대부분은 단순히 숨 쉬고 먹는 것만으로 충분하지 않다. 우리는 단순히 곤란을 피하는 흐릿한 존재가 아니라 진실과 의미를 일깨워줄 어떤 삶과 관계되기를 원한다. 신학자이자 심리학자인 하비 포토프Harvey Potthoff는 이것을 다음과 같이 표현했다.

한 개인이 사람들과 사건들로 가득한 세상에 민감하게 관여하면서 자신을 가치있는 존재로 여기고 자아를 통합하면서 성장하는 경험을 하는 것은 참 인간이 되는 축복의 경험이다.[2]

우리의 여정에서 그런 종류의 경험을 겪지 않을 때, 아마도 가장 두려운 고통일 수 있는 소외를 경험한다. 우리의 영혼이나 정신이 힘을 잃을 때, 에드나 세인트 빈센트 밀레이Edna St. Vincent Millay가 그녀의 시 〈르네상스(Renaissance)〉의 마지막 연에서 묘사한 대로 하늘은 이윽고 우리 위로 무너져 내릴 것이다. 무너져 내림은 흔히 공포, 슬픔, 죄의식, 우울, 화 또는 증오가 우리 삶의 이야기들을 악몽으로 만들 때 일어나는 것이다.

우리 삶에서 종교는 영혼을 키워주고 자각을 깊게 하고 우리를 하나님과 이웃에게로 다시 연결해주는 의미들을 찾는, 내면적 삶을 살도록 해준다.

순례자

인류학자 조셉 캠벨의 연구로 돌아가 보자. 그의 저서《천의 얼굴을 가진 영웅(The Hero with a Thousand Faces)》에서, 캠벨은 세계의 거의 모든 문화권에서 발견되는 이 여정에 관한 신화를 묘사하고 있다(그림 11.2를 보라). 문화권마다 자세한 부분은 다르게 전해져 오지만, 모든 신화는 같은 주제를 다루고 있다. 이야기는 활기 없는 혹은 위기에 직면한 마을의 경계 밖에서 부름을 받은 한 사람에 관한 것이다. 이는 마을의 구속에서 벗어나 마을을 낙원으로 만들고 사물의 중심에 있는 것과 교감을 이루게 할, 새롭지만 숨겨진 진실을 찾는 여정을 시작하게 하는 부름이다. 부름을 듣고 반응하

그림 11.2

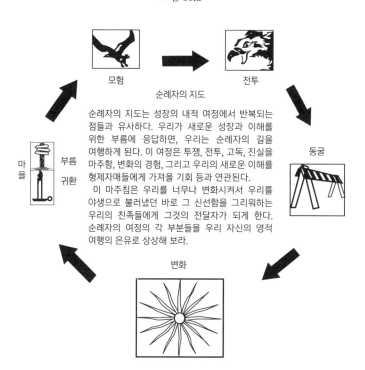

모험

순례자의 지도

전투

동굴

변화

마을

부름

귀환

순례자의 지도는 성장의 내적 여정에서 반복되는
점들과 유사하다. 우리가 새로운 성장과 이해를
위한 부름에 응답하면, 우리는 순례자의 길을
여행하게 된다. 이 여정은 투쟁, 전투, 고독, 진실을
마주함, 변화의 경험, 그리고 우리의 새로운 이해를
형제자매들에게 가져올 기회 등과 연관된다.
　이 마주침은 우리를 너무나 변화시켜서 우리를
야생으로 불러냈던 바로 그 신선함을 그리워하는
우리의 친족들에게 그것의 전달자가 되게 한다.
순례자의 여정의 각 부분들을 우리 자신의 영적
여행의 은유로 상상해 보라.

는 사람은 "영웅" 또는 "순례자"가 된다.[3]

　모든 이야기는 위험을 감수하고 마을을 치료할 방법을 발견하려
는 영웅의 행동에 대해서 말한다. 위험은 탐구의 본질적인 한 부분
이다. 여정은 모험처럼 시작된다. 그러나 곧 순례자는 악마와 낯선
힘들과 싸워야 하며, 고향에서 멀리 떨어진 깊은 고독을 견뎌야 한

다.[4] 영웅은 "정신의 동굴dungeons of the mind"을 제시간 내에 극복하고 고향 마을이 필요로 하는 은혜를 찾아낸다. 순례자는 숨겨진 은혜의 원천까지도 마주치는데, 이 힘과 중요성을 마주하는 것은 순례자를 마을까지 은혜를 가져가는 데 전력을 쏟는 새로운 사람으로 변화시킨다.[5]

순례자는 집으로 돌아오지만 반대와 부딪힌다. 마을의 낡은 편협함과의 투쟁은 여태까지의 투쟁 중 가장 힘든 것이다. 그러나 순례자의 새로운 힘, 자의식 그리고 은총 덕택에 이 투쟁까지도 극복하고 마을은 변화된다.[6]

태어나면서부터 시작되는 우리의 인지적이고 영적인 여정도 이 신화와 같다. 신화는 삶-은유이다. 때로 우리는 판에 박힌, 즉 마을에 빠져있는 자신을 발견한다. 마을의 단조로움에서 참신한 생활과 새로운 모험으로 전진하라는 부름이 들려온다. 그러나 삶에 불어넣을 신선함과 활력을 찾으러 떠나는 것은 충돌과 마주하고 전투에 참여하는 것이다. 또한 이것은 부름에 응한 사람이 누구이든 그 사람은 고독과 "집"의 편안함으로 돌아가고 싶은 충동을 견뎌야 한다는 것을 의미한다.

우리가 전진하라는 부름 속에서 믿음을 지킬 수 있고, 삶의 자궁으로 회귀하기를 거부할 수 있다면, 두려움과 공포의 동굴에서 탈

출할 수 있다는 믿음, 그리고 거룩하고 삶을 변화시키는, 구속救贖하는 존재와 만날 수 있다는 희망을 품을 수 있다.

마을

우리는 삶의 새로운 사건 모두를 어떤 *매트릭스*matrix(라틴어 자궁 또는 어머니에서 기원한 단어)에서 출발해야 한다. 우리는 삶을 아주 간단한 의미의 매트릭스, 바라건대 양육과 신뢰의 경험으로 이루어진 것으로 시작한다. 이 "모성적 매트릭스"는 옛것을 연습하기 위한 무대라기보다 새로운 의미와 경험의 발사대가 된다. 따라서 삶에 대한 우리의 첫 번째 결론으로부터, 우리는 더 정교한 사람이 되도록 요구된다. 이해의 성장은 옛 매트릭스, 낡은 마을을 떠난다는 것을 의미한다. 우리가 집의 편안함에 지나치게 익숙해지면 생각, 행동, 관계, 습관의 매트릭스, 또는 마을은 우리를 무감각하게 한다. 그리고 모든 인지적 도약과 의미의 도약, 우리가 삶에 개입할 때 사용하던 모형의 모든 변화는 우리 자신의 일부분을 떠나고, 죽이고, 버리는 것을 의미하기 때문에 많은 사람들은 쉽게 성장하지 못한다.

다행히, 우리에게는 같은 것을 오래 견디지 못하는 성질이 있다. 그것은 우리가 가지고 태어난 인지 프로그램이다. 그것은 우리가 삶의 나날에 의미를 부여하고 질문에 대답하고 일상에 특별함을 부여해 줄 다른 방식의 삶 또는 생각에 관한 소식을 듣고 싶어서 애타도록 만든다. 따라서, 이 애태움의 순간에 우리들 각자에게 일상을 떠나도록 하는 초대 또는 부름이 있는 것 같다. 그것은 (여정에서) "돌아온" 증인의 형태를 띠고 있다. 이 "절정"의 유혹은 우리가 서 있는 불편한 자리에서나, 또는 내부의 들볶음으로부터는 잘 보이지도 않지만 어딘가로부터 앞으로 전진하라는 부름이 있다. 이것은 성장하라는 재촉이다. 이러한 다행스러운 성질은 배울 필요가 없지만, 우리는 그것을 묵살하도록 학습될 수는 있다.

여정

무료함이든, 좀이 쑤셔서든, 혹은 마을의 벽 바깥에서 들려오는 부름의 유혹에 의해서든, 우리가 가기로 마음을 먹을 때, 여정은 우리에겐 거대한 **모험**이 된다. 존재의 오래된 곰팡내 나는 길을 벗어나는 것은 유쾌하다. 떠남에는 기쁨, 자유 그리고 다음 모퉁이, 다음날에 대한 기대가 있다. 우리가 착수하는 몇몇 새로운 추구는 다른 것들보다 더 흥분되는데, 마을의 무감각함이 사라졌다는 느낌은 틀림이 없다. 귀한 아이디어, 정보, 경험은 자연스레 즐거운 것이다. 학습과 발견은 해마의 일부분을 활성화시켜 우리에게 기쁨의 경험을 준다.

그러나 새로운 모험에는 다른 측면이 있다. 아무도 매트릭스를 떠나지 못하고 공격처럼 보이는 것의 습격을 피하지 못한다. 우리가 어떤 편안한 믿음을 버리면, 한때 믿었던 것에서 저항과 경고가 생겨난다. 새로운 전체를 보지 못하는 우리 자신의 기억에서 저항이 발생한다. 우리 자신의 윤리적 이해를 표현하는 전통적 모형과 관습, 도덕률을 버리면 우리는 내부와 외부의 저항과 반대에 부딪힌다. 새로운 길을 찾는 것은 변화를 피하려는 힘과의 전투를 뜻한다. 그러한 내적 충돌, 고개 저음, 그리고 공격의 와중에, 우리는 돌아서서 절며 집으로 돌아가고 싶은 충동에 시달린다. 전진하라는 부름은 여전히 우리에게 노래하고 있고, 빠르게 나갈 수 있다면 우리는 어떻게든 헤치고 나간다.

아마도 여정에서 가장 참기 힘든 부분은 우리가 정상적 행동 및 사고방식이라고 생각하던 것에서 너무나 멀어져서 여정의 목적이 공포의 열기 속에 증발할 때일 것이다. 그것은 고독과 두려움, 고통이 너무나 커질 때 생기는 우리 여정의 일부분이다. 이런 때에는 인간의 본질과 목표를 신선하게 드러내어 전진하는 부름이 너무나 멀리 있는 것처럼 보여서 우리는 애초에 집을 왜 떠났던가 하고 어리둥절하게 된다. 그것은 동굴만큼이나 어둡다. 학습과 성장은 유쾌함과 모험의 경험뿐만 아니라 이런 자기 의심, 두려움, 소외, 걱정의 측면

또한 있는 것이다.

동굴에서는 믿음을 지키는 것이 가장 중요한 일이다. 용기와 희망 (기묘하게도, 마을에서 받은 선물들)을 품은 사람, 들릴 듯 말 듯 한 부름을 포기하지 않는 사람이다. 변화의 문턱에서 동굴에서 나오는 사람은 믿음을 지킨 사람이다.

순례자를 위한 믿음에 대한 기초적 조항은 다음과 같다: 목적과 의미의 질문에 대한 대답이 있을 것이며 이것이 모든 변화를 불러올 것이다. 순례자는 모든 여정이 그 비밀을 보여줄 것이며 그 자신이 새로워질 것이라고 믿는다.

통찰과 발견의 순간은 하나님의 목소리가 방향을 제시해주는 불타는 덤불이 아닐 수도 있고(그럴 수도 있지만), 그리고 심지어 정말로 기대하던 것과 다를 수도 있다(같을 수도 있다). 사실, 통찰의 순간과 자아와 세상에 빛을 비춰주는 미묘하고 성스러운 존재와의 마주침은 공원 벤치에 앉아있을 때, 우유를 짜고 있을 때, 맥주 한 잔을 들이켤 때나 사랑하는 사람을 안고 있을 때 다가올 수도 있다. 우리가 어떤 모양으로 우리를 변화시키는 존재와 마주치더라도 그 것은 우리의 모형, 의미, 선언, 그리고 존재의 매트릭스를 급격히 변화시키는 성스러운 조우이다.

다른 사람을 구속할 수 있는 통찰이나 진리를 받지 않은 사람은 없다. 모든 사람은 마을에 할 수 있는 말이 있고 선포할 수 있는 선언이 있다. 흔히, 이것은 혼란스럽거나 힘들기 때문에 공유하기 힘들다. 그러나 마을은 그것이 필요하다. 각 사람의 말이 칙령이나 공포가 아니라 개인적으로 말해질 필요가 있다. 우리는 의미의 여정에서 발견한 것의 화신이 되어야 할 필요가 있다.

마을에 은혜를 돌려준다는 것은 우리가 탐색을 시작한 매트릭스 내부에서 우리의 진리가 된다는 것이다.

순례는 깊은 종교적 관념이다. 아브라함의 여정에 대한 이야기, 모세와 불타는 덤불, 에덴을 떠나는 아담과 이브, 고타마 붓다의 깨달음의 길, 바울의 다메섹 길의 경험, 그리고 예수의 십자가 여정, 이 모든 이야기는 순례의 모티브를 공유한다. 그것은 인간의 문화와 정신의 일부분이다. 나는 삶의 모형으로 그것을 추천한다. 그것은 우리 이전에 여행했던 사람들과 우리를 이어주기 때문이며, 성스러운 것과 명확히 연결 짓는 방식으로 우리의 세속적 삶에 질서를 부여하기 때문이고, 우리를 숨겨주는 보호자보다는 우리를 전진하도록 부르는 존재로 하나님을 생각하는 것이 더 합당하기 때문이다. 덧붙여, 그것은 뇌의 화학 작용, 회로, 생명 작용에 의해 가능하게 되는, 기억과 의미의 발달에 대한 기능적 은유이다.

네 개의 생명-각본

소포클레스의 연극 《오이디푸스 왕(Oedipus Rex)》에서 위협적인 스핑크스가 오이디푸스에게 수수께끼를 낸다. "아침에는 네 다리, 점심에는 두 다리, 저녁에는 세 다리로 걷는 것은 무엇이냐?"

스핑크스는 "맞추면 테베의 고대 도시에서 내 폭정을 없앨 것이다. 백성들은 다시 삶의 충만을 얻을 것이다."라고 조롱한다. 오이디푸스는 순간적 기지로 대답한다. "우리 인간이다! 우리는 났을 때 기고, 자라서는 두 다리로 서고, 늙어서 지팡이를 짚고 다닌다." 스핑크스는 스스로 목숨을 끊고 테베는 구원된다.

삶의 대부분은 우리에게 수수께끼이다. 우리는 삶의 신비에서 실마리와 예감을 얻지만, 때때로 우리의 예감은 낡은 문제를 증발시키고 아이디어를 자유롭게 하는 강력한 관점으로 뭉쳐진다. 이것은 신뢰도 높고, 파악하기 힘든 진실에 매우 근접한 관점의 힘이다.

사람들이 태어나서 죽을 때까지 성장의 여정에 있는 존재라는 확신은 신뢰도 높은 관점 중 하나이다. 그것은 우리의 관념과 기대, 우리의 삶까지도 해방시킬 수 있는 관점이어서 우리는 풍부한 삶이라는 과제를 계속해 나갈 수 있다. 순례자 모형은 높은 신뢰도를 가지고 있다.

아마 순례자 모형의 가치를 파악하는 한 방법은 그것의 대안을 살펴보는 것이다(그림 11.3을 보라). 하나의 대안은 "옹기장이 모형"이라고 불리는 것이다. 이 관점은 완전한 인간성은 적절한 훈련, 틀 잡기와 굽기molding and firing를 통해 얻을 수 있다는 신념을 바탕으로 만들어졌다. 그것은 우리가 삶이라 부르는 이 시도 동안 우리의 영혼의 틀을 잡는 힘들이 있을 것이라는 확신 위에 세워졌다. 이 관점을 받아들이는 것은 이 세상이 영적 성능 시험장이라는 사실 즉, 고난으로 나약한 사람들을 솎아내고 믿음 깊은 사람들을 강인하게 단련시켜 의로운 옹기righteous pots로 만들도록 설계된 시험장이라는 사실을 믿는 것이다.

이 믿음에 뿌리를 둔 종교교육은 훈련, 행동 교정 그리고 교사/옹기장이의 기준에 부합하는 것에 주안점을 둔다. 옹기장이는 진흙이 습기 있고 말랑할 때 형태를 잡으며, 어느 날 그것은 단단한 그릇이 된다. 쓸모 있는 옹기를 얻기 위해서는 진흙은 외부에서 형태가 잡혀야 한다. 진흙 자체는 그것의 존재에 기여하는 힘이 없다. 어느 특정한 단계에서 유약이 칠해지고 소성되어 완전한 옹기로 태어나는 것이다.

이 "시도"(옹기장이) 모형은 삶에 맞게 단련되고 있는 학생들에게는 수동적 경험이다. 그것은 개인적 완벽함에 중점을 두고 추종자를 선하고 순종적이게 교육시킨다. 이 관점은 사람들이 도덕적 발전

그림 11.3

네 개의 생명-각본

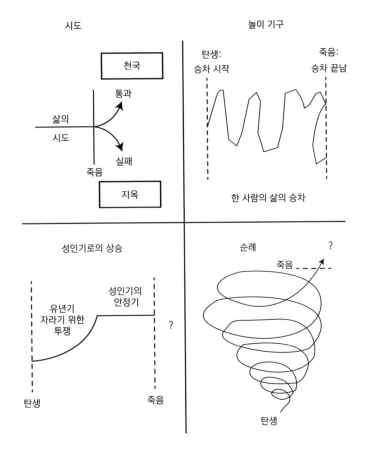

과 종교적 통찰의 단계를 거쳐서 성장한다는 사실을 무시한다. 대신에, 이 유형의 교육은 사람들이 올바른 교리를 믿고 종교적 전통의 가치가 있는 방식으로 행동할 것을 가르친다. 마지막 분석에서, 이 관점은 세상을 잔인한 장소로 만들고 사람들을 자신들의 존재를 틀 잡기 하려는 힘들 간의 십자 포화 속으로 밀어 넣는다. 사회과학에서 이것은 행동학자들의 접근방법이다.

두 번째 관점은 "성인기로 상승"하는 관점이다. 이 관점은 유년기와 사춘기의 시간을 완전한 사람-어른이 되기 위해 반드시 견뎌내야 하는 고난의 시기라고 간주한다. 이 관점은 삶의 목표가 자라기 위함이고 그 뒤로 쭉 행복하게 살기 위함이라는 신념에서 발견된다. 이것은 내가 어린아이일 때 오벌틴(우유맛 음료)과 함께 삼켰던(믿었던) 관점이다. 나는 지금도 왜 그때 내가 그렇게 살리라고 믿었던 것처럼 그 뒤로 쭉 행복하게 살지 못하는지 의아해할 때가 있다.

이 모형에 따르면, 세상은 어린이에게는 너무 강한 장소이다. 숙련되고 교묘한 어른에게 붙어있는 것이 그들의 미래를 위해 필수적이다. 이 모형에서 부모의 양육과 교육은 어른들이 필요하다고 여기는 것으로 어린이를 압도하고, 어린이가 원하는 것을 무시하는 일과도 같다. 이곳은 어린이가 보잘 것 없는 세상이다. 이 관점은 우리가 육체적, 정서적 발달을 통해 자란다는 사실을 진지하게 믿지만, 발달하는 어린이는 아직 완전한 인간이 아니므로 자신의 교육 계획에는 참여할 능력이 없다고 가정한다.

이 모형은 그 속에 여정으로서의 삶의 징후가 보인다는 점에서 순례자의 관점에 한 단계 더 가깝지만 전체 일생이 순례자의 지도 경계 내부에 존재한다고 단언하는 데에는 실패한다. 이 모형은 프로이트 학설의 발달 관점이다.

나의 아버지가 금주 협회에서 겪은 경험은 이 관점의 한계를 드러내는 한 예이다. 나는 아버지가 십 년 간 금주하고 받은 "칩chip"을 기억한다. 십 년 전 차 사고와 감옥과 자살 시도를 겪은 후 그는 치료소행을 명령받았고 금주 협회에 가입했다. 아버지는 당시 예순 살이었다. 그는 내게 그의 고난 중 가장 어려웠던 것은 감옥이나, 고향에서 일어난 그 사고의 내용을 적은 경찰 보고서를 읽은 후 느꼈던 창피함이 아니었다고 말했다. 오히려 그것은 금주 협회에서의 12단계 프로그램이 주는 어려움이었다. "나는 모든 걸 다시 시작해야 했지." 그는 내게 말했다. "나는 육십 살인데 걷는 걸 다시 배워야 했어. 난 내가 항상 어른이라고 생각했어. 그런데 금주 협회 사람들은 내게 철 좀 들라고 하는 거야." 그는 내게 말했다. "난 내가 열 살 일 때 보다 더 어린애인 것처럼 느껴졌단다. 그런데 그 모든 순간이 좋아지기 시작하는 거야." 아버지는 금주 협회의 형제자매들이 돕는 삶의 변화를 달성하기 위해 "성인기로 상승"하는 모형을 취했다. 거기서부터 돌아가실 때까지, 그는 자신을 순례자로 여겼다.

세 번째 각본은 내가 "놀이기구"라고 부르는 것이다. 여기, 믿음과 감정이 반드시 일치해야 한다는 생각을 조건으로 하는 관점이 있다. 느껴지는 것이 진짜이고 감정은 믿음을 앞선다. 믿음과 신뢰의 대상은 흥분, 고요함, 사랑, 승리, 심지어 공포와 슬픔까지 가져온다. 만약 내가 살아있음, 사랑받음, 연결돼 있음을 느끼고 행복하다면 내 영적인 삶은 반드시 괜찮아야 하는 것이다. 내가 너무 긴 시간 동안 두려움, 의심, 고통을 내 삶에서 느낀다면 무언가 잘못된 것이다. 이 관점에서 종교 지도자와 교육자의 일은 이 감정적 롤러코스터의 존재 속에서, 하나님과 나의 신앙 공동체가 나를 행복하게 만들 것이라는 희망을 계속 가지도록 하는 것이다. 개인의 영성을 개인의 감정적 상태로 평가하는 이 관점에서 만들어진 사역의 목표는 사람들을 기분 좋게, 행복하게, 따뜻하게, 흥분되게 혹은 평화롭게 만드는 것이다.

내 말을 오해하지 말라. 신앙과 믿음에는 감정적 측면이 분명히 있다. 결국 감정은, 말하자면 우리에게 극히 중요한 신호이고 우리의 내적 삶을 나타내는 경보이지만, 그것이 사역하는 이유가 되면, 우리의 일은 순례를 위한 전초기지라기보다는 싸구려 놀이 행사로 보일 수 있다.

"순례의 모형"은 신뢰도가 낮은 이 세 가지 관점의 교정 방책이다. 나는 그것이 사역을 재활시킬 수 있다고 확신한다. 이 모형을 받아들이면 그것은 스핑크스의 위협에서 테베가 놓여났듯이 교육자의 일을 놓아줄 것이다. 이 관점은 인간 삶의 주기를 우리가 사역을 이해하는 방법의 중심에 놓는다. 이것은 다음의 일곱 개의 주장에 기초를 두고 있다.

1) 모든 인간은, 나이나 건강에 상관없이 완전하게 인간이고 피어날 가능성을 가지고 있다. 인간임humaness에 있어서 정도degree란 없으며, 오직 인간 삶의 단계들만이 있다. 이 주장으로 우리는 모든 사람의 완전한 인간성을 확인한다.

아기들은 의미를 찾고, 공동체에 참여하고, 우리의 모든 기획enterprise의 핵심인 관심을 나타내는 것에 대한 기본적인 인간의 계획을 가지고 태어난다. 이 기본적 욕구는 우리 뇌에 태어날 때부터 각인되어 있다. 우리는 태어날 때 인간으로 틀 잡혀지기를 기다리는, 보잘것없는 작은 것이 아니다. 우리는 의미와 문화, 공동체에 굶주린, 정회원으로 태어났다. 우리의 인간성은 우리의 신경 통로에 의해 형성된다.

2) 모든 인간은 유전자에 새겨진 성장 계획을 가지고 지구에 도착한다. 발달론자들은 우리에게 성장단계는 우리 몸의 모든 세포에서 처리되는 복잡한 계획에 의해서 결정된다고 말한다.[7] 그리고 모든 피조물은 하나님의 것이므로, 유전자 코드는 실제로 하나님의 계획이다. 어린이들의 몸의 모든 세포는 어떤 교사나 상담사보다 무엇이 자기에게 최선의 것인지 더 잘 안다. 우리가 서로에게서 배울 것이 많지 않다고 말하는 것이 아니라 우리들 각자는 무엇을 찾아야 하는지 알고 태어났다는 것이다. 내게 필요한 것을 나보다 많이 아는 사람은 없다. 우리는 그것을 잊어버리고, 묻고, 거부하고 심지어 숨기도록 교육받을 수 있지만, 무엇을 찾아야 하는지 아는 것은 처음 시작한 그 자리에 있다.

확실히, 그 계획은 대략의 윤곽만 있을 뿐이다. 우리는 문화와 우리가 우리의 세계로 출입을 허용한 사람들과 협력하여 우리 자신이 직접 세부사항을 만든다. 그러나 이 윤곽은, 그것이 아주 친숙한 패턴으로 자라는 때라도 참신함, 신비, 그리고 놀라움까지 고려한 완전한 청사진이다. 종교교육자로서 우리의 계획은 그 성장을 촉진하고, 더불어 도전하고 찬양하는 것이지만, 분재 나무를 키우는 것처럼 조작하지는 않는다.

3) 첫 번째 호흡부터 마지막까지, 우리는 자란다. 삶의 주기 중에서 우리가 성장이 멈췄다고 말 할 수 있는 지점은 없다. 육체적으로도 아니고 정서적으로도 아니며 지적으로도, 영적으로도 아니다. 이것은 에릭 에릭슨[8], 장 피아제[9], 로렌스 콜버그Lawrence Kohlberg[10], 그리고 제임스 파울러James Fowler[11] 같은 발달 연구자들의 증언이며, 사 천년에 걸친 인간의 믿음의 역사가 증언하는 것이다.

4) 성장은 순차적이며 일반적으로 예측가능하다. 예를 들면, 에릭슨은 그의 연구인 인간 성장의 8단계에서 심리적 사회적 발달의 각 단계는 **예측 가능한 순서로, 개인 성장의 특정한 시간에** 일어난다고 주장한다. 피아제는 인지 발달에 관해서 같은 결론에 도달했다. 도덕적, 종교적 성장에 관해서 그 속도는 예측 가능하지 않을 수도 있다. 그러나 그 순서는 예측가능할 수 있다고 본다. 인간 발달에 관한 특정한 모형들의 유효성에 관하여 많은 논의가 이루어졌다. 따라서 우리는 사람이 어떻게 자라는가에 대하여 신선하고 편견이 적은 연구에 개방적으로 접근할 필요가 있다. 여전히, 모든 연구가 가리키고 있는 것은 **우리는 자라고**, 잠재력으로 시작한 것이

펼쳐진다는 것이다. 우리는 일생에 걸친 출현과 발견의 순례에서 성숙하고 지적이고 신실한 사람으로 변해간다. 우리는 틀 잡혀야 하는 옹기가 아니라 양육되고 도전받아야 하는 성스러운 유기체이다.

5) 지력, 체력, 정서, 그리고 영혼의 성장은 특정한 종류의 영적, 사회적 생태계, 즉, 피조물을 정의롭게 키우고, 사랑과 존경의 세례를 주고 애정으로 길러지는 생태계에서 가장 잘 일어난다.

유대인이 바빌론에서 쫓겨났을 때 경험했을 고립을 상상해 보자. 믿음의 공동체와 고향에서 단절된 채로 그들은 괴로워했다. 그들이 낯선 땅에서 영적 생태계를 창조할 수 있었기 때문에 그 고난을 견뎌낼 수 있었음을 좀 더 생각해 보자. 그것이 그들 공동체의 생태계의 힘이었다. 영적 생태계의 형성하는 힘에 대해 심도 있는 묘사를 살펴보기 위해 C. 엘리스 넬슨C. Ellis Nelson[12], 로스 스나이더[13], 그리고 폴 어윈[14]과 같은 종교교육자를 보자.

6) 믿음 안에서 사람을 양육하는 것은 세대, 문화, 성격에 따라 다르다. 교육과 예배는 인간의 인지와 정서 발달에 대한 광범위한 지식 교육가로 하여금 공동체의 순례 요구, 위기,

열망, 그리고 과제에 대한 경험을 재단할 수 있게 하는 지식을 필요로 한다. 우리는 이제 현명한 남자와 여자들이 몇 세대에 걸쳐 감지해왔던 것을 바로 학습하고 믿음을 전파하는 데는 말과 그림, 논리와 직관, 시와 산문, 이야기와 강의, 행동과 고요, 상징과 직접 경험과 관련한 기술, 각 인간의 발달에 맞춘 이 모든 것의 다양한 조합 기술이 필요하다는 것을 *경험적*으로 안다.

7) 삶-주기 사역은 산다는 것은 패턴과 결정이 계속 행해진다는 면에서 주기적이고, 동시에 참신함과 성장이 항상 잠재되어 지향적이라고 말한다. 우리들 각자는 발견의 여정에 나선 순례자이다. 사실상, 우리는 복합적인 여정 중에 있다. 그리고 순례의 패턴은 우리 일생에 걸쳐서 반복될 것이다. 그러나 순례의 주기는 원형이 아니라 성장의 나선이다. 우리는 나선에서 떨어져 나갈 수도 있고, 벗어나거나 막힐 수도 있지만, 하나님의 계획은 우리가 어떤 종류의 완전함을 향해 자라가는 것이다. "결말payoff"은 사람들이 그 완전함에 도달하는 것이 아니라 여정을 따라서 생명의 충만함으로 둘러싸이고, 거룩한 존재의 동행하심이 경험되며 공동체의 깊이가 만져지는 것이다. 여정은 그런 것이다.

무엇이 예측 가능한 단계를 따라 이 성장을 유발하는가? 유기체들은 무수히 다양한 삶의 공동체 속에서 가장 잘 자란다. 우림 속의 생명 현상은 숲의 균질하지 않은, 매우 다양한 유기체 때문에 가능하다. 사람들 간에도 마찬가지이다. 우리의 의미의 세상, 창조 안의 우리 자신에 대한 모형, 그리고 우리의 삶의 기술은 더 깊고 넓은 경험에 의해 강화된다.

우리는 영적 생태계인 회중으로 모이고 회중의 다양한 세대와 조건과 배경으로부터 의미와 지지, 그리고 삶 자체를 이끌어낸다. 다양할수록 더 좋다. 사실상, 개인을 성장의 단계를 통한 여정을 따라 움직이게 하는 원동력은 다양한 경험, 풍부한 조우, 그리고 커지는 지식의 더미이다.

어린이는 특히, 세대를 초월하고, 다문화적이며 다른 민족 간의 교육적이고 문화적 경험에서 더욱 혜택을 얻는다. 우리의 신앙 공동체가 인간성의 다양성을 나타내지 않는다면 교육자들은 어린이들을 위한 이런 기회를 회중의 테두리 바깥에서 준비해야 할 필요가 있다. 유감스럽게도, 신앙 공동체는 인간성의 가장 다양성이 결여된 생태계 중의 하나로 남아있다.

요점은, 성장이 축적의 문제라는 것이다. 어린이가 컵에 담긴 우유가 그릇에 부어졌을 때 그 양이 그대로라는 것을 처음으로 인지했을 때(어린이의 능력이 피아제의 인지 성장 모델의 제1단계에서 2단계로 넘어갔다는 표시), 그 능력의 도약은 경험의 축적에 관한 문제이지 어린이의 나이나 유전자에 심어진 타이머가 울린 결과는 아니다.

순례 사역의 열 한 가지 특징

삶-주기 사역은 어떤 것인가? 나는 이런 종류의 사역의 열 한 가지 특징을 제시한다. 순례 사역에서는,

1) 신체적 발달이 미치는 영향에 주의를 기울인다. 우리의 예배, 교육, 휴양의 장소는 중장년들뿐만 아니라, 유아, 청소년, 노인들의 신체적 필요에 대한 세심함을 반영한다.

2) 교육과정과 계획에 있어서 발달의 차이가 언급되고 고려된다. 방법과 내용은 발달 이론에 대한 이해의 정도를 반영한다.

3) 사람들은 창조에 대해 보다 깊고 넓게 이해할 때 성장한다. 따라서 지도자와 교사들은 사람들이 순례 여행을 따라 움직이게 할 수 있는, 그들의 특정한 능력에 따라 선발되어야 한다. 교사와 상담자는 그들의 뇌를 정보로 채우기보다는 사

람들을 앞으로 불러내도록 훈련되어야 한다.

4) 성장, 위기, 구속의 순간은 기념으로 표시된다. 사람들은 신성과 매일 마주친다. 우리는 첫 번째 치아의 발치, 의미 있는 생일날, 병에서 회복됨, 사랑하는 사람을 잃는 것, 결혼, 졸업, 은퇴 등의 통찰과 성장의 순간들을 표시할 수 있다. 삶-주기 사역은 우리가 이런 마주침의 순간들을 기념할 수 있도록 예배 의식을 만들어낸다.

5) 순례 사역은 훈련을 통한 양육에 중점을 둔다. 기도, 예배, 성경 공부 같은 기술을 통한 훈련은 우리의 과제에 포함되어 있어야 하지만, 성장을 위한 관심이 먼저이다.

6) 순례 사역은 배움의 순간으로서 위기에 초점을 맞춘다. *위기*는 위험 또는 기회의 순간을 나타낸다는 것을 기억하라. 위기는 전환점이며 경험의 정점(결혼식, 탄생, 취직 등) 혹은 고난의 시기(상실, 충돌, 권태 등)이 될 수 있다. 설교, 학급, 소식지는 우리를 새로운 길로 밀고 당기는 사건과 관련 있는 생각과 판단을 가져올 것이다. 전문가와 동료와의 일대일 상담은 필요로 하는 사람에게 제공되어, 삶의 듀엣이 주는 구속의 힘을 확증한다.

7) 프로그램은 사람들의 필요, 나이, 관심에 따라 조절된다.

프로그램은 기회, 내용, 배경의 뷔페 요리처럼 보이는 경향이
있다.

8) 양육과 교육은 모든 세대와 많은 종류의 과거 경험이 나
타나는 전체 믿음의 공동체가 함께 가능한 한 자주 행해진
다.

9) 이처럼 양육하고 구속적인 생태계를 이룩하기 위해서 우
리의 사역은 다양한 사람들의 마음을 끌어당기고 양육하
는 경험의 합주concert 안에서 이야기, 예배, 음악, 말씀을 통
하여 믿음을 나타낸다. 말씀이나 음악 혹은 미술 단독으로
는 많은 사람을 감화시키지 못한다. 그러나 우리의 사역에 매
체와 방법을 접목시킬 때, 우리는 사람들로 하여금 인간성을
흥미롭게 만드는 많은 문화적, 경험적, 발달적 경계를 뛰어넘
어 예배하고 배우고 공유하게 할 수 있다.

10) 지도자는 가지 치는 사람, 옹기장이, 의사, 관리자라기보
다는 정원사, 산파, 운동경기의 코치 같은 존재이다.

11) 우리는 모든 인간이 그 속에서 번영할 수 있는 구속적이
고 양육하는 영적 생태계를 축복으로 받는다는 것에 관심이
있다. 궁극적으로 우리 모두는 같은 생태계를 공유하고 있
다. 그러므로 삶-주기 또는 순례 사역은 지구상의 모든 구

성원을 위한 사랑과 정의의 운동에 열정적으로 참여한다. 그리고 어떤 유기체도 고립되어 존재할 수 없기 때문에 우리는 정의와 보살핌이 모든 유기체에게 적용되는 것에 관심이 있다.

마사 스나이더는 구속적 영적 생태계의 힘과 모든 세대의 인간성, 일어날 수 있는 놀라움, 그리고 연결과 의미를 찾는 인간의 본성을 말해주는 교육 실습생과 네 살짜리의 만남에 관해 썼다. 교류는 너무나 일상적이어서 어린아이의 관점이 가진 힘에 대한 증거로 대부분 눈에 띄지 않을 수도 있었다.

봄 학기가 시작될 무렵, 톰은 교생으로 학교에 처음 왔다. 그는 어린아이들과의 경험이 전혀 없었다. 네 살짜리 에스텔은 톰이 학교 정원 구석에 아주 심각한 표정으로 앉아있는 것을 발견했다. 에스텔은 톰에게 다가가 그의 어깨를 건드리고 그의 얼굴 쪽으로 더욱 다가가 말했다.

에스텔: 선생님은 생일이 없었어요?
톰: 아니, 생일이 있었어.
에스텔: 엄마가 쿠키를 안 구워줬어요?

톰: 아니, 구워줬어.

에스텔: 그럼 엄마가 초를 안 꽂아줬나요?

톰: 아니 꽂아줬어.

에스텔: 그럼 왜 그렇게 슬픈 거예요?[15]

삶-주기 사역은 하나님의 사랑과 정의가 모든 곳, 모든 사람에게 어느 때든 나타나기를 기대한다.

우리 각자는 변화된 것이자 본래의 것이다. 우리 삶은 빈터와 변화의 연속이다. 그러나 그 변화를 통과하는 사람은 "너" 또는 "나"로 그대로 남아있다. 시간이 지나면서 항상 나였던 나는 자랐고 의미의 우주를 축적했다. 우리 순례자 정신은 우리가 진정한 영혼과 영혼의 교류로 서로 만날 수 있는 정신의 공동체 안에서 자란다. 성장은 보상이다. 마틴 부버Martin Buber는 "모든 참된 삶은 만남이다."라고 말했다.[16] 아마도 그는 다음과 같은 결론에 만족할 것이다. 모든 참된 만남은 축적되어 우리를 돕는다.

제12장

의식의 출현

The Emergence of Consciousness

현존재

나는 우리의 뇌가 우리를 인지적이고 영적으로 변화시키도록 설계되었다고 **주장해왔다.** 그 새로운 존재는 자기 자신과 타인, 의미의 세상에 대해 더욱 깊고 넓은 깨어있음으로 나아간다. 우리는 포괄적이다. 우리는 뇌에서 계속적으로 배열되는 데이터로 세상을 모형화한다. 모형이 발달됨에 따라, 그것은 우리 자신의 모형을 포함하게 된다. 우리 내부에 있는 우주의 팽창이 가져오는 믿을 수 없는 결과 중 하나는 그러한 자기-모형에 대한 **인식**이 점차 출현하는 것이다. 그것은 반성적 사고, 기획된 미래, 스토리 텔링과 의식적 결정을 가능하게 하는 자기에 대한 인식의 출현이다.

에릭 에릭슨에 따르면, 이 자기 인식self-awareness은 사춘기의 중요한 시기를 통해 피어나고 지나간다.[1] 우리의 삶의 모형(제2장에서 언급된 모형화의 10단계)은 정체성과 자의식이 무대 중심을 차지하기 전에 높은 단계의 복잡성과 완전성에 이르러야 하는 것처럼 보인다. 에릭슨에 따르면, 대체로 그러한 복잡성에 이르는 데는 약 12년이 걸린다. 정체성 발달은 정체성이 허용하는 친밀함의 강한 패턴을 발달시키려는 필요에 의해 무대 안쪽으로 사라지기까지 최대 12년간 더 중심에 머문다.

나는 지난 장을 나의 자전적 이야기 한 토막으로 시작했다. 내가 이 "정체성의 위기identity crisis"를 막 시작했을 때 그 순간은 나의 순례에서 어떤 의미를 남겼기 때문에 이 논의에서 언급할 필요가 있다. 나는 그 과정에서 온전함integrity으로서의 나 자신을 깨닫게 되었다. 나는 우리 모두가, 특히 사춘기 동안 자기 자신을 바라볼 때, 그와 비슷한 깨어남의 순간을 회상할 수 있을 것이라고 생각한다. 아마도 이것은 십 대 청소년 중 많은 수가 일생에 걸친 가치, 선언 그리고 상징들에 대한 신뢰도의 재배치를 뜻하는 종교적 경험과 회심을 알린다는 사실을 설명할 수 있다.

나는 사람들이 십 대가 되기 전에는 자기를 형성하지 않는다고 말하고 싶지는 않다. 오히려 12세에서 24세까지의 전환기에 이르기 전까지는 이것이 중심 과업이 되지 않는다고 말하려는 것이다. 실로, 자기self는 탄생의 순간부터 형성되기 시작하며, 성인기의 성격은 많은 부분이 생후 처음 10년간에 이루어진다.

나는 우리가 사춘기 *이전에는* 자기 인식을 하지 못한다고 말하지도 않는다. 아주 어린 나이의 어린이들은 자신들에 대한 그림을 그릴 수 있고, 이야기할 수 있으며, 다른 사람이 자기들에 대해 갖고 있는 생각을 상상하고 자신과 대화한다. 우리가 삶의 주기에서 일찍 우리 자신에 대한 모형을 만드는 작업을 시작한다는 것은 명확하다. 그럼에도 불구하고, 개인의 자기 모형은 사춘기에 중점적으로 발달된다. 이 시기에 무대 중심에서 "하는" 것은 그 자체를 바라보도록 배우는 것이다. 데카르트가 결론 내린, "나는 생각한다 고로 나는 존재한다"를 생각해 보자. 이런 맥락에서, 십 대는 결론 내린다. "나는 생각하고 있는 나 자신을 생각한다. 고로 나는 존재한다!"

열세 살 어느 일요일 오후 통찰이 떠올랐을 때, 나는 마치 방금 깨어난 듯했고 잠을 떨치고 나 자신 앞에 서 있는 듯했다. 나는, 칼 야스퍼스Karl Jaspers가 그 경험에 이름 붙인 대로, *현존재*dasein였다. 이 독일어 단어의 뜻은 "거기에 존재한다being there"는 뜻이다. 실존주의자들은 인간을 뜻하는 말로 이 단어를 사용한다.[2] 이것이 내 경험과 맞는다. 깨어난 사람은 존재로 거기에 있다.

그러나 의식이란 무엇인가?

우리가 우리의 여기-있음being-here을 알 수 있다는 사실은 지난 삼십 년간 인지 과학에 대한 논문, 책과 연구를 촉발했다. 이 연구의 어려움 중 하나는 의식consciousness과 자기 인식, 즉 스스로 깨어있음을 정의하는 문제였다. 나는 의도적으로, **의식**은 다른 누군가에게 알릴 수 있도록 사고와 경험을 의식하는 경험(신경 과학자의 용어로 감각질)을 지칭한다. **자기 인식**은 정신적 초점을 자기 자신, 자기의 사고, 경험에 대해 맞추고 있는 상태를 말한다. 당신은 자신을 바라본다.

우리는 어떤 가능한 생각에 대해 우리의 인식의 초점을 맞출 수 있지만 우리가 생각한다는 것에 대해 초점을 맞춘다는 것은 다른 어떤 것을 생각하는 것과는 다르다. 그것은 의미 제작을 위한 강력한 전략이다. 그것은 활력liveness의 사다리 위에 앉아있고 그 아래 단계 때문에 존재한다. 각 가로대rung는 살아있음aliveness안으로 들어가는 새로운 문턱을 나타낸다(그림 12.1을 보라).

이 사다리의 바닥에는 생물학적 삶이 있다. 모든 살아있는 유기체는 이 단계에 참여한다. 그것은 그 위 모든 단계에 의해 공유되는 하나의 기본적 요건이다. 즉, 환경과 상호 작용할 수 있는 능력이다.

기본 단계 위는 경계 상태의 단계이다. 경계하는 것은 유기체가 휴식도 할 수 있음을 암시한다. 준비 상태와 휴식 상태 사이의 리듬은 대부분의 동물 유기체에서 관찰된다. 경계 상태는 나쁜 영향을 주는 어떤 것에 대비하는 상태이다. 단세포 동물 또는 늑대 한 마리를 둘러싼 환경은 특별한 반응을 할 수 있도록 만드는 자동 전략을 촉발시킨다.

그 바로 위에 있는 것은 깨어있음wakefulness이다. 깨어 있는 상태는 유기체가 자거나 환경에 둔감한 시간이 있음을 암시한다. 수면과 깨어 있는 상태의 주기가 나타나기까지는 수백만 년의 진화가 필요했고, 상대적으로 복잡한 중추신경계를 가진 동물들에만 있는 듯 하다.

깨어있음과 관련되어 있지만 좀 더 강한 것은 주의하는 능력이다. 그것은 다음 단계를 위한 필요조건이고 날카롭고 식별력 있는 감각 (특히 듣기, 보고 냄새 맡기, 원거리 또는 "원격 감각")을 요구한다.

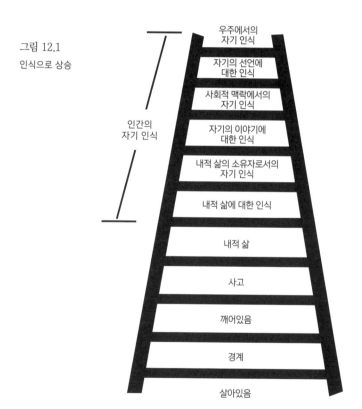

그림 12.1
인식으로 상승

우주에서의
자기 인식

자기의 선언에
대한 인식

사회적 맥락에서의
자기 인식

자기의 이야기에
대한 인식

내적 삶의 소유자로서의
자기 인식

내적 삶에 대한 인식

인간의
자기 인식

내적 삶

사고

깨어있음

경계

살아있음

다음은 문제 해결을 위한 주의 집중이다. 하등동물에게는 신경계가 특정한 자극을 만나면 자동적으로 행동을 일으키기 때문에 문제 해결이란 거의 없다. 그러나 정보가 쌓이고 사용할 수 있는 충분한 피질을 가진 고등 척추동물에서는 문제 해결 또는 "사고thinking"가 일어난다. 문제를 해결하는 동물이 그 과정을 인식하지 못할 수도 있지만, 피질은 정보를 모으고 평가하고 적절한 행동을 시작한다.

문제 해결과 더불어, 이 살아있음의 단계는 경계와 평온 상태를 넘어선 좀 더 복합적 감정을 포함한다. 공포, 흥분, 분노, 우울, 쾌락은 몇 종류의 동물에서 관찰되지만 거의 대부분은 포유동물에서 관찰된다. 동물의 뇌의 다른 부분에 비해 피질이 클수록 감정 상태는 더 미묘하고 변화한다. 감정과 감각(육체적 고통과 쾌락 같은)을 갖는 능력의 진화적 역사에서 발달은 내적 삶의 경험에 대한 토대를 제공했다. 이것은 영장류만의 속성인 것처럼 보인다.

다음 가로대는 (명백히) 호모 사피엔스만의 특징이고 "자기 인식"의 분류에 적절하게 속한다. 다음의 것들을 포함한다.

- 우리의 의식적 사고의 대상물과 연관된 행동에 대한 선택의 감각과 더불어, 사고와 내면 상태(우리는 우리가 생각하

고 느끼는 것을 안다)에 대한 인식

· 우리 자신에 대한 인식

· 의식적 사고의 흐름과 일생에 걸친 이야기의 소유자이자
주연배우로서의 우리 자신에 대한 인식

· 물리적, 사회적, 영적 생태계 내에서의 우리 자신에 대한
인식

· 다른 것들 중, 그리고 우주를 배경으로 하는 우리의 선언
에 대한 인식

살아있음의 아래 "가로대"에서 형성된 인지는 우리가 선택할 수 없
는 과정이며 그것은 일상적, 무의식적 행동을 만들어내는 정신 활동
의 대혼돈에서 나온 결과이다. 그러나 마지막 가로대는 자기가 행동
을 선택하도록 허락하는 살아있음의 단계를 나타낸다. 자유로운 활
동과 도덕적 선택은 이들 마지막 단계에서 이루어진다. 헨리 데이비
드 소로Henry David Thoreau는 좀 더 정확하게 지적한다. "도덕적 개혁
은 잠을 떨쳐 버리려는 노력이다."[3]

사회 철학자 알프레드 슈츠Alfred Schutz는 이 인간 의식의 최고봉
을 "널리 깨어있음Wide-Awakeness"이라고 불렀다. 그는 이렇게 썼다.

널리 깨어있음이란 용어로 우리는 삶에 대한 깊은 주의와 그 요구조건에서 기인하는 최고도의 긴장에 대한 의식의 평면을 나타내고자 한다. 오직 실행하는, 특히 활동하는 자기만이 삶에 깊은 관심이 있으며, 따라서 널리 깨어있다. 그것은 행위 내에서 살아 있고 그것의 주의는 오직 계획을 실행하는 것에 초점이 맞춰져 있다. 이 주의는 능동적인 것이다. 수동적 주의는 충만한 깨어있음의 반대 개념이다.[4]

우리가 "종교적" 삶이라 부르는 것의 많은 부분이 우리의 자의식에서 일어나거나 발달하기 때문에, 학생 안에서 의식을 양육하고 강화하고 넓히는 것이 교육자로서 우리가 중심으로 하는 일이다. 우리가 그 현상을 좀 더 깊이 이해하면, 우리는 의식의 양육, 강화 및 확장 전반에 대한 실마리를 얻게 될 것이다.

자기 인식과 의식이 어떻게 가능할 수 있는가?

자기 인식과 의식의 기원을 연구하는 연구자들 사이에는 어떤 패턴이 나타나고 있다. 다음은 몇 가지 결론이다.

　　1) 자기 인식과 의식은 의식의 연속성을 따라 존재하는 "지점"이다(위 참조).[5]

2) 의식, 자기 인식, 영혼은 뇌 없이 존재할 수 없다. 그들은 뇌보다 더 오래 지속될지도 모르지만, 뇌는 그들의 탄생 장소이다.[6]

3) 그러나 자기 인식과 의식은 뇌의 특정한 부위에서 발생하지 않고 오히려 뇌의 여러 부분과 인지 프로그램이 상호 작용하는 부분에서 발생한다. 그것은 특정한 단계의 인지적 복합성이 달성된 후에 일어난다. 이것은 각각의 음들이 동시에 울렸을 때 발생하는 화음, 배음, 코드 같은 것이다.[7]

4) 자기Self는 의식을 경험하고 의식을 사용하는 듯 보이는 것이며, 또한 중심 의미자central-meaner인데, 이것은 우리가 의식하고 있는 것을 주장한다.[8] 나는 여기서 은유를 사용하려 한다. 자기는 물리적 성질의 것이 아니다. 자기는 우리가 인식하고 있는 사고를 주장하거나 "소유"하는 *우리 자신인 의미*the meanings that we are이다.

5) 자기는 전기적 기억을 "모으는 자gatherer"이다. 또다시 은유를 사용해보자. 제리라는 유기체가 기억하는 사건은 모두 나라는 자기 모형에 의해 연결되어 있다. 자기는 그 전기傳記의 가치를 인정하고 감상하는 자이다.[9]

6) 우리 의식의 내용은 물리적 세계의 실시간 경험, 내적 사

고, 감정, 상상, 그리고 회상을 포함하는 경험의 흐름의 일부분인 *듯하다.* 이 흐름은 우리가 기억하는 가장 오랜 과거 저편에서부터 흐른다. 이것의 완전성은 그 모두를 "나의 이야기"로 주장하는 자기에 의해 유지된다.

7) 현상학적으로 자기는 의식적 인식의 관찰자이다. 그것은 우리의 상상에서의 관찰 지점인 "관점"을 가지고 있다.

8) 의식의 산물은, 객관적이고 물리적 세계에 대한 *사고*와 더불어서 무엇을 어떻게 생각하고 경험하는지에 대해 우리가 가지는 사고이다. 우리는 우리의 지각에 대해 생각한다. 마치 이 생각들이 실제로 "거기에 있는" 것에 관한 생각인 *것처럼* 여기게 된다.

9) 우리 자신, 세상에 대한 우리의 내면의 표현, 세상에 대한 내적 경험에 대한 사고는 개인마다 다르다. 하루 그리고 수년에 걸쳐 오고 가는 이 모든 사고들이 축적되어서 우리라는 사람을 형성한다. 어떤 면에서 우리는 진행 중인 일-삶의 이야기와 의미로 "건설되는" 무형의, 어떤 가상현실이다.[10] 자기는 시간이 지나면서 자라거나 변화해도 여전히 같은 자기로 남아있다. 그러나 그것이 항상 "거기에" 있는 것은 아니다. 그것은 필요할 때 하루에 몇 번씩 활동하도록 소환되는 잠재력

이다. 그것은 뇌에서 그려지고, 정보를 처리하고 조정, 결심 또는 판단을 요구하는 결정을 내린다. '내가 다음에 무엇을 할까?'라고 생각할 때마다 나의 자기는 소환된다(그림 12.2를 보자).

요약하면, 우리의 행동, 사고, 지각의 대부분은 의식되지 않고 처리된다. 그들은 "(D.C. 데넷의 은유를 빌리자면) 동시적 인지의 대혼돈pandemonium"에서 처리된다.[11] 의식은 자기가 요구되거나 혹은 빠르게 진행되는 뇌의 다양성의 어떤 측면에 주의를 기울이면 발생한다. 이것은 최소한 다음 네 가지 기본적 방식으로 발생한다.

1) 대혼돈이 해결되지 못하고, 우리가 어떻게 해야 할지 모를 때
2) 강한 감정으로 흥분되거나 경계할 때
3) 우리가 외부의 원천(누군가 우리 이름을 부르거나, 우리가 얼굴이나 상황을 알아볼 때)에 의해 "소환"될 때
4) 강한 기억이 어떤 경험에 의해 걸려 나올 때

의식이 어떻게 발현되는지 상관없이, 다음의 현상들은 일어난다.

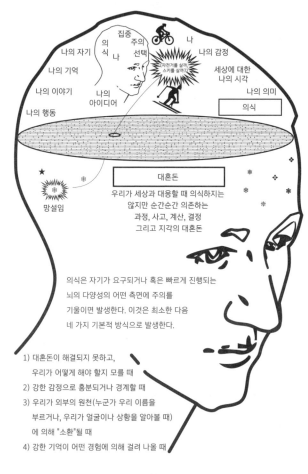

그림 12.2

1) 주의가 집중된다

2) 인지가 느려진다

3) 사고思考에 관해 사고된다

4) *자기*가 조종을 개시한 듯 보인다

5) 기억이 모인다

6) 집중된 사고를 *하*는 데 사용되는 뇌의 부분들이 초당 40
   회 주기의 일치된 전기 맥박을 발생시키기 시작한다

7) 우리는 가능성을 시연하고, 대안을 상상한다

8) 우리의 활력 징후(체온, 맥박, 호흡, 혈압)가 상승한다

우리의 의식과 자기 인식에서 나오는 결과는 결정, 행동, 결론, 의미
와 감정의 경험, 창조, 파괴, 또는 쾌락일 수도 있다. 어떤 것이 대혼
돈으로부터 우리의 인식으로 "뚫고" 나오든지 혹은 타인이 우리를
부르든지 상관없이, 우리의 의식과 그것을 조절하는 자기는 매번 새
롭게 조립된다.

의식은 어떻게 생성되는가?

생존, 의미 찾기, 번식의 요구는 우리의 모든 행동의 근간이다. 의
식은 우리의 모든 능력과 마찬가지로, 이들 필요로부터 진화한 것이

다. 여기서 그것이 어떻게 생성되는지 다루겠다.

모든 유기체는 생존하고자 "애쓴다". 당신과 나 같은 움직이는 피조물이 생존하기 위해서는, 우리의 생활 공간에 대한 지식이 필수적이다. 세상을 인지하기 위해서는 관점이 요구되며, 관점은 우리가 "내부"와 "외부", "나" 그리고 "내가 아닌 것"을 구별할 수 있다는 것을 의미한다. 이것은 위험이나 공격으로부터 안전을 도모하기 위해서뿐만 아니라 우리가 아주 크게 의존하는 우리 종족과 우리를 연결하기 위해서 중요하다. 모든 피조물은 "나" 그리고 "내가 아닌 것", "내 것" 그리고 "내 것이 아닌 것"을 인지할 수 있어야 한다.

진화를 거치면서 모든 동물에게 "나"와 "내가 아닌 것"에 대한 인지는 주위 환경에서 움직이고, 음식을 확인하고, 짝짓고 위험을 피하기 위해 필요했다. 척추동물은 내가 아닌 것의 성질을 발견하고 찾기 위한 감각의 정교한 배열을 진화시켰다. 그들이 발견한 것은 움직이고, 수렵하고, 숨고, 어울리는 등의 정보를 제공한다. 동물들은 원시적 방법으로 항상 "묻는다". 내가 어디 있나? 이것이 무엇인가? 그리고 이제 무엇을 해야 하는가? 움직이는 모든 유기체에게 마지막 질문에 대한 "대답"은 "달아나" 아니면 "덤벼"이다.

복잡한 유기체일수록 "달아나기" 또는 "덤비기"에 대한 레퍼토리는 커진다. 새로운 어떤 것, 모양, 냄새, 소리 등이 유기체의 뇌에 입

력된 뒤, 도망 또는 접근의 선택을 내리기 전에, 유기체의 전체 신경
망은 돌아가기 시작한다. 감각은 상황 정보를 갱신하고, 뇌로 하여
금 정보를 분석해서 행동을 취하게 만든다. 이것은 의식에 대한 동
물의 전구물precursor이다. 아직 자기 인식의 상태는 아니지만, 그와
가깝다.

진화에서 일정하게 고조된 경계 상태는 어떤 동물들에게 요구가
발생하고 행동이 필요하기 오래전에도 탐험하고 정보를 취하도록
만든다. 그들은 궁금하게 된다. 우리의 조상들은 호기심 많은 본성
을 만족시키는 아주 빠른 눈과 머리를 발달시켰다. 우리와 조상들은
항상 세상을 알고 싶어 하는 "정보를 먹는 동물informavores"로 불릴
수 있을 것이다.[12]

이런 "호기심의 특징"은 뇌에서 중요한 물리적 발달을 가져왔다.
빠른 "등쪽 뇌dorsal brain(시각 피질)"는 즉각적 시-공간 계산과 실시
간 안전 및 조종 임무를 담당했다. 느린 배 쪽의 부분(전두와 천정
피질)은 정보 탐구 뇌의 저장과 조직을 담당하는 부분이었다.[13] 영장
류에서 그 기능은 특화되면서 왼쪽과 오른쪽 피질로 더 퍼진다.

현재까지 진화적 변화는 유전적으로 발생하기 때문에 보다 잘 적
응하는 유전자(유전자형)는 잘 적응된 동물(표현형)을 만들어 냈
다. 이 변화는 태어나기 이전에 생긴다. 일단 태어나면, 당신은 생존

에 필요한 장비와 전략으로 당신이 취득하게 될 모든 것을 가지고 있다. 고등 영장류에서는 동물들이 생존과 호기심에 필요한 새롭고 독특한 전략을 *배울* 수 있기 때문에 태중의 "진화"가 가능해졌다.

다시 말하면, 뇌는 생애 동안 진화하게 해 줄 유연성과 적응성을 발달시켰다. 특별히 좋은 학습이나 기술은 동종의 다른 동물들이 인식하고 복사했다. 만약 그것이 정말로 유용한 것이라면 그것은 다음 세대의 "교육"의 일부가 되었다. 더 유용한 학습은 실제로 그 집단의 진행을 가속시켰다.

확장된 피질의 진화를 따라, 고등 영장류와 전침팬지prechimps과 동물은 진화 역사에서 갈라졌다. 큰 뇌의 조상들은 그때 인지적 발달의 가장 큰 도약을 할 태세였다. 아이로니컬하게도, 그들의 뇌는 우리와 거의 똑같았다.

학습된 행동, 피질의 분리된 특성, 좌뇌 후방의 빠른 계산에 의해 가속화되어 우리 조상들은 대화를 학습했다. 그들은 단순히 신호를 주고받는 것이 아니라 사물에 이름을 붙였다. 그들은 물체와 소리를 연관시켰을 뿐만 아니라 어휘를 발명하고 문법을 썼으며, 이야기했다. 그때부터, 언어는 인간의 역사를 지배해왔다. 오늘날 영아의 뇌는 물리적으로 첫 번째 호모 사피엔스 아기의 뇌와 똑같지만, 현대의 아기는 뇌의 "운영체제"를 이용한 완전히 새로운 한 세트의 "응용 소프트웨어"를 갖게 되는데, 그중 가장 중요한 것은 모국어이다. 그 소프트웨어로 우리는 우리의 세상을 좀 더 효율적으로 모형화할 수 있고 그것의 연대기적 특징들과 그 안에 있는 우리의 특징들을 추적할 수 있다.[14]

언어는 생존의 결정을 위해 필요한 정보를 교환하고 도움을 불러오는 도구로 쓰였다. 우리 조상들은 음식과 물, 쉴 곳을 어디서 찾을 수 있는지 도움을 얻기 위해 서로 *말했다*. 그러나 한 사람의 요구를 들어줄 주위에 아무도 없는 경우가 자주 있었다. 주위에 아무도 없을 때 개인은 자신에게 이야기하는 절차를 발달시켰다. 그 개인의 "자기-요구self-request"는 타인이 요구하거나 질문할 때 대답하는 것과 똑같은 효과를 가졌다. 따라서 인간은 "내적 말하기"를 발달시켰다.[15]

줄리언 제인스Julian Jaynes에 따르면 언어가 발달하고 종족과 가족이 다른 일족과 마주치기 시작하면서 초기 인간은 주의caution를 학습했다. 그들은 낯선 사람에게 자신들의 필요를 노출하는 것에 신중해야 했다. 요구가 많은 이방인은 겨우 먹고사는 자기 일족에게 위협이 될 수도 있었다.[16] 그 결과, 제인스에 따르면 더 현명한 사람들은 그들이 다른 사람들에게 처음으로 드러낼 것을 시연하기 위해 목소리를 거의 내지 않는 내적 말하기 혹은 자기 말하기를 학습했다는 것이다. 그들은 가능한 행동 계획을 통해 *그들 자신에게* 말하는 것을 상상하는 법을 학습했다.

　그들은 이방인과 접촉한 결과에 대해 자신에게 말하고 심지어 생존하기 위해 거짓말까지 지어내기도 했을 것이다. 그 과정에서 그들은 그런 시연을 "하기" 위해 그들의 정신적 지형을 돌아다닐 자신들의 모형을 발명해냈다. 게다가, 그들은 시연을 "지켜보고" 가능성을 평가했다. 자기, "나(me)" 또는 "나(I)" 없이는 그렇게 할 수 없다.

　두 가지 경우 모두(자신에게 말하기와 조우를 시연하기), 내면 말하기 또는 성찰적 사고가 그 결과였다. 제인스는 성찰적 사고와 자기에 대해 생각하는 것은 언어, 문화간 여행 그리고 상업이 발달하기 전까지는 불가능했다고 주장한다.

"나(I)" 발달시키기

　따라서 오늘날, 우리가 생각하고, 계산하고 문제 풀이를 할 때, 사고는 자기의 축적된 감각에 부착된 기억과 관념의 역사의 맥락 안에서 이루어진다. 나(me)인 "나(I)"는 55년이 넘게 제리였던 것의 개념과 은유로서 점차 형태를 갖추어 왔다. 내가 나의 세계를 측정하고, 내 사고를 의식하게 되고 심지어 내가 축적해온 자기를 바라보게 되자, 나는 그렇게, 자기가 되고, 자기를 의식했다.

그러나 *자기* 의식Self-consciousness은 단순히 생각하는 것만이 아니라 사고와 생각하기의 인식을 갖는 것이다. 인식은 우리가 생각하는 어떤 것이 고조된 감정과 주의력 그리고/또는 혼동을 일으킬 때 생긴다. 그것은 마치 깨어나서 행동 중인 우리 자신을 얼핏 보는 것과 같다. 시간이 지남에 따라 그 얼핏 봄glimpses은 의식의 흐름으로 회상된다.[17] 이 흐름은 우리가 다른 사람에게 말할 수 있는 개인적 서술(이야기)로 조직된다. 그것은 언어와 관계없이는 일어날 수 없다. 헬렌 켈러는 눈과 귀가 들리지 않았기에 앤 설리번이 그녀의 선생이 되기 전까진 언어와 관계가 불가능했다. 앤의 도움으로 십 대의 헬렌은 자기와 자기를 사랑하는 사람들을 발견했다. 열쇠는 헬렌에게 언어를 준 앤의 천재적 가르침이었다. 켈러는 이렇게 썼다.

> 내 선생이 오기 전까지 나는 나임을 몰랐다. 나는 세상이 아닌 세상에서 살았다. 나는 공허의 무의식적인 그러나 의식적인 시간을 적절히 묘사할 희망을 가질 수 없었다. 사고의 힘이 없었기 때문에 나는 하나의 정신 상태를 다른 상태와 비교하지 않았다.[18]

스스로 생각하는 것은 우리가 생각하거나 행동하거나 존재하는

것을 생각하는 일종의 사고의 기적적 순환(고리)이다.[19] 우리의 생각
에서 어떤 순환을 만들 수 있고, 그래서 우리가 자신을 의식의 흐름
속에서 점검할 수 있을 때, 우리는 깨어있음 가운데 있다. 그것은 인
간관계, 언어, 은유적 사고의 상호 작용으로, 그리고 고리를 만들 충
분한 경험을 쌓은 후에 발생한다. 의식과 깨어있음은 다음에 나열한
어떤 특정한 기술과 경험을 요구한다.

· 자기를 인식하기 위해서는 과업이나 결정에 집중해서 무
  의식의 자동 전략을 중단시키고 논리 과정을 작동시킬 수 있
  어야 한다. 다시 말해서, 우리가 기억에서 주의, 원천, 선택권
  에 집중할 수 있게 되면, 우리는 의식할 수 있게 된다. 자기 인
  식은 지금 하고 있는 일, 관련된 기억, 그리고 우리를 세상과
  연결해주는 감각에 집중하기를 요구한다. 집중을 잃으면 자
  기 인식도 잃는다.
· 자기 인식은 *목적에 관한 의미와 기억에 접근할 수 있는*
  능력을 요구한다. 그것은 자기 이해, 존중받는 삶, 그리고 자
  기를 인식하기로 결심할 수 있는 활동적인 정신을 요구한다.
· 자기 인식은 때로 *행동과 결정을 일으키거나 취하기 전*
  에 그것을 시연할 수 있는 능력을 요구한다. 그것은 조건이나

상황 또는 결과를 상상할 수 있음을 의미한다. 그것은 우리에게 계획이 실행되기 이전에, 결과가 야기되기 이전에, 혹은 가능성이 실현되기 이전에 상상해보라고 요구할지 모른다. 우리가 세상을 더 많이 알수록, 우리의 시연은 더 잘 될 것이다. 우리가 더 큰 창조의 그림을 의식적으로 고려할수록, 우리의 시연은 더욱 믿을만한 것이 될 것이다.

• 자기 인식은 *"내적 말하기"*를 요구한다. 내적 말하기는 "나"와 "나"의 모형 간에 일어나는 대화이다. 나는 나 자신을 상상하고 사물에 대해서 자신과 말한다. 그것은 우리가 다른 사람과 이야기 할 때와 같은 깊이와 존경, 명확성을 가진다. 그것을 가장 잘하는 사람에게는 그것은 솔직하고 회의적이며 탐색적이고 확증적이다. 우리는 다른 사람이 우리에게 하는 말에 영향받는 만큼이나 자신에게 말하는 것에 영향을 받는다.

• 자기 인식은 끄적거리기, 노래하기, 놀기, 조각하기, 상대방과 맞추기, 시각적 수색 전략, 일하기, 쓰기, 읽기를 포함하는 *우리의 일곱 가지 지능 모두를 다루는 회상과 내적 말하기를 위한 전략*을 요구한다. 이 모든 표현은 자기 인식을 심화시키고 넓힐 수 있다.

자기 인식과 의식의 특징은 무엇인가?

조금만 더 기다려 달라. 곧 실제적인 것과 종교교육에 대한 이야기로 돌아갈 것을 약속한다. 나는 우리가 영혼을 양육하고 보살핀다면 영혼 키우기의 과학에 대해 최대한 많이 알아야 한다는 신념을 고집스럽게 고수하고 있다. 과학이 그러한 이해로 나아갈 수 있는 길을 보여준다면 우리는 더 주의를 기울이는 편이 좋을 것이다.

이 장의 초반에 나는 줄리언 제인스를 언급했다. 그의 기념비적 저서 《양원적 정신의 해체와 의식의 기원(Theorigins of Consciousness in the Breakdown of the Bicameral Mind)》에서 제인스는 인간의 문명의 성장과 자기 인식의 발달과의 연결에 대해 묘사했다.[20] 그는 인류학, 역사, 문학, 인지 과학, 그리고 철학을 동원하여 자기 인식의 나이가 마을과 도시, 상업이 발달한 직후인 5, 6천 년 밖에 되지 않았다는 것을 주장한다. 사람들이 이방인과 여행자들과 접촉을 시작하자, 그들은 곧 조심하는 것이 현명하다는 것을 깨닫는다. 제인스가 세운 이론으로는, 그들의 안전을 위해 초기 인간은 낯설고 위험한 사회적 조우에 관해 실제 접촉하기 전에 상상해야 했다. 그들은 상호 작용을 정신적으로 시연하고, 미래의 조우에 대해 상상했다. 연습하는 모형 없이는 접촉을 상상할 수 없다. 따라서 자기 인식이 발달되기 시작했다.[21]

제인스에 따르면 우리가 우리의 언어와 이야기, 문화로 서로를 양성해온 자기 인식에는 여섯 가지 특징이 있다.[22] 우리는 여전히 이 특징에 의존한다.

첫째, 제인스는 우리의 의식적 인식이 순차적이 아니라 공간적으로 구성된다고 말한다. 우리가 하고 있는 것은 (그것이 기억이나 책, 연설, 소리, 시각, 또는 다른 조합이든지) 우리가 감지하는 세상에 존재하는 것 같은 그대로의 공간적 방식으로 우리의 사고 속에 "위치"한다. 만약 우리가 많은 것을 하고 있다면, 그것들은 우리의 가상 세계에 널려져 있게 된다. 책 속 페이지에서 페이지로, 또는 연극의 장면에서 장면으로 넘어가듯이 우리는 의식적으로 사고에서 사고로 진행한다. 러시아의 심리학자 알렉산더 루리아Alexander Luria는 우리의 의식적 사고의 "풍경적" 본질을 가리키는 한 환자의 경우를 보고했다. 그 환자는 사진 같은 기억력으로 괴로워하고 있었다. 다른 사람과 교류하려고 노력하는 순간에 그가 기억한 모든 것이 그의 의식 속에 남아서 그의 생각을 가득 채웠다. 그가 주의를 기울이고 싶은 충동을 느낀 모든 것들이 그를 짓누르고 있었다. 그 환자는 우연히, 잊어버리는 법을 찾았다고 했다. 그는 단순히 원하지 않는 정보를 그의 상상 속에서 숨겼다. 그는 의미 없고 원하지 않는 주소나 이름의 기억을 상상의 나무 뒤에 놓고 마술의 천으로 가렸다. 그는 자꾸 그의 생각에 튀어나오는 어떤 사람을 그림자 속에 놓거나 어떻게든 위장했다. 의식의 공간적 성질을 이용함으로써 그는 부활절에 계란이 생각나는 것을 숨기는 것처럼 기억을 숨겼다.[23]

의식의 풍경의 공간적 본질과 관련된 것은 제임스가 이름 붙인 두 번째 특징인 *발췌*/excerption이다. 발췌는 우리가 인식하는 것은 일부분이라는 사실을 지칭하는데, 그것은 마치 한 번에 하나의 각도에서 보이는 것과 같다. 우리는 동시에 어떤 사람의 얼굴과 뒤통수를 생각할 수 없다. 우리의 정신적 그림은 재빠르게 하나의 관점에서 다른 것으로 움직일 수 있지만, 그것을 동시에 우리 마음에 담지는 못한다. 아마 당신은 말할 것이다. "아, 그런데 나는 두 가지 경관을 나란히 상상할 수 있는데요." 그렇다 당신은 할 수 있다. 그리고 나도 할 수 있다. 우리는 두 사람을 상상함으로써 그렇게 할 수 있다. 그러나 상상 속의 한 사람은 여전히 하나의 관점에서만 보인다. 우리의 감각은 경험의 일부분만을 받아들이기 때문에 우리가 감지하거나 감지를 기억하는 것에 대한 우리의 의식은 부분적이다.

세 번째는, 상상이라고 불리는 가상현실에서 움직이고 교류하고 탐험하며 실험할 수 있는 *유비*/analog "나"가 출현한다. 유비 "나"의 "감각"을 통해 우리는 가상 세계를 경험한다. 그것은 우리의 사고와 역사의 완전한 상태에 대한 유비이다. 그것은 데넷이 "중심적 의미자meaner", "서술(이야기)적 중력의 중심"이라고 부르는 자기의 모형이다. 그것은 한 사람의 자기의 유비이다.

네 번째로, 우리가 "가상 세계"에서 내가 하는 일을 "볼 수 있는" "나"에 대한 *은유*가 있다. 유비 "나(I)"는 은유인 "나(me)"를 본다. 꿈속에서, 이들 두 허구는 오고 간다. 우리는 우리의 꿈을 꾼 다음 우리 앞에서 드러나는 이야기로 그것을 기억한다. 그런 다음, 우리 자신은 그 그림 속으로 걸어 들어 가서 행동하는 듯하다.

다섯째, 의식의 순간(특히 자기 인식의 순간)은 우리의 삶에 대한 개인적인 *이야기 엮기/narratization*이자 펼쳐진 자서전의 일부분으로 기억된다. 의식적 경험은 이야기 흐름의 일부분으로 저장되고 회상된다. 각 사건이나 의식의 순간은 하나의 그림 혹은 장면으로서, 심지어 장면들의 콜라주로서 인식되지만, 우리는 그것들을 순차적으로 회상한다.

마지막으로, 제인스는 의식은 모호함, 불화, 온전함의 결여를 최대한 제거하기 위해 우리가 인식하고 있는 것을 *화해*한다고 말한다.

종교적 사고와 존재는 최소한 완전히 깨어있고, 의식적인 삶이다. 그것은 개인이 하나님, 하나님과의 관계, 그리고 창조에서 개인의 존재를 의식하는 정신적 상태이다. 의식과 자기 인식은 종교적이 되기 위한 전제 조건이다.

이 의식의 여섯 가지 특징은 의식이 양성되고 강화되고 넓어질 수 있는 방법을 가리킨다. 그들은 앞 장에서 기술한 학습의 나선을 따라 위치한 지점의 어떤 곳에서의 학습 행사에서도 포함될 수 있는 교수-학습 전략으로 보일 수 있다. 나는 학습 나선의 지점들 자체가 의식을 양성한다고 믿지만, 자기와 의식을 양성하는 데 있어서 유용하다고 판명될, 적용가능한 몇 가지 전략들이 있다. 나는 제임스가 제안한 분류로 그것을 나열하겠다.

공간성

우리의 의식적 사고의 공간적 본질은 자연적이다. 우리가 심사숙고하고 경험하는 것에 대해 생각할 때, 우리의 인식은 마치 스포트라이트가 배우, 소품, 배경 등으로 옮겨 다녀서 관객의 주의를 끄는 것과 같다. 또는 그것은 마치 책상이나 일하는 장소를 우리가 살펴보고 필요한 물건을 집어 드는 것과 같다. 이 무대-일터 의식은 의식적 사고를 더 명확하게 만들면서 강화될 수 있다.[24]

종이와 펜으로 다이어그램을 만드는 일은 의식적 고려를 위한 아이디어와 경험을 펼치는 한 방법이다. 제2장(그림 2.2)에서 나는 서커스 다이어그램을 사용해서 "서커스다움circusness"의 경험을 이야기했다. 학생들이 아이디어와 감정을 끄적거리거나 다이어그램으로 나타내도록 하자. 여러분도 해보라. 공포를 다이어그램으로 나타내 보자. 말, 그림, 선과 형상을 이용해서 당신 앞에 공포의 경험-그 원인, 결과 생각, 기억 등을 펼쳐보자. 어떤 아이디어나 감정도 다이어그램처럼 펼쳐놓을 수 있다.

혹은 한 장면이나 장면의 연속으로 그릴 수도 있다. 춤, 연기, 쌓기, 조각들로도 표현될 수 있다. 아이디어, 경험, 감정을 "펼치는" 어떠한 공간적 도구든지 그것들을 명확하게 하고 우리에게 좀 더 깊은 의식과 자기 인식을 경험할 수 있게 한다.

발췌

우리의 의식적 순간들은 항상 더 큰 맥락에서 발췌된다. 그들은 더 큰 그림에 속해 있는 듯하다. 나는 이것을 보여줄 만한 부모 역할에 관한 어느 워크숍을 기억한다. 우리는 우리 아이들이 집에서 자신들이 가장 좋아하는 공간에 있는 것과 그들이 하고 있는 일을 상상하도록 요청받았다. 나는 어른의 입장에서 우리 집 뒷문 간에 서서 내 아들들이 스케이트보드 점프대를 만들고 있는 것을 내려다보는 모습을 상상했다. 나는 상상 속에서 아이들이 피우는 소음과 난장판에 짜증이 났다. 그런 다음 워크숍 지도자는 우리에게 다시 한번 상상하되 어린이의 관점에서, 그 아이들 키 높이에서, 그들의 경험과 각도에서 상상해 보라고 주문했다. 나는 새로운 관점이 주는 의미의 차이에 놀랐다. 새 관점에서 아이들이 하는 것은 재미있고 중요해 보였다. 우리에게 여러 가지 관점과 각도에서 의미의 순간을 보고하거나 숙고하고 또는 재창조하게 만듦으로써 그 지도자는 우리의 의식을 깊고 넓게 만들었고 한 사건에서 *발췌*된 여러 샘플들로 의미를 발견하게 만들었다.

우리의 모든 경험은 더 큰 맥락으로부터의 발췌이다. 이야기나 경험은 그 맥락에서 의미를 모은다. 그러나 우리는 의식적으로 한 번에 한 조각만 경험한다. 우리는 어떤 더 큰 것에서 발췌한 순간들을 경험한다. 사실 우리는 우리의 자기 상self-image을 우리가 수년에 걸쳐 축적했던 삶의 발췌에서 모은다. 발췌된 이야기를 함으로써 우리는 타인에게 우리 자신을 표현하는 그 순간에 우리 자기를 의식으로 다시 가져온다. 서로의 발췌를 들음으로써 타인의 인식의 흐름에 초대받기 때문에 우리의 의식은 깊어지고 넓어진다. 나는 한 사람이 다른 사람에게 줄 수 있는 선물 중 이것보다 더 가치 있을 수 없는 몇 가지를 떠올릴 수 있다.

다음은 정신과 의사이자 교육자이며 작가인 로버트 콜스Roberts Coles의 멋진 책,《이야기의 부름(The Call of Stories)》의 주제이다. 이 책에서 콜스는 독자이자 청취자, 정신과 의사이자 교육자로서 그가 알게 된 이야기들을 말하고 숙고함으로써 의미와 가치의 천을 직조한다. 그는 다음과 같이 썼다.

> 이야기는 삶의 연주이다. 이것은 우리를 서로 어울리게 할 뿐 아니라 우리를 타이르거나, 새로운 방향을 제시하거나, 또는 주어진 길에 머물 수 있는 용기를 주기도 한다. 이야 기는 우리에게 친척, 동지, 조언자 역할을 하고, 우리가 볼 수 있는 다른 눈, 소리를 들을 수 있는 다른 귀를 준다.[25]

우리가 다른 사람의 이야기 연주에 참여하게 되면, 우리의 자기 모형은 타인의 자전적 또는 꾸며낸 이야기 흐름에 뛰어드는 것이다. 어떤 면에서는 우리 자신의 전기를 살고 기억하는 것과 비슷하게 우리는 타인의 이야기를 "산다live". 이야기를 말하고 듣는 것은 의식의 확장과 심화에 필수적이고 강력한 도구이다.

학생들이 그들의 이야기를 말할 때(또는 그리거나 쓸 때), 독특한 관점에서 이야기하도록 격려해보자. 그들의 삶에 대해 형제자매, 부모 또는 반려동물의 입장에서 이야기하도록 제의해보자. 그들은 자신들의 전기를 비디오로 촬영하거나, 한 해의 사건을 벽화로 만들거나, 과도기 사진을 전시하고 싶어 할 수도 있을 것이다.

당신이 이야기를 할 때, 등장인물과 현장에 그림, 소품, 또는 역할

극을 이용해서 다른 관점으로 이야기 해보자. 당신의 모형은 학생들 자신이 이야기나 경험에 등장하는 사람들 주위로 걸어 다니는 것을 상상할 수 있도록 도울 수 있다. 신선한 각도는 사람들이 자기식의 이야기와 경험을 만드는 것에 차이를 줄 수 있다. 이렇게 함으로써 그들은 그들 자신의 자기를 알고 발달시키는 데 새로운 관점을 획득할 수 있다.

우주에서 찍은 사진과 영화 때문에 우주에 대한 우리의 생각이 어떻게 바뀌었는지 생각해 보자. 학생들이 다른 사람의 눈을 통해 보고, 다른 순례자의 입장에서 걷는 새로운 관점에서 그들의 의식적 삶을 이야기하고 생각해보도록 격려하자. 그것은 그들의 의식을 키울 것이다.

유비 "나(I)"

우리는 우리 자신의 "눈"으로 우리의 의식적 사고를 "본다". 안구는 경험과는 거의 관계가 없기 때문에 "보는 것"과 "눈"에 따옴표를 붙였다. 우리의 생각을 보는 사람은 자기, 즉 지금 이 책을 읽고 있는 물리적 존재를 나타내는 우리의 복합적 관념이다. 사실상 그 자기는 진짜 우리이다. 우리는 학생들을 자기 성찰과 내적 말하기를 하도록 격려함으로써 더 넓고 깊은 의식으로 들어가게 할 수 있다.

학생들이 자신들을 지칭해보도록 격려하자. 사람들이 자신을 지칭하는 횟수에 주의를 기울여보자. 당신은 아마 일인칭 단수 지시 대상이 결여되었다는 것에 놀랄지도 모른다. 내적 말하기의 개인적 훈련법으로 일기나 시 쓰기를 강조해보자. 솔직한 내적 말하기에 대해 이야기하는 시간을 갖자. 즉, 학생들이 자신과 정말로 솔직한 내면 대화를 나누도록 해보자. 개인 기도 시간을 갖도록 하자. 기도는 내적 말하기와 비슷하지만 신과 나 사이의 대화이다. 유사한 점은 하나님이 우리 앞에 친구처럼 서 계시지는 않는다는 것이고, 따라서 우리 마음속에 하나님으로 향할 하나님의 은유가 필요하다. 나는 우리가 하나님을 만들어 냈다고 말하는 것이 아니라 오히려 우리는 어떻게든 하나님을 우리 의식의 지형 속에서 상상하고 우리의 솔직한 내적 말하기를 그 은유의 방향으로 겨냥한다는 것이다.

은유 "나(me)"

때로 우리는 우리 자신에 대해 생각하고 상상한다. 그 스케치 이미지는 내가 누구인가에 대한 은유이다. 우리는 계획하고 연습하고 시연하며 심지어 기억하기 위해 그 은유가 필요하다. 그것은 우리 자신의 형태와 스타일을 취하지만 실제 우리보다 더 용감하고, 더 약삭빠르고, 더 친절하고 더 강하고 더 약할 수도 있다. 그것은 가설적이며 아주 유용한 창조물이다. 학생들이 그것을 그리고, 그것에 대한 은유를 쓰고, 서로의 사진을 전시하고 그것에 대해 공상하도록 함으로써 은유의 이미지를 북돋울 수 있다. "나"를 사용하는 것은 자기 인식을 깊게 할 뿐 아니라 개인적 목표를 세우고 영적 성장을 촉진할 수 있다.

이야기 엮기(Narratization)

이야기 엮기와 발췌는 비슷하다. 이야기 엮기는 항상 발췌이다. 한 사람의 삶을 이야기로 엮는 능력을 강화하는 데에는 그것을 말하는 것 외에 다른 방법은 없다. 우리 이야기는 우리가 풀어내는 사건의 순차적 진행이다. 영화처럼 우리 이야기는 주연배우 "나"를 따라 주제와 동기를 드러내는 만남들을 통과해 나간다. 학생들이 그들의 이야기를 할 수 있는 모든 방법으로 하게 하자. 연기하고 춤추고 그림 그리고 본뜨고 쓰고 심지어 요리까지 하도록 하자. 그 과정에서 당신의 이야기도 잊지 말라. 우리는 이야기하기 모형을 만들어야 한다.

우리는 우리 자신의 이야기만 해야 하는 것이 아니다. 우리는 모든 종류의 이야기를 함으로써 의식을 강화시킬 수 있다. 도널드 밀러 Donald Miller는 그의 책《이야기와 맥락(Story and Context)》에서 이야기하기의 여섯 가지 요소를 상기시킨다. 그 중 어느 하나라도 없으면 그 이야기는 가진 힘을 잃게 된다. 그는 화자가 자의식적으로 *이야기 속에 서서* 이야기가 가진 잠재력과 긴장을 느껴야 한다고 썼다. 그런 다음, 이야기가 말해짐에 따라, 화자는 옆으로 *물러서서* 화자의 자기가 이야기를 압도하지 않도록 해야 한다. 그다음, 세 번째로, 화자는 *세부 사항과 감정과 의미가 연결되도록* 이야기해야 한다. 네 번째, 화자는 이야기속의 *극적 긴장을 유지해야* 하고, 다섯 번째로 이야기는 *삶 전반에 대한 관점으로* 풀어져야 한다. 마지막으로, 화자는 이야기가 "말-사건word-event"이 되도록 해야 한다.[26]

이 요소들은 청자의 상상력이 발휘되고 다른 사람들과 동일시되도록 한다. 유비 "나"가 잠시 다른 정체성을 가진다는 것을 제외하고 다른 사람과의 동일시는 자기 인식의 훈련이다. 타인과의 지나친 동일시는 위험이 따르지만, 타인의 입장이 되어 볼 기회를 전혀 가지지 않는 것에 비하면 이 위험은 작은 것이다. 솜씨 있게 서로 이야기를 함으로써 우리는 자기 인식을 광범위한 방법으로 유연하게 만들수 있다.

학생들이 자신들의 이야기를 더 큰 이야기의 맥락-그들의 가족, 그들의 문화의 맥락 속에, 그리고 그들의 이야기에 의미를 부여하는 자기 민족의 신화와 의식 속에 놓도록 유도하자. 학생들이 이야기 수집자가 되고 다양한 민족 집단, 소설, 영화, 텔레비전에 방영되는 이야기 등에서 주제를 발견하도록 유도하자. 사람들이 민족 이야기의 위대한 주제의 맥락 속에서 자신들의 이야기를 할 때, 그들은 매일의 사건에서 그 주제를 보기 시작한다. 그런 기술을 키우는 것은 자기를 인식하는 신학자를 만드는 것이다.

화해

마지막으로 의식한다는 말은 한 사람의 삶에서 모순과 모호, 생소함을 자각한다는 말이며 사고와 의미를 화해시키거나 통일시키려는 욕구를 가진다는 말이다. 모든 사람의 삶 이야기에는 표면적으로는 모순되는 요소와 사건이 있다. 제인스는 의식한다는 것은 모호함과 모순을 정면으로 바라보게 만든다고 썼다. 어떤 사람에게 이것은 유쾌하지 않은 경험이다. 이것은 자기 성찰과 깊은 의식을 방해할 수 있다. 학생들이 자신들이 인식의 상태에서 모순과 모호, 생소함과 맞서고 조절하는 방법을 안전하고 신뢰할 수 있는 공동체의 보살핌과 존경 속에서 발견하도록 유도하자.

학생들이 다양성과 불연속성 속에 존재하는 통일성을 발견하도록 돕자. 믿을만한 집단을 초청하여 팀을 짜서 윤리와 종교, 의미에 관한 문제를 공략하도록 하자. 우리들 각자는 우리의 의미의 세계에 어떤 식으로든 적응하기 위해 우리가 의식하고 있는 것을 원한다.

우리는 모든 것이 맞지는 않으리라는 것을 안다. 많은 문제에 대한 해결책은 있지만 어떤 사람에게는 오직 미스터리만 있을 뿐이다. 학생들이 연속성을 발견하도록 축구하는 중일지라도, 미스터리, 불가사의, 우유부단, 불완전함을 위한 장소를 만들도록 격려하자.

인식을 기르는 것은 학생의 자기를 양육하고, 개성과 내구력을 강화하고, 하나님의 창조에 대한 인식을 넓히고 다른 사람에게 하는 헌신이 깊어지게 할 것이다. 그것은 종교적 순례에서 필수적인 과업이다.

자기(self)와 종교

존 나이하트John Neihardt의 저서 《검은 고라니는 말한다(Black Elk Speaks)》는 최근 라코타 인디언의 역사를 다루는 연극으로 만들어졌다.[27] 그 연극에서 검은 고라니와 그의 공동체는 사백 년이 넘는 유럽의 지배 아래 의미와 생존을 위해 투쟁하던 동족들에 대해 이야기한다. 대평원 인디언들과 그들의 영적 의식에 대한 수련의 신화적 배경은 이 이야기 속에 촘촘히 들어 있다. 그들의 신화와 의식은 그들 자신을 알고, 그들이 사건 너머로 보았던 영적 실상을 그들과 이어주는 고리를 유지하는 데 도움을 준다. 그들의 이야기는 그들의 영혼을 위한 지도 같았다. 그들의 영적 규율은 그들을 라코타의 위대한 주제와 의미에 접촉하게 해주는 의식과 자기 인식의 상태를 만드는 인지적 절차였다. 이들 절차는 그들을 영적 인식과 자유를 위한 고유한 장소에 놓는다. 유럽인들의 압제 속에서도 그들은 자유로울 수 있었다. 죽음과 공포에 마주해서도 그들은 그들의 공동체적 삶과 개인적 전기를 구성하는 의미의 창조적 "고리"에 결합할 수 있도록 의미의 우주적 실을 놓지 않았다.

검은 고라니 이야기는 나에게 기도, 명상, 예배, 춤, 노래, 금식, 일의 영적 훈련은 의식을 불러일으킨다는 것을 일깨워 주었다. 의식 속에서 우리는 행동, 성격, 원칙, 그리고 감정적 상태까지도 선택할 수 있다. 종교적 삶은 (가장 좋은 상태에서) 우리의 삶을 튼튼하고 구속적인 맥락으로 가져가는 인식과 이해의 단계로 우리를 올라가게 만드는 사다리 역할을 할 수 있다.

벼랑으로 된 언덕 위에 있는 명상 장소로 사다리를 타고 올라가는 검은 고라니처럼 종교적 삶은 우리 이야기를 조화롭게 하고 의미의 투쟁을 거쳐 확신과 믿음의 빛으로 끌어올리는 의미들에 우리가 접근할 수 있게 한다. 위대한 영Great Spirit에 바치는 검은 고라니의 노래처럼, 종교적 삶은 우리를 창조자와 연합할 수 있게 하고 우리의 형제자매와 영혼 대 영혼으로 접촉할 수 있게 한다. 어떠한 의식적 순간도 자기들selves이 만나고 성장하는 장소로 향하는 오르막이 된다.

 학습은 의식 없이 진행될 수 있지만, 그것은 로봇의 학습이다. 그것은 영혼의 변화 없는 학습이다. 의식적 학습은 자기의 성장과 변화를 향한 길을 열어준다. 의식적 학습자와 교사는 인식을 촉발시킬 수 있는 절차를 사용할 필요가 있다. 맥신 그린Maxine Greene은 이 단계의 생활을 "널리 깨어있음"이라 불렀다.[28] 그녀는 다른 어떤 학습 방법도 피상적이라고 주장한다. 이야기와 의식儀式, 종교 그리고 공동체는 이 절차의 중심에 있다.

 인간 본성은 영광스럽고 은혜로운 선물을 받았다. 이 선물은, 의미를 찾고 발견하는 능력과 우리가 하고 있는 바로 그 일에서 희망과 미래를 표명하는 능력, 자기를 알고 감사하는 능력, 그리고 감지하는 세계의 뒤, 아래, 그리고 위에 존재하는 어떤 것을 아는 능력이다.

 이 모든 것이 단백질과 유전자, 신경 조직, 신경 전달 물질, 그리고 탄소 덩어리 때문에 가능하다는 것을 안다는 것은 인지 과학이 우리에게 남겨준 깜짝 놀랄만한 사실이다. 물질이 영혼을 육성한다는 사실은 사물의 중심에 있는 존재에게 드리는 검은 고라니의 기도에 우리가 동참할 수 있게 하는 것이다.

위대한 영혼이여, 내가 보내는 목소리를 당신이 들을 수
있도록 지구로 가까이 기대소서. 태양이 지는 곳으로 향
하는 당신이여 나를 보소서, 번개의 존재여 나를 보소서,
당신은 여름이 거하는 곳, 나를 보소서! 천국의 깊이에 있
는 당신, 독수리의 힘, 보라! … 위대한 영혼이여, 내 할아
버지여, 지구상 모든 곳 모든 생명체의 얼굴은 똑같습니
다. 부드러움으로 땅위로 나왔습니다. 어린이들의 무수한
얼굴을 지켜보소서, 그리고 팔에 어린이들을 부둥켜 안
고, 그들은 바람을 맞으며 조용한 날을 향해 넓은 길을 걸
어갑니다. 이것이 나의 기도입니다. 들으소서! 내가 보낸
목소리는 약하나 나의 진심이 담겨있습니다. 나를 들으소
서![29]

나가는 말

Epilogue

듀엣

종種의 모든 특징과 마찬가지로, 자기 인식은 우리의 생존 확률과 우리 자손의 생존율을 높여준다. 깨어있음은 "내가" 어디에서 시작해서 어디에서 끝나는지 아는 것을 요구한다. 인간에게 육체적, 심리적 경계에 대한 지식은 잉태되자마자 생존을 위해 중요한 것이 된다. 우리는 다른 인간-우리 어머니에게 연결되어 삶을 시작한다. 잉태된 순간 우리는 어머니로부터 분리된 유기체가 되기 시작하고 출생의 순간 우리는 어머니로부터 분리되는 일을 시작한다.

그런 다음, 각각의 새 사람이 자기에 대한 감각을 쌓기 시작하면서, 그 사람은 자신의 개인적 이야기에 있어서 일종의 리듬이 되는 관계와 분리의 일생을 시작한다. 우리가 일생을 통하여 찾고 잃고, 만들고 깨는 관계에서부터, 우리는 일종의 연결되지만 분리된 자기의 일생의 듀엣곡을 작곡한다.

일대일 관계는 우리의 의식을 확장하는 요람이다. 사회학자 알프레드 슈츠는 이 협동을 "우리 관계we relation"라고 불렀다.[1] "우리 관계" 속에서 우리는 자기와 자기에 대한 인식을 성장시키게 된다. 슈츠는 두 사람이 서로에게 주의를 기울이고 서로 현재 시제의 인식으로 관계할 때, 그들은 성장하는 유기체라고 설명했다. "우리 관계"의 맥락에서, 두 동반자는 자신들을 그들의 보금자리인 세상에서 함께 살아가는 "나"로서 알게 된다. 나는 종교교육과 인지에 관한 이 탐험을 필수적인 "듀엣"의 중추적 장소에 대한 생각으로 마무리 짓기를 원한다.

오페라의 유령

아내 린다와 나는 몇 년 전 LA의 아만손 극장에서 상연된 오페라의 유령을 보러 갔다. 나의 수준 낮은 교양으로는 그저 재미있는 오후가 되겠다는 생각밖에는 별다른 기대가 없었다. 내 기대는 과녁을 한참 빗나가는 것이었다. 그저 극장의 캄캄함이 고맙다는 말밖에 할 수가 없겠다. 연극의 절정에서 나는 엉망으로 흐느껴 울었으니까. 나는 유령-살인적이고 교묘한 인물-의 사악함에도 불구하고 그 속에 나와 비슷한 것이 있음을 깨닫고 그와의 동일시 속으로 끌려 들어 갔다. 그 이야기는 자기를 형성하는 듀엣의 힘을 담아내고 있었다.

유령은 일그러진 얼굴로 인해 소외되고 고통받는 사람이었다. 인간 이하라고 낙인찍힌 채, 아름다운 목소리와 날카로운 지력을 가진 끔찍한 외관의 남자는 바깥세상으로 나오기보다는 파리 오페라 하우스의 어둠 속의 존재인 유령으로서 삶에 참여하기로 결심한다. 어떤 사람에게는 보이지 않는 교사가 되었고 어떤 사람에게는 가혹

한 비평가 혹은 위협적인 존재가 되었으며 모든 사람에게 유령은 무시할 수 없는 존재, 두렵기조차 한 존재였다. 그의 뜻대로 돌아가지 않으면 사고가 일어났다. 배우와 무용수, 가수들은 유령에 의해 굴욕과 좌절을 겪었고 설명되지 않는 죽음까지 일어났다.

오페라 하우스의 지붕 밑 천정에서 유령은 그의 조작과 장난을 계획하고 젊은 가수들을 가르칠 계획을 세웠다. 크리스틴은 그가 보이지 않는 천사 선생으로 변장하고 가르치는 가수였다. 이야기는 크리스틴에게 이미 사랑하는 남자-라울이 있음에도 크리스틴을 차지하고 사랑하고 사랑받으려는 그의 욕망을 중심으로 전개되어 나간다.

나는 무심한 기분으로 2막을 맞았다. 결국 이것은 문학의 역사에서 가장 오래된 줄거리인 사랑의 삼각관계를 새로운 무대에 옮겨 놓은 것뿐이었다. 그게 뭐 대수인가.

그런 다음, 2막 중간에 내 정신은 덫에 걸렸다. 유령의 끔찍한 얼굴과 그의 영혼의 더 깊은 상처를 본 크리스틴은, 그가 자신을 실망시킨 사람들을 살해했으며 자기 마음대로 상황을 조종했다는 것을 알아차린다. 그리고 이제 유령은 그녀를 차지하려 한다. 감정의 급변속에서 이 뮤지컬의 창작자인 앤드류 로이드 웨버Andrew Lloyd Webber는 유령에게서 그를 움직이게 하던 적의와 실망을 벗겨내고 하나의 노래에 그의 가장 깊은 갈망을 쏟아붓게 만든다. 그것은 크리스틴을 설득해서 자기 것으로 만들려는 노래가 아니었다. 도리어 구름이 갈라지는 것 같이 열린 희귀한 순간, 유령은 가장 깊은 욕망을 노래한다.

나와 함께 하겠다고 말해 줘요
한 삶을, 일생을
나를 이끌어줘요, 날 구해 줘요
내 고독으로부터

나를 원한다고 말해 줘요
당신 곁에 있도록
여기 당신 곁에
당신이 어디를 가든
나도 같이 가게 해 줘요
크리스틴, 그게 내가 원하는
모든 것이오 (2막 7장)[2]

분노의 안개는 오직 한순간 걷혔을 뿐이었다. 하지만 유령의 영혼이 빛나기에 충분한 시간이었다. 그렇게 단순한 한 줄의 가사 "당신이 어디를 가든 니도 같이 가게 해 줘요"가 나를 사로잡았다. 정확히 무슨 일이 내게 일어났는지 모르겠다. 다만, 그 순간 배우와 작곡

가는 내 마음을 열었다. 나는 유령이 노래했던 염원하는 아픔–나에게 중요한 누군가가 내게 "나와 같이 가자"고 말하게 하려는 열정적 갈망을 알고 있었다. 유령이 노래할 때, 나는 마치 내 큰형이 신문 배달을 나갈 때 내가 "짐, 나도 같이 갈래."라고 말하는 것처럼 느꼈다. 그것은 마치 내가 때로 너무 바쁜 아버지에게 "아빠, 나도 같이 가도 돼?"라고 묻는 것 같았다. 아버지가 안 된다고 말한 것을 나는 너무 많이 기억한다. 그것은 마치 내가 새로 만든 세계지도를 폈을 때 내 5학년 담임 선생님이 "나중에 볼게."라고 말한 것 같았다. 그것은 마치 내 아들이 *그의* 너무 바쁜 아버지에게, "나도 갈래."라고 말한 것 같았다. 혹은 그것은 마치 내 딸이 내게 놀아 달라고 하고 나는 안 된다고 말한 것 같았다. 나는 얼마나 많이 안 된다고 말했을까?

 유령은 우리 모두에 대해 진실을 말했다. 우리를 움직이는 몇 안 되는 기본적 욕구 중에는, 타인과 같이 살려는 욕구, 작은 길을 그들과 동행하려는 욕구가 있다. 우리는 단순히 어떤 군중이나 전통에 속하려는 것이 아니라 한 번에 한 사람과 관계되려고, 그들과 같이 있으려고 그들과 같이 길을 가려는 것이다. 인간 사이에 너무나 쉽게 벌어져 버리는 틈을 건너 서로 닿는 기회를 기뻐하려고 하는 것이다. 유령은 단순히 이성과 친밀해지고 싶은 욕구를 노래한 것이 아니다. 그는 친구와 같이 여행하고, 그들이 자신의 세계에 중요한 자리를 차지하고 있듯이, 짧은 순간이라 해도 그들의 세계에도 자신이 그렇게 되고 싶은, 그리고 다른 사람과 여행하고, 한 사람의 자기를 알고 싶은, 좀 더 기본적인 필요에 대해 노래한 것이었다.

구속적 협동

인간의 삶은 정말로 듀엣이 되기로 정해져 있는 것 같다. 우리는 한 무리의 친구가 있을 수도 있지만, 한 번에 한 명과만 깊이 관계할 수 있다. 그렇다. 은유로 말한다면, 삶의 일부분에서, 우리는 합창으로 노래한다. 그러나 우리가 가장 노래를 잘할 때는 듀엣으로 부를 때이다. 사실 호모사피엔스가 이 세상에 나왔을 때 가지고 나온 뇌 프로그램들이 우리가 서로 관계를 유지하도록 설계되어 있다는 많은 증거가 있다. 아기들은 태어나면서 얼굴을 찾는 데 열중하고, 눈을 맞추고, 심지어 다른 사람의 만족과 괴로움에 감정 이입을 하며 공명한다. 우리는 태어나면서부터 관계를 맺으려 한다. 어떤 사람들의 삶은 어머니와 태중의 아기 사이의 가장 친밀한 파드되(두 사람의 스텝)로부터 시작되기 때문에, 태어나는 순간 결별로의 방출은 어머니와 태어나지 않은 아기의 듀엣과도 같은 깊은 관계를 찾는 평생의 순례의 시작을 의미한다고 추정한다. 유전자 코드는 우리가 타인들과의 협동 관계를 찾기를 요구한다.

유령이 크리스틴에게 한 탄원과 룻기에서 나오미에게 한 룻의 탄원 사이의 유사함을 생각해 보자.

> 룻이 이르되 내게 어머니를 떠나며 어머니를 따르지 말고 돌아가라 강권하지 마옵소서 어머니께서 가시는 곳에 나도 가고 어머니께서 머무시는 곳에서 나도 머물겠나이다 어머니의 백성이 나의 백성이 되고 어머니의 하나님이 나의 하나님이 되시리니 어머니께서 죽으시는 곳에서 나도 죽어 거기 묻힐 것이라 만일 내가 죽는 일 외에 어머니를 떠나면 여호와께서 내게 벌을 내리시고 더 내리시기를 원하나이다 하는지라 (룻 1:16-17)[3]

이와 같은 주제는 문학과 예술의 역사 전반에 걸쳐 발견된다. 우리는 누군가 우리를 먼길을 가는 길동무로 불러주기를 간절히 원한다. 또는 길동무로 부르는 우리의 초대에 응답해 주기를 간절히 원한다. 그러나 잠깐만, 우리 자신의 두 발로 서는 것은 어찌 되었는가? 의존의 덫은 어찌 되었는가? 우리는 믿을 수 없는 세상에서 독립하는 것을 격려하지 않았던가? 룻은 의존주의자이고, 알콜중독자와 결혼해서 비참한 삶을 살다가 결국 컨트리 송의 주제가 될 가능성이 많다고 진단받지 않았던가?

이야기는 다르다. 그것은 관계 맺으려는 자신의 욕구를 알고, 그것을 채우려 요구했고 타인이 그것을 제공하도록 허락한 어떤 여자의 그림을 보여준다. 나는 그것이 룻이 자신의 삶을 살고, 죽기 전에 많은 다른 사람들과 듀엣으로 노래 부르도록, 은총으로 나오미에게 얻은 받아들여짐이라고 생각하고 싶다. 보아스에게 운 좋게도, 나오미는 룻이 따라오도록 허락했고, 나오미가 룻에게 내린 허락은 다른 사람과 다시 듀엣이 될 수 있다는 희망과 기대를 룻에게 재점화한 것이었다. 그들이 함께 부르는 듀엣은 감옥에 가두는 것이 아니라 오히려 자유였다.

착한 나, 나쁜 나, 난 아냐

라울이 뒤쫓는 가운데 유령은 납치한 크리스틴을 지하로 데려간다. 유령은 라울을 잡아서 감옥에 가두고 크리스틴에게 최후통첩을 보낸다. "나와 함께 머물라, 그렇지 않으면 그는 죽는다. 나를 사랑하라 그렇지 않으면 그는 죽는다." 옴짝달싹할 수 없는 거래가 크리스틴을 괴물처럼 옥죈다. 그녀가 알겠다고 대답하면 그녀는 라울을 사랑하고 있음을 확언할 뿐이고 싫다고 대답하면 라울은 죽는다. 그녀는 그렇게 하겠다고 대답해야 했고 그럴 생각이다. 타인의 영혼에서 우리 자신의 영혼의 몸부림을 보는 우리의 역량에 관해 많은 것을 얘기해주는 공감의 순간, 크리스틴은 유령을 명백한 연민으로 끌어안는다. 그녀는 노래한다.

> 가여운 어둠의 사람
> 어떤 삶을 당신은 살아왔나요?
> 하나님은 내게 용기를 주셨죠
> 당신에게 보여주기 위해
> 당신은 혼자가 아니에요 (2막 9장)[4]

그리고 그 말과 함께 크리스틴은 유령을 끌어안고 입 맞춘다.

찰나의 순간, 유령은 듀엣을 부르는 삶이 그를 부인해 왔던 것을 경험한다. 그 순간 건강하고, 고귀하고 친절한 어떤 것이 내면의 격노를 대체했다. 그가 무엇을 해야 할지는 명확해졌다. 그는 크리스틴과 라울을 풀어준다. 그리고 그 짧은 듀엣이 그에게 인간성을 찾게 한다.

추하고 상처받은 영혼을 아름다운 것으로 변화시키는 것, 이것이 사랑하는 듀엣의 힘이다. 이것은 이 세상에서 우리의 사역의 일부의 모형이 될 수 있다. 고통받는 독주자를 듀엣으로 노래하도록 초대하는 것이다. 또 다른 노래를 인용하면, "우리의 영혼을 그들이 있고 싶어 하는 곳으로 녹여라."

한 세기 전에 찰스 쿨리Charles Cooley는 우리는 다른 사람이 우리를 대접하는 방식에서 우리 자신을 보는 성찰 가운데 자기 이미지가 나온다고 결론 내렸다. 그는 그것을 "거울 자아 이론Looking-Glass Self"이라고 불렀다. 우리가 우리를 키운 사람에게서 가치 있고 고유한 것으로 생각되고 다루어진다면 그것은 우리가 우리 자신을 보는 방법이 될 것이다.

오십 년 뒤, 해리 스택 설리번Harry Stack Sullivan은 이 아이디어를 더욱 발전시켰다(그림 E.1을 보라). 즉, 우리들 각자는 우리가 부모에 의해 다루어지고 생각된 방식에 따라 세 가지 분류에 들어가는 자기 이미지를 발달시킨다.

이 세 가지 분류는 (우리가 존중과 사랑과 애착으로 다루어졌다면) "착한 나", (우리가 경시와 비열함과 가혹함으로 대우받았다면) "나쁜 나", (우리가 무시당하고, 따돌리고, 부모의 생활 바깥에 남겨졌다면) "난 아냐"이다. 우리의 행동과 우리가 삶을 보는 방식은 이들 세 가지 자기 이미지에 의해 조종된다. "착한 나"는 삶과 사람을 긍정한다. "나쁜 나"는 삶과 다른 사람과의 관계에서 실패한다. 그리고 "난 아냐"는 자기 파괴적 방법으로 타인의 주의를 끌려고 하는 경향이 있다.[5]

듀엣은 세상에 대한 모형을 재인식하게 해서 현재와 미래가 희망적

그림 E. 1

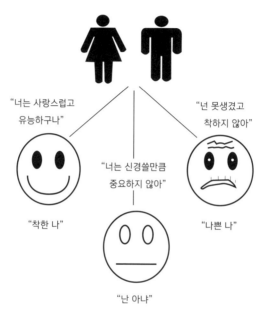

"거울 자아 이론"

부모 혹은 부모 역할 하는 사람

"너는 사랑스럽고
유능하구나"

"넌 못생겼고
착하지 않아"

"너는 신경쓸만큼
중요하지 않아"

"착한 나"

"나쁜 나"

"난 아냐"

으로 혹은 울적하게 보이게 하는 힘이 있다. 어떤 사람이 사랑과 존경을 가지고, 세워져 있을지도 모를 고립이라는 벽에도 불구하고, 잠깐이더라도, 타인의 삶 속으로 들어가는 위험을 감수할 때, 삶은 변화된다. 그것을 갈망하지 않는 사람은 우리 중에 없다. 그리고 그것을 다른 사람에게 제공하지 못하는 사람은 없다.

나는 당신의 노래와 다른 사람의 노래를 결합하는 방법을 일터에서, 예배에서, 놀이 중에 그리고 찬양 중에 찾도록 당신을 초대한다. 나는 당신을 정서적으로 버려진 아이들이 다시 듀엣으로 노래할 수 있도록 도와주는 방법을 찾도록, 배우자들이 결혼 생활에서 다시 희망의 불꽃을 피워 올릴 수 있는 듀엣을 다시 발견하도록 도와줄 방법을 찾도록 초대한다. 나는 당신이 사람들을 팀과 짝으로 모으는 사역을 할 수 있는 방법을 찾도록 초대한다. 사람들은 그곳에서 사역하는 동안 서로 나누고 서로의 삶에 들어간다. 나는 당신이 당신 자신의 삶을 들여다 보고 하나님의 사랑으로, 그리고 형제자매들과 새로운 노래를 부를 용기를 찾도록 초대한다.

마지막 분석에서, 교육자로서 우리의 가장 큰 힘은 친구로서의 개인적 존재감이다. 친구들은 함께 세상의 모형 만들기를 서로 도우며, 우리를 사물의 중심에 있는 것과 재연결시키는 지식을 습득하고 기술을 학습한다. 친구는 함께 우리 각자가 실현시키기 원하는 선언을 표현할 방법을 찾는다. 자기, 공동체, 창조 그리고 실제의 핵심에 있는 것에 관한 성장하는 인식 속에서 다른 자기들을 양육하는 우정의 힘을 사용해보자.

미주

1장

1. R. Thompson, *The Brain: An Introduction to Neuroscience* (San Francisco: W. H. Freeman & Co., 1985): 253.
2. J. Z. Young, *Programs of the Brain* (Oxford: Oxford University Press, 1978): 146.
3. K. Klivington, *The Science of Mind* (Cambridge, Massachusetts: The MIT Press, 1989): 147.
4. Young, 9.
5. I. Rock, *Perception* (New York: Scientific American Books, 1984): 83.
6. Young, 117.
7. Ibid., 120.
8. Ibid., 146.
9. J. Campbell, *Grammatical Man* (New York: Simon and Schuster, 1982): 127.
10. C. Hampden-Turner, *Maps of the Mind* (New York: Macmillan, 1981): 146.
11. J. Anderson, *Cognitive Psychology and Its Implications* (San Francisco: W. H. Freeman & Co., 1986): 32.
12. C. Furst, *The Origins of the Mind* (Englewood Cliffs, New Jersey: Prentice-Hall, 1979): 45-46.
13. Ibid., 28.

14. J. Fincher, *The Brain: Mystery of Matter and Mind* (New York: Torstar Books, 1984): 22.

15. Ibid., 122.

16. G. R. Taylor, *The Natural History of the Mind* (New York: Dutton, 1979): 29.

17. Thompson, 24.

18. Furst, 39.

19. Taylor, 154.

20. Furst, 189-90.

21. Klivington, 195.

22. S. Springer & G. Deutsch, *Left Brain, Right Brain,* Third ed. (San Francisco: W. H. Freeman & Co., 1989): 67.

23. Klivington, 135.

24. G. Miller, *The Science of Words* (New York: Scientific American Library, 1991): 96.

25. Ibid., 174.

26. Springer & Deutsch, 284.

2장

1. J. B. Hellige, *Hemispheric Asymmetry* (Cambridge, Massachusetts: Harvard University Press, 1993): 40.

2. Ibid., 35.

3. H. Gardner, *Multiple Intelligences* (New York: Basic Books, 1993): 5.

4. M. Hunt, *The Universe Within* (New York: Simon and Schuster, 1982).

5. J. P. Frisby, *Seeing* (New York: Oxford University Press, 1980): 39.

6. J. Anderson, *Cognitive Psychology and its Implications* (San Francisco: W. H. Freeman & Co., 1986): 128.

7. G. R. Taylor, *The Natural History of the Mind* (New York: Dutton, 1979): 114.

8. E. Erikson, *Childhood and Society* (New York: W. W. Norton & Co., 1963): 261–63.

9. J. B. Salinger, *The Catcher in the Rye* (New York: Bantam Books, 1951): 197–98.

10. A. Baddeley, *Your Memory: A User's Guide* (New York: Macmillan, 1982): 12.

11. Ibid., 13.

12. D. C. Dennett, *Consciousness Explained* (Boston: Little, Brown & Co., 1991): 416.

3장

1. J. A. Simpson and E. S. C. Weiner, eds., *The Compact Oxford English Dictionary,* 2nd ed. (Oxford: Clarendon Press, 1991): 496.

2. Ibid., 1552.

3. Ibid., 1189.

4. T. Kagawa, *Meditations* (New York: Harper & Brothers, 1959): 22.

5. *The Compact Oxford English Dictionary*, 2093.

6. M. Snyder, R. Snyder, & R. Snyder Jr., *The Young Child As Person* (New York: Human Sciences Press, 1980): 13–14.

7. *The Compact Oxford English Dictionary*, 1420.

8. Ibid., 846.

9. *The Interpreter's Dictionary of the Bible*, vol. 2 (Nashville:

Abingdon Press, 1962): 605.

10. *The Compact Oxford English Dictionary*, 527.

11. M. L'Engle, *Everyday Prayers*, (New York: Morehouse-Barlow, 1974): 207.

12. *The Compact Oxford English Dictionary*, 2016.

13. L. Fisher, *Gandhi* (New York: New American Library, 1954).

14. J. Campbell, *The Hero with a Thousand Faces* (New Jersey: Princeton University Press, 1949).

15. Snyder, Snyder & Snyder, 218.

4장

1. M. Hunt, *The Universe Within* (New York: Simon and Schuster, 1982): 17-46.

2. Hunt, 157-95.

3. C. Rogers, *Counseling and Psychotherapy* (Boston: Houghton Mifflin Co., 1942).

4. G. Thomas, *Parent Effectiveness Training* (New York: Signet, 1975).

5. J. Anderson, *Cognitive Psychology and Its Implications* (San Francisco: W. H. Freeman & Co., 1986): 128-32.

6. L. Carroll, *Alice In Wonderland* and *Through the Looking Glass* (New York: J. M. Dent, 1993): 166.

5장

1. G. Snyder, *Maps of the Heavens* (New York: Abbeville Press, 1984): 98.

2. G. M. Sesti, *The Glorious Constellations* (New York: Harry N. Abrams, Inc., Publishers, 1991): 391.

3. J. P. Frisby, *Seeing* (New York: Oxford University Press, 1980): 39.

4. I. Rock, *Perception* (New York: Scientific American Books, 1984): 11.

5. Igor Stravinsky, *Greeting Prelude,* Columbia Symphony Orchestra, #SMK 46296.

6. Frisby, 111.

7. Ibid.

8. Ibid.

9. Ibid.

10. Ibid., 114.

11. J. L. Locher, *The World of M. C. Escher* (New York: Harry N. Abrams, Inc., 1971): 143.

12. J. Block & H. Yuker, *Can You Believe Your Eyes?* (New York: Garden Press, Inc., 1989): 37.

13. Frisby, 111.

14. H. Keller, *The World I Live In* (New York: Century Co., 1908): 27.

6장

1. J. Westerhoff III, *Will Our Children Have Faith?* (San Francisco: Harper & Row Publishers, Inc., 1976): 51-78.

2. J. Wach, *The Comparative Study of Religions* (New York, Columbia University Press, 1958): 30-37.

3. P. Tillich, *The Courage To Be* (New Haven: Yale University Press, 1952): 47.

4. H. Cox, *The Seduction of the Spirit* (New York: Simon and Schuster, 1973): 15-19.

7장

1. J. Jaynes, *The Origins of Consciousness in the Breakdown of the Bicameral Mind* (Boston: Houghton Mifflin Company, 1976): 52-56.

2. M. Hunt, *The Universe Within* (New York: Simon and Schuster, 1982): 292.

3. C. Funk, *A Hog on Ice* (New York: Harper Colophon Books, 1985): 168.

4. Hunt, 142.

5. R. Snyder, *The Ministry of Meaning* (Geneva, Switzerland: Youth Department of the World Council of Churches, 1965).

6. M. Samuels & N. Samuels, *Seeing with the Mind's Eye* (New York: Random House, 1975): 209-36.

7. Ibid.

8. S. McFague, *Models of God* (Philadelphia: Fortress Press, 1987): 181-87.

9. Hunt, 274.

10. H. Gardner, *Creating Minds* (New York: Basic Books, 1993): 104.

11. Hunt, 291.

12. J. L. Phillips, *The Origins of Intellect: Piaget's Theory* (San Francisco: W. H. Freeman & Co., 1969): 26-51.

13. J. Anderson, *Cognitive Psychology and Its Implications* (San Francisco: W. H. Freeman & Co., 1986): 69.

14. C. Hampden-Turner, *Maps of the Mind* (New York: Macmillan, 1981): 102.

8장

1. M. McLuhan, *Understanding Media: The Extensions of Man* (New York: McGraw-Hill, 1964).

2. M. Hunt, *The Universe Within* (New York: Simon and Schuster, 1982): 101-12.

3. S. Kosslyn & M. Koenig, *Wet Mind* (New York: Free Press, 1992): 387.

4. A. Baddeley, *Your Memory: A User's Guide* (New York: Macmillan, 1992): 169-87.

5. Ibid., 119-22.

6. Ibid., 152-54.

7. J. Kotre, *White Gloves* (New York: The Free Press, 1995): 59-84.

8. Baddeley, 75.

9. Ibid., 83.

10. Ibid., 15-17.

11. Kosslyn & Koenig, 56-57.

12. Ibid., 380-86.

13. J. Anderson, *Cognitive Psychology and Its Implications* (San Francisco: W. H. Freeman & Co., 1986): 149-54.

14. S. Rose, *The Making of Memory* (New York: Anchor Books, 1992): 117-21.

9장

1. R. Snyder. *Ministry of Meanings* (Geneva, Switzerland: Youth Department of the World Council of Churches, 1965).

2. S. Kierkegaard, *Either/Or* (Garden City, N.Y.: Doubleday, 1959).

3. T. Groome, *Christian Religious Education* (San Francisco: Harper & Row, 1980): 152-77.

10장

1. H. Gardner, *Frames of Mind* (New York: Basic Books, 1983).

2. Ibid., 62.

3. H. Gardner, *Multiple Intelligences* (New York: Basic Books, 1993): 21.

4. Ibid., 21.

5. Ibid., 17.

6. Ibid., 19.

7. Ibid., 18.

8. Ibid., 22.

9. Ibid., 24.

10. H. Gardner, *The Mind's New Science* (New York: Basic Books, 1985): 71.

11. S. Springer & G. Deutsch, *Left Brain, Right Brain* (San Francisco: W. H. Freeman & Co.): 27-71.

12. C. Furst, *The Origins of the Mind* (Englewood Cliffs, New Jersey: Prentice-Hall): 149-53.

13. S. Springer & G. Deutsch, 296-300.

11장

1. P. Tillich, *The Eternal Now* (New York: Charles Scribner's Sons, 1963): 122.

2. H. Potthoff, *The Inner Life* (Nashville: Graded Press, 1969): 66.

3. J. Campbell, *The Hero with a Thousand Faces* (New Jersey:

Princeton University Press, 1949): 46.

4. Ibid., 46.

5. Ibid., 122.

6. Ibid., 217.

7. A. Prochiantz, *How the Brain Evolved* (New York: McGraw-Hill, 1989): 74-80.

8. E. Erikson, *Childhood and Society* (New York: W. W. Norton & Company, 1963).

9. J. Phillips, *The Origins of Intellect: Piaget's Theory* (New York: Harper & Row, 1982).

10. M. Wilcox, *Developmental Journey* (Nashville: Abingdon Press, 1979).

11. J. Fowler, *Stages of Faith* (Cambridge: Harper & Row, 1881).

12. C. E. Nelson, ed., *Congregations, Their Power to Form and Transform* (Atlanta: John Knox Press, 1988).

13. Ross Snyder, *Young People and Their Culture* (Nashville: Abingdon Press, 1969).

14. Paul Irwin, *The Care and Counseling of Youth in the Church* (Philadelphia: Fortress Press, 1975).

15. M. Snyder, R. Snyder & R. Snyder Jr., *The Young Child as Person* (New York: Human Sciences Press, 1980): 217.

16. M. Buber, *I and Thou* (New York: Charles Scribner's Sons, 1958): 11.

12장

1. E. Erikson, *Childhood and Society* (New York: W. W. Norton and Co., 1963): 261.

2. R. Winn, *A Concise Dictionary of Existentialism* (New York:

Book Sales, Inc., 1960): 22.

3. H. Thoreau, *Walden* (New York: Washington Square Press, 1963): 66.

4. A. Schutz, *Collected Papers I* (The Hague, Netherlands: Martinus Nijhoff, 1964): 213.

5. D. Dennett, *Consciousness Explained* (Boston: Little, Brown and Co., 1991): 21-25.

6. R. Ornstein, *The Evolution of Consciousness* (New York: Prentice Hall Press, 1991): 34-39.

7. G. Taylor, *The Natural History of the Mind* (New York: Dutton, 1979): 187.

8. Dennett, 364-66.

9. Ornstein, 208-14.

10. Dennett, 368.

11. Ibid., 240-41.

12. Ibid., 181.

13. Ibid.

14. Ibid., 49.

15. Ibid., 194-99.

16. J. Jaynes, *The Origin of Consciousness in the Breakdown of the Bicameral Mind* (Boston: Houghton Mifflin Company, 1976): 204-15.

17. Ibid., 214.

18. H. Keller, *The World I Live In* (New York: Century Co., 1908).

19. E. Hearth, *The Creative Loop* (Reading, Massachusetts: Addison-Wesley Publishing Co., 1995): 134-48.

20. Jaynes, 1-18.

21. Ibid, 219.

22. Ibid., 59-66.

23. Taylor, 248.

24. This is the concept behind Bernard Baars's book, *In the Theater of Consciousness: The Work Space of the Mind* (New York: Oxford University Press, 1997).

25. R. Coles, *The Call of Stories* (Boston: Houghton Mifflin Company, 1989): 7.

26. D. Miller, *Story and Context* (Nashville: Abingdon Press, 1987): 117-18.

27. J. Neihardt, *Black Elk Speaks* (London: University of Nebraska Press, 1961).

28. M. Greene, *Landscapes of Learning* (New York: Teachers College Press, 1978): 42-51.

29. Neihardt, 5-6.

나가는 말

1. A. Schutz, *Collected Papers II* (The Hague, Netherlands: Martinus Nijhoff, 1964).

2. C. Hart & R. Stilgoe, *The Phantom of the Opera* (London: The Really Useful Group P.L.C., 1986).

3. Division of Christian Education, National Council of Churches of Christ in the United States, *The New Revised Standard Version Bible*, 1989.

4. C. Cooley, *Human Nature and the Social Order* (New York: Charles Scribner's Sons, 1902).

5. H. Sullivan, *Conceptions in Modern Psychiatry* (New York: Norton, 1953)

참고문헌

Anderson, John, *Cognitive Psychology and its Implications*. San Francisco: W.H. Freeman & Co., 1986.

―――, The Architecture of Cognition. Boston, Massachusetts: Harvard University Press, 1983.

Arnheim, Rudolf, *Visual Thinking*. Berkeley: University of California Press, 1969.

Baddeley, Alan, *Your Memory: A User's Guide*. New York: Macmillan, 1982.

Baars, Bernard J., *In the Theater of Consciousness―The Workspace of the Mind*. New York: Oxford University Press, 1997.

Block, J. Richard, Harold Yuker, *Can You Believe Your Eyes?* New York: Gardner Press, Inc., 1989.

Bloom, Floyd E., & Lazerson, Arlyne, *Brain, Mind and Behavior.* New York: W. H. Freeman & Co., 1985.

Brodal, Per, *The Central Nervous System.* New York: Oxford University Press, 1992.

Buber, Martin, *I and Thou.* New York: Charles Scribner's Sons, 1958.

Buttrick, George, ed., *Interpreter's Dictionary of the Bible.* Nashville: Abingdon Press, 1962.

Buzan, Tony, *Use Both Sides of your Brain.* New York: E. P.

Dutton, 1983.

Calvin, William H., George A. Ojemann, *Conversations With Neil's Brain*. Reading, Massachusetts: Addison-Wesley, 1994.

Campbell, Jeremy, *Grammatical Man*. New York: Simon and Schuster, 1982.

Campbell, Joseph, *The Hero with a Thousand Faces*. New Jersey: Princeton University Press, 1949.

Changeux, Jean-Pierre, *Neuronal Man—The Biology of Mind*. New York: Pantheon Books,1985.

Coles, Robert, *The Call of Stories*. Boston: Houghton Mifflin Company, 1989.

———, *Erik H. Erikson, The Growth of His Work*. Boston: Little, Brown & Company, 1970.

Cooley, C. H., *Human Nature and the Social Order*. New York: Charles Scribner's Sons, 1902.

Cox, Harvey, *The Seduction of the Spirit*. New York: Simon and Schuster, 1973.

Damasio, Antonio R., *Descartes' Error*. New York: G. P. Putnam's Sons, 1994.

Darwin, Bernard, ed., *The Oxford Dictionary of Quotations*. New York: Oxford University Press, 1954.

Dennett, Daniel C., *Consciousness Explained*. Boston: Little, Brown and Company, 1991.

Edelman, Gerald M., *Bright Air, Brilliant Fire*. New York: Basic Books, 1992.

Erikson, Erik H., *Childhood and Society*. New York: W. W. Norton & Company, 1963.

Fincher, Jack, *The Brain: Mystery of Matter and Mind*. New York: Torstar Books, 1984.

Fischer, Louis, *Gandhi*. New York: New American Library, 1954.

Fowler, James W., *Stages of Faith*. Cambridge: Harper & Row Publishers, 1981.

Frisby, John P., *Seeing*. New York: Oxford University Press, 1980.

Funk, Charles E., *A Hog on Ice*. New York: Harper Colophon Books, 1948.

Furst, Charles, *The Origins of the Mind*. Englewood Cliffs, New Jersey: Prentice-Hall, 1979.

Gardner, Howard, *Art, Mind and Brain*. New York: Basic Books, 1982.

―――, *Creating Minds*. New York: Basic Books, 1993.

―――, *Frames of Mind*. New York: Basic Books, 1983.

―――, *The Mind's New Science*. New York: Basic Books, 1985.

―――, *Multiple Intelligences*. New York: Basic Books, 1993.

―――, *The Unschooled Mind*. New York: Basic Books, 1991.

Gazzaniga, Michael S., ed., *The Cognitive Neurosciences*. Boston, Massachusetts: The MIT Press, 1995.

―――, *The Social Brain*. New York: Basic Books, 1985.

Greene, Maxine, *Landscapes of Learning*. New York: Teachers College Press, 1978.

Gregory, R. L., *Eye and Brain*. New York: McGraw-Hill Book Company, 1966.

Groome, Thomas, *Christian Religious Education*. San Francisco: Harper & Row, 1980.

Hampden-Turner, Charles, *Maps of the Mind*. New York: Macmillan, 1981.

Hearth, Erich, *The Creative Loop*. Reading, Massachusetts: Addison-Wesley Publishing Company, 1993.

Hellige, Joseph B., *Hemispheric Asymmetry*. Boston: Harvard University Press, 1993.

Hofstadter, Douglas R., *Godel, Escher, Bach: An Eternal Golden Braid*. New York: Vintage Books, 1979.

―――, & Daniel C. Dennett, *The Mind's I*. New York: Bantam Books, 1981.

Hunt, Morton, *The Universe Within*. New York: Simon and Schuster, 1982.

Irwin, Paul, *The Care and Counseling of Youth in the Church*. Philadelphia: Fortress Press, 1975.

Jastrow, Robert, *The Enchanted Loom: Mind in the Universe*. New York: Simon and Schuster, 1981.

Jaynes, Julian, *The Origin of Consciousness in the Breakdown of the Bicameral Mind*. Boston: Houghton Mifflin, 1976.

Johnson, George, *In the Palaces of Memory*. New York: Alfred A. Knopf, 1991.

Kagawa, Toyohiko, *Meditations*. New York: Harper & Brothers, 1950.

Keller, Hellen, *The World I Live In*. New York: Century Co., 1908.

Klivington, Kenneth, *The Science of Mind*. Boston: MIT Press, 1989.

Kosslyn, Stephen M., *Image and Brain*. Cambridge, Massachusetts: MIT Press, 1994.

―――& Oliver Koenig, *Wet Mind*. New York: The Free Press, 1992.

Kotre, John, *White Gloves*. New York: The Free Press, 1995.

LeVay, Simon, *The Sexual Brain*. Boston: MIT Press, 1993.

Locher, J. L., ed., *The World of M. C. Escher*. New York: Harry Abrams Inc., 1971.

Marr, David, *Vision*. San Francisco: W. H. Freeman & Co., 1982.

McFague, Sallie, *Models of God*. Philadelphia: Fortress Press, 1987.

McLuhan, Marshall, *Understanding Media*. New York: New American Library, 1964.

Miller, Donald E., *Story and Context*. Nashville: Abingdon Press, 1987.

Miller, George, *The Science of Words*. New York: Scientific American Library, 1991.

Minsky, Marvin, *The Society of Mind*. New York: Simon and Schuster, 1985.

Neihardt, John G., *Black Elk Speaks*. London: University of Nebraska Press, 1961.

Nelson, C. Ellis, ed., *Congregations, Their Power to Form and Transform*. Atlanta: John Knox Press, 1988.

Nicholls, John G., Robert A. Martin & Bruce G. Wallace, *From Neuron to Brain*. Boston: Sinauer Associates, 1992.

Ornstein, Robert, *The Evolution of Consciousness*. New York: Prentice-Hall Press, 1991.

―――, *The Roots of the Self*. New York: HarperSanFrancisco: 1993.

Pfeiffer, John E., *The Creative Explosion*. New York: Harper & Row, 1982.

Phillips, John L., *The Origins of Intellect: Piaget's Theory*. San

Francisco: W.H. Freeman & Co., 1969.

Potthoff, Harvey, *The Inner Life.* Nashville: Graded Press, 1969.

Prochiantz, Alain, *How The Brain Evolved*. New York: McGraw-
Hill Inc., 1989.

Ratner, Leonard G., *The Musical Experience*. New York: W. H.
Freeman and Co., 1983.

Restak, Richard, *The Brain.* New York: Bantam Books, 1984.

―――, *The Modular Brain*. New York: Lisa Drew Books, 1994.

Rivlin, Robert, & Karen Gravelle, *Deciphering the Senses*. New
York: Simon and Schuster, 1984.

Rock, Irvin, *Perception*. New York: Scientific American Books,
1984.

Rose, Steven, *The Making of Memory*. New York: Anchor Books,
1992.

Rosenfield, Israel, *The Invention of Memory*. New York: Basic
Books, 1988.

Salinger, J. D., *The Catcher in the Rye.* New York: Bantam
Books, 1945.

Samuels, Mike, & Nancy Samuels, *Seeing with the Mind's Eye*.
New York: Random House Bookworks, 1975.

Schutz, Alfred, *Collected Papers I*. The Hague, Netherlands:
Martinus Nijhoff, 1964.

―――, *Collected Papers II*. The Hague, Netherlands: Martinus
Nijhoff, 1964.

Sesti, Giuseppe Maria, *The Glorious Constellations*. New York:
Harry N. Abrams Inc., Publishers, 1991.

Shepard, Roger N., & Lynn A. Cooper, *Mental Images and their
Transformations.* Boston: MIT Press, 1982.

Simpson, J. A. & Weiner, E. S. C., eds., *The Compact Oxford English Dictionary*. Oxford: Clarendon Press, 1991.

Smith, Anthony, *The Mind*. New York: The Viking Press, 1984.

Snyder, George Sergeant, *Maps of the Heavens*. New York: Abbeville Press, 1984.

Snyder, Martha, Ross Snyder & Ross Snyder, Jr., *The Young Child As Person*. New York: Human Sciences Press, 1980.

Snyder, Ross, *Ministry of Meaning*. Geneva, Switzerland: Youth Department of the World Council of Churches, 1965.

———, *Young People and Their Culture*. Nashville: Abingdon Press, 1969.

Springer, S., & G. Deutsch, *Left Brain, Right Brain*. San Francisco: W. H. Freeman & Co., 1989.

Sternberg, Robert J., *Human Abilities*. New York: W. H. Freeman & Co., 1985.

Storr, Anthony, *Music and the Brain*. New York: The Free Press, 1992.

Stravinsky, Igor, *Greeting Prelude*. Recorded by Stravinsky and the Columbia Symphony Orchestra, Dec. 17, 1963, Sony Classical Compact Disk #SMK 46296, 1991.

Sullivan, H. S.,*Conceptions of Modern Psychiatry*. New York: Norton, 1953.

Taylor, Gordon Rattray, *The Natural History of the Brain*. New York:

Dutton, 1979.

Thompson, Richard, *The Brain—An Introduction to Neuroscience*. San Francisco: W. H. Freeman & Co., 1985.

Tillich, Paul, *The Courage To Be*. New Haven: Yale University

Press, 1952.

———, *The Eternal Now*. New York: Charles Scribner's Sons, 1963.

Young, J. Z., *Programs of the Brain.* Oxford: Oxford University Press, 1978.

Wach, Joachim, *The Comparative Study of Religion*. New York: Columbia University Press, 1958.

Westerhoff, John, *Will Our Children Have Faith?* San Francisco: Harper & Row, 1976.

Wilcox, Mary M., *Developmental Journey*. Nashville: Abingdon Press, 1979.

Wills, Christopher, *The Runaway Brain*. New York: Basic Books, 1993.

Winn, Ralph B., *A Concise Dictionary Of Existentialism*. New York: Book Sales Inc., 1960.

Zeki, Semir, *A Vision of the Brain*. Boston: Blackwell Scientific Publications, 1993.